U0711411

大学 语文

主　编：许亚非　范光林　陈　迪

副主编：李　玲　陶　平　刘　叶　桂　林　何清清　江　芳

北京理工大学出版社

BEIJING INSTITUTE OF TECHNOLOGY PRESS

版权专有　侵权必究

图书在版编目（ＣＩＰ）数据

大学语文／许亚非，范光林，陈迪主编 ． －－北京：
北京理工大学出版社，2022.7（2025.1 重印）
ISBN 978 − 7 − 5763 − 1510 − 3

Ⅰ．①大… Ⅱ．①许…②范…③陈… Ⅲ．①大学语
文课—高等职业教育—教材 Ⅳ．①H193.9

中国版本图书馆 CIP 数据核字（2022）第 124956 号

责任编辑：李慧智	**文案编辑：**李慧智
责任校对：周瑞红	**责任印制：**李志强

出版发行 ／ 北京理工大学出版社有限责任公司

社　　　址 ／ 北京市丰台区四合庄路 6 号

邮　　　编 ／ 100070

电　　　话 ／ （010）68914026（教材售后服务热线）
　　　　　　　（010）63726648（课件资源服务热线）

网　　　址 ／ http：//www.bitpress.com.cn

版 印 次 ／ 2025 年 1 月第 1 版第 3 次印刷

印　　　刷 ／ 唐山富达印务有限公司

开　　　本 ／ 787 mm × 1092 mm　　1/16

印　　　张 ／ 12.75

字　　　数 ／ 285 千字

定　　　价 ／ 39.00 元

图书出现印装质量问题，请拨打售后服务热线，负责调换

前 言

随着经济社会的发展，21 世纪的人才需求已经从单一技能型过渡到高素质技能型人才。高职院校以培养高素质技能型人才为出发点，既要教会学生从事职业活动必需的技术和能力，同时也要为学生职业生涯注入醇厚的人文底蕴。大学语文课程是高职院校公共基础课程之一，是高职院校育人体系中不可或缺的重要组成部分。大学语文教学对开展人文教育、传授人文知识、培养人文精神、提高人文素养起着重要的作用。

由重庆建筑科技职业学院、重庆公共运输职业学院的教授、专家及青年教师编写的《大学语文》，正是为了适应高等职业教育人才培养需求，从高职院校学生学习人文素养课程以及专升本考试的备考需求出发而编写的一本教材。参编人员都是长期从事高职院校大学语文、应用文写作课程教学的一线教师，对大学语文教学及教研有较为丰富的经验。本教材在体现人文教育和语文能力功能训练的同时，还兼顾学生自主学习、研究性学习等现代先进的教学方法，把知识传授、能力培养与做人教育有机结合在一起。

本教材编写体例上，结合重庆市专升本考试大纲范围进行规划，分为上篇"文学阅读与欣赏"和下篇"应用文写作"。上篇文学阅读与欣赏部分内容包括六个单元，依次为国学经典、古文欣赏、古诗词欣赏、革命文学欣赏、现代文学欣赏以及外国文学欣赏。篇目选择基本按照古今中外的线索进行编排并精选作品，注重文章的代表性、典型性。每单元的作品内容还包括作者简介、作品鉴赏、课后练习等，便于培养高职院校学生的文学鉴赏能力，文献阅读、信息处理能力，口语表达能力。下篇为应用文写作，这也是专升本考试的必考内容。在文种选择上，我们精选大纲考点对应的文种，重点放在党政机关常用的 15 种公文及事务文书上。选择的例文典型、精当、易懂，贴近当前社会时政热点，这对高职院校学生学习应用文写作是非常有益处的。

本书编写分工如下：

上篇：

第一单元　国学经典　陈迪编撰；

第二单元　古文欣赏　范光林编撰；

第三单元　古诗词欣赏　何清清编撰；

第四单元　革命文学欣赏　刘叶编撰；

第五单元　现代文学欣赏　陶平编撰；

第六单元　外国文学欣赏　陈迪、范光林、何清清编撰；

下篇：

第七单元 应用文写作概述 陈迪、范光林、何清清、陶平、李玲、桂林编撰；

第八单元 公文写作基础知识 江芳编撰；

第九单元 事务文书 江芳编撰。

全书最后由主编范光林、陈迪进行统稿，许亚非教授审核。

本教材在编写过程中，选编了中外作家及部分学者、作家的著述和选文，得到重庆建筑科技职业学院、重庆公共运输职业学院公共管理学院相关领导及同事的大力支持，在此一并表示衷心感谢！本书不足之处在所难免，恳请各位读者批评指正，以便在修订再版时进一步完善。

编 者

2021 年 1 月

目 录

上篇　文学阅读与欣赏

下篇 应用文写作

上篇

文学阅读与欣赏

第一单元　国学经典

《诗经》四首

《诗经》名句

关关雎鸠，在河之洲。窈窕淑女，君子好逑。——《周南·关雎》

桃之夭夭，灼灼其华。——《周南·桃夭》

死生契阔，与子成说。执子之手，与子偕老。——《邶风·击鼓》

有匪君子，如切如磋，如琢如磨。——《卫风·淇奥》

巧笑倩兮，美目盼兮。——《卫风·硕人》

投我以木瓜，报之以琼琚。匪报也，永以为好也。——《卫风·木瓜》

知我者，谓我心忧；不知我者，谓我何求。悠悠苍天，此何人哉？——《王风·黍离》

风雨如晦，鸡鸣不已。既见君子，云胡不喜！——《郑风·风雨》

青青子衿，悠悠我心。纵我不往，子宁不嗣音？——《郑风·子衿》

蒹葭苍苍，白露为霜。所谓伊人，在水一方。——《秦风·蒹葭》

呦呦鹿鸣，食野之苹。我有嘉宾，鼓瑟吹笙。——《小雅·鹿鸣》

它山之石，可以攻玉。——《小雅·鹤鸣》

战战兢兢，如临深渊，如履薄冰。——《小雅·小旻》

投我以桃，报之以李。——《大雅·抑》

桃　　夭[①]

桃之夭夭，灼灼[②]其华。

之子[③]于归，宜其室家[④]。

桃之夭夭，有蕡[⑤]其实。

之子于归，宜其家室。

桃之夭夭，其叶蓁蓁[⑥]。

之子于归，宜其家人。

【注释】

①选自《诗经·国风·周南》。

②灼灼：花朵色彩鲜艳如火，明亮鲜艳的样子。华：同"花"。

③之子：这位姑娘。于归：姑娘出嫁。古代把丈夫家看作女子的归宿，故称"归"。于，去，往。

④宜：和顺、亲善。室家：家庭。此指夫家，下文的"家室""家人"均指夫家。

⑤有蕡（fén）：即蕡蕡，草木结实很多的样子。此处指桃实肥厚肥大的样子。蕡，果实硕大的样子。

⑥蓁（zhēn）蓁：树叶繁密的样子。这里形容桃叶茂盛。

【作品简介】

《诗经》是我国最早的一部诗歌总集，也是我国现实主义诗歌的源头。全书收录了西周初年（约公元前11世纪）至春秋中叶（约公元前6世纪）500多年的诗歌，共305篇。先秦称《诗经》为"诗"，或取其整数称"诗三百"。至西汉时被尊为儒家经典，才称为"诗经"，并沿用至今。

《诗经》按音乐风格可分为"风""雅""颂"三个部分。"风"是地方民歌，有15国风，包括采自15个地区的诗，共160篇；"雅"主要是朝廷乐歌或者产生于王都附近的诗歌，分《大雅》《小雅》，共105篇；"颂"是用于宗庙祭祀的诗歌，有《周颂》《鲁颂》《商颂》，共40篇。

《诗经》从各个方面广泛地反映了当时的社会现实，如周代的经济和生产发展、政治状况，一些重大的历史事件，社会的各种矛盾，以至人们的某些思想观念、风俗习尚等。其中为数不少的民间创作真切地反映了下层人民的生活和情感，有力地揭露了剥削者、统治者的丑行和罪恶。

所谓《诗经》中的"六义"，指"风、雅、颂"三种诗歌形式与"赋、比、兴"三种表现手法。《诗经》以四言为主，讲求节奏和用韵；常有重章叠句，多用赋、比、兴三种表现手法。赋就是铺陈直叙；比，以朱熹的解释是"以彼物比此物"，就是比喻之意；兴，先言他物以引起所咏之辞，又兼有比喻、象征、烘托等较有实在意义的用法。大量运用赋、比、兴，既是《诗经》艺术的重要标志，也开启了我国古代诗歌创作的基本手法。

【作品赏析】

全诗分为三章。第一章以鲜艳的桃花比喻新娘的年轻娇媚。"桃之夭夭"，以丰富缤纷的象征意蕴开篇，扑面而来的娇艳桃花，使诗歌产生一种强烈的色彩感。"灼灼其华"，简直可以说桃花已经明艳到了极致，亮丽到能刺目的程度了。从比喻本体和喻体的关系上看，这里所写的是鲜嫩的桃花，纷纷绽蕊，而经过打扮的新嫁娘此刻既兴奋又羞涩，两颊绯红，真有人面桃花两相辉映的韵味。诗中既写景又写人，情景交融，烘托了一股欢乐热烈的气氛。这种场面，即使在今天还能在农村的婚礼上看到。第二章则是表示对婚后的祝愿。桃花开后，自然结果。诗人说桃树果实累累，桃子结得又肥又大，此乃象征着新娘早生贵子，儿孙满堂。第三章以桃叶的茂盛祝愿新娘家庭的兴旺发达。以桃树枝头的累累硕果和桃树枝叶的茂密成荫，来象征新嫁娘婚后生活的美满幸福，堪称是最美的比喻、最好的颂辞。

朱熹《诗集传》认为每一章都是用的"兴"，固然有理，然细玩诗意，则是兴中有比，比兴兼用。全诗三章，每章都先以桃起兴，继以花、果、叶兼做比喻，极有层次：由花开到结果，再由果落到叶盛；所喻诗意也渐次变化，与桃花的生长相适应，自然浑成，融为一体。

诗人在歌咏桃花之后，更以当时的口语，道出贺辞。第一章云："之子于归，宜其室家。"也就是说这位姑娘要出嫁，和和美美成个家。第二、三章因为押韵关系，改为"家室"和"家人"，其实含义很少区别。古礼男以女为室，女以男为家，男女结合才组成家庭。女子出嫁，是组成家庭的开始。朱熹《诗集传》释云："宜者，和顺之意。室谓夫妇所居，家谓一门之内。"实际上是说新婚夫妇的小家为室，而与父母等共处为家。今以现代语释为家庭，更易为一般读者所了解。

此篇语言极为优美，又极为精练。不仅巧妙地将"室家"变化为各种倒文和同义词，而且反复用一"宜"字。一个"宜"字，揭示了新嫁娘与家人和睦相处的美好品德，也写出了她的美好品德给新建的家庭注入了新鲜的血液，带来了和谐欢乐的气氛。这个"宜"字，掷地有声，简直没有一个字可以代替。

木　瓜①

投②我以木瓜，报之以琼琚③。匪④报也，永以为好也！
投我以木桃⑤，报之以琼瑶⑥。匪报也，永以为好也！
投我以木李⑦，报之以琼玖⑧。匪报也，永以为好也！

视频：木瓜

【注释】

①选自《诗经·国风·卫风》。木瓜：植物名，落叶灌木或小乔木，果实长椭圆形，色黄而香，蒸煮或蜜渍后供食用。今粤桂闽台等地出产的木瓜，全称为番木瓜，供生食，与此处的木瓜非一物。

②投：赠送。

③琼琚（jū）：佩玉，美玉为琼。

④匪：同"非"，不是。

⑤木桃：果名，即楂子，比木瓜小。

⑥琼瑶：美玉名。

⑦木李：果名，即榠楂，又名木梨。

⑧琼玖（jiǔ）：美玉名。

【作品赏析】

《大雅·抑》有"投我以桃，报之以李"之句，后世"投桃报李"便成了成语，比喻相互赠答，礼尚往来。比较起来，《卫风·木瓜》这一篇虽然也有从"投之以木瓜（桃、李），报之以琼琚（瑶、玖）"生发出的成语"投木报琼"（如托名宋尤袤《全唐诗话》就有"投木报琼，义将安在"的记载），但"投木报琼"的使用频率却根本没法与"投桃报李"相提并论。可是论传诵程度还是《卫风·木瓜》更高，它是现今传诵最广的《诗经》名篇之一。

因为关于此诗主旨说法多有不同，而"木瓜"作为文学意象也就被赋予了多种不同的象征意义。其中"臣子思报忠于君主""爱人定情坚于金玉""友人馈赠礼轻情重"三种意象逐渐成为"木瓜"意象的主流内涵。

《卫风·木瓜》一诗，从章句结构上看，很有特色。首先，其中没有《诗经》中最典型的句式——四字句。这不是没法用四字句（如用四字句，变成"投我木瓜（桃、李），报以琼琚（瑶、玖）；匪以为报，永以为好"一样可以），而是作者有意无意地用这种句式造成一种跌宕有致的韵味，在歌唱时易于取得声情并茂的效果。其次，诗句具有极高的重叠复沓程度。不要说每章的后两句一模一样，就是前两句也仅一字之差，并且"琼琚""琼瑶""琼玖"语虽略异，义实全同，而"木瓜""木桃""木李"据李时珍《本草纲目》考证也是同一属的植物，其间的差异大致也就像橘、柑、橙之间的差异那样并不大。这样，三章基本重复，而如此高的重复程度在整部《诗经》中也并不很多，格式看起来就像唐代据王维诗谱写的《阳关三叠》乐歌似的，——自然这是由《诗经》的音乐与文学双重性决定的。

"你赠给我果子，我回赠你美玉"，与"投桃报李"不同，回报的东西价值要比受赠的东西大得多，这体现了一种人类的高尚情感（包括爱情，也包括友情）。这种情感重在心心相印，是精神上的契合，因而回赠的东西及其价值的高低在此实际上也只具有象征性的意义，表现的是对他人对自己情意的珍视，所以说"匪报也"。"投我以木瓜（桃、李），报之以琼琚（瑶、玖）"，其深层语义当是：虽汝投我之物为木瓜（桃、李），而汝之情实贵逾琼琚（瑶、玖）；我以琼琚（瑶、玖）相报，亦难尽我心中对汝之感激。这里不宜将木瓜、琼瑶之类已基本抽象化的物品看得太实。实际上，作者胸襟之高朗开阔，已无衡量厚薄轻重之心横亘其间，他想要表达的就是：珍重、理解他人的情意便是最高尚的情意。从这一点上说，后来汉代张衡《四愁诗》"美人赠我金错刀，何以报之英琼瑶"，尽管说的是"投金报玉"，其意义实也与"投木报琼"无异。

蒹 葭①

蒹葭苍苍②，白露为霜③。所谓伊人④，在水一方⑤。
溯洄从之⑥，道阻且长。溯游从之⑦，宛在水中央⑧。
蒹葭萋萋，白露未晞⑨。所谓伊人，在水之湄⑩。
溯洄从之，道阻且跻⑪。溯游从之，宛在水中坻⑫。
蒹葭采采，白露未已⑬。所谓伊人，在水之涘⑭。
溯洄从之，道阻且右⑮。溯游从之，宛在水中沚⑯。

视频：蒹葭

【注释】

①本诗选自《诗经·国风·秦风》。《秦风》有诗十首，《蒹葭》是第四首。秦：周朝时诸侯国名，在今陕西中部和甘肃东部一带。蒹（jiān）：没长穗的荻。葭（jiā）：初生的芦苇。

②苍苍：繁盛的样子。后两章"萋萋""采采"义同。

③为：凝结成。

④伊人：这个人。指诗人所追寻的人。

⑤一方：那一边。

⑥溯洄：逆流而上。从之：追寻他。

⑦溯游：顺流而下。

⑧宛：宛然，真好像。

⑨晞（xī）：干。

⑩湄：岸边，水与草交接之处。

⑪跻（jī）：升，高。

⑫坻（chí）：水中小洲、小岛。

⑬未已：指露水尚未被阳光蒸发掉。

⑭涘（sì）：水边。

⑮右：迂回曲折。

⑯沚（zhǐ）：水中的沙滩。

【作品赏析】

　　《蒹葭》是《诗经》中备受赞赏的抒情诗。诗的开头采用了赋中见兴的笔法。通过对眼前景物的描写与赞叹，绘画出一个空灵缥缈的意境，笼罩全篇。诗人抓住秋色独有的特征，不惜用浓墨重彩反复进行描绘，渲染深秋空寂悲凉的氛围，以抒写诗人怅然若失而又热烈企慕的心境。诗每章的头两句都是以秋景起兴，引出正文。它既点明了季节与时间，又渲染了蒹苍露白的凄清气氛，烘托了人物怅惘的心情，达到了寓情于景、情景交融的艺术境界。"蒹葭""水"和"伊人"的形象交相辉映，浑然一体，用作起兴的事物与所要描绘的对象形成一个完整的艺术世界。开头写秋天水边芦苇丛生的景象，这正是"托象以明义"，具有"起情"的作用。因为芦苇丛生，又在天光水色的映照之下，必然会呈现出一种迷茫的境界，这就从一个侧面显示了诗的主人公心中的那个"朦胧的爱"的境界。

　　然而这首诗最有价值意义、最能令人产生共鸣的东西，不是抒情主人公的追求和失落，而是他所创造的"在水一方"可望难即这一具有普遍意义的艺术意境。"在水一方"的结构是：追寻者——河水——伊人。由于诗中的"伊人"没有具体所指，而河水的意义又在于阻隔，所以凡世间一切因受阻而难以达到的种种追求，都可以在这里产生同构共振和同情共鸣。这里的"伊人"，可以是贤才、友人、情人，可以是功业、理想、前途，甚至可以是福地、圣境、仙界；这里的"河水"，可以是高山、深堑，可以是宗法、礼教，也可以是现实人生中可能遇到的其他任何障碍。只要有追求、有阻隔、有失落，就都是它的再现和表现天地。如此说来，古人把蒹葭解为劝人遵循周礼、招贤、怀人，今人把它视作爱情诗，乃至有人把它看作是上古之人的水神祭祀仪式，都有一定道理，似不宜固执其一而否决其他，因为它们都包蕴在"在水一方"的象征意义之中。

　　这首诗以水、芦苇、霜、露等意象营造了一种朦胧、清新又神秘的意境。早晨的薄雾笼罩着一切，晶莹的露珠已凝成霜花。一位羞涩的少女缓缓而行。诗中水的意象正代表了女性，体现出女性的美，而薄薄的雾就像是少女蒙上的纱。她一会儿出现在水边，一会儿又出现在水之洲。寻找不到，急切而又无奈的心情，就像我们常说的"距离产生美感"，这种美感因距离变得朦胧，模糊，不清晰。主人公和伊人的身份、面目、空间位置都是模糊的，给人以雾里看花、若隐若现、朦胧缥缈之感。蒹葭、白露、伊人、秋水，越发显得难以捉摸，构成了一幅朦胧淡雅的水彩画。

《蒹葭》的艺术手法主要是借景抒情、情景交融，虚实相生、摇曳多姿，重章复沓、一唱三叹。

蓼　莪①

蓼蓼者莪②，匪③莪伊蒿。哀哀父母，生我劬劳④。

蓼蓼者莪，匪莪伊蔚⑤。哀哀父母，生我劳瘁。

瓶之罄矣⑥，维罍⑦之耻。鲜民⑧之生，不如死之久矣。无父何怙⑨，无母何恃。出则衔恤⑩，入则靡至。

父兮生我，母兮鞠⑪我。拊我畜我⑫，长我育我。顾我复我⑬，出入腹⑭我。欲报之德，昊天罔极⑮。

南山烈烈⑯，飘风发发⑰。民莫不谷⑱，我独何害。

南山律律⑲，飘风弗弗⑳。民莫不谷，我独不卒㉑。

【注释】

①选自《诗经·小雅·蓼莪》。

②蓼（lù）蓼：长又大的样子。莪（é）：一种草，即莪蒿。李时珍《本草纲目》："莪抱根丛生，俗谓之抱娘蒿。"

③匪：同"非"。伊：是。

④劬（qú）劳：与下章"劳瘁"皆劳累之意。

⑤蔚（wèi）：一种草，即牡蒿。

⑥瓶：汲水器具。罄（qìng）：尽。

⑦罍（lěi）：盛水器具。

⑧鲜（xiǎn）：指寡、孤。民：人。

⑨怙（hù）：依靠。

⑩衔恤：含忧。

⑪鞠：养。

⑫拊：通"抚"。畜：通"慉"，喜爱。

⑬顾：顾念。复：返回，指不忍离去。

⑭腹：指怀抱。

⑮昊（hào）天：广大的天。罔：无。极：准则。

⑯烈烈：通"颲颲"，山风大的样子。

⑰飘风：同"飙风"。发发：读如"拨拨"，风声。

⑱谷：善。

⑲律律：同"烈烈"。

⑳弗弗：同"发发"。

㉑辛：终，指养老送终。

【作品赏析】

《小雅·蓼莪》是《诗经》中的一首诗，是一首悼念父母的祭歌。全诗六章，可分三层意思：首两章是第一层，写父母生养"我"辛苦劳累。头两句以"蓼蓼者莪"比兴引出，诗人见蒿与蔚，却错当莪，于是心有所动，遂以为比。莪香美可食用，并且环根丛生，故又名抱娘蒿，喻人成材且孝顺；而蒿与蔚，皆散生，蒿粗恶不可食用，蔚既不能食用又结子，故称牡蒿，蒿、蔚喻不成材且不能尽孝。诗人有感于此，借以自责不成材又不能终养尽孝。后两句承此思言及父母养大自己不易，费心劳力，吃尽苦头。中间两章是第二层，写儿子失去双亲的痛苦和父母对儿子的深爱。第三章头两句以瓶喻父母，以罍喻子。因瓶从罍中汲水，瓶空是罍无储水可汲，所以为耻，用以比喻子无以赡养父母，没有尽到应有的孝心而感到羞耻。句中设喻是取瓶罍相资之意，非取大小之义。"鲜民"以下六句诉述失去父母后的孤身生活与感情折磨。悲叹孤苦伶仃，无所依傍，痛不欲生，这是出于对父母的亲情。诗人与父母相依为命，失去父母，没有了家庭的温暖，以至于有家好像无家。曹粹中说："以无怙恃，故谓之鲜民。孝子出必告，反必面，今出而无所告，故衔恤。上堂入室而不见，故靡至也。"（转引自戴震《毛诗补传》）这一理解颇有参考价值。第四章前六句——叙述父母对"我"的养育抚爱，这是把首两章说的"劬劳""劳瘁"具体化。诗人一连用了生、鞠、拊、畜、长、育、顾、复、腹九个动词和九个"我"字，语拙情真，言直意切，絮絮叨叨，不厌其烦，声促调急，确如哭诉一般。这章最后两句，诗人因不得奉养父母，报大恩于万一，痛极而归咎于天，责其变化无常，夺去父母生命，致使"我"欲报不能！后两章第三层正承此而来，抒写遭遇不幸。头两句诗人以眼见的南山艰危难越，耳闻的飙风呼啸扑来起兴，营造了困厄艰危、肃杀悲凉的气氛，象征自己遭遇父母双亡的剧痛与凄凉，也是诗人悲怆伤痛心情的外化。四个入声字重叠：烈烈、发发、律律、弗弗，加重了哀思，读来如呜咽一般。后两句是无可奈何的怨嗟。

赋比兴交替使用是此诗写作一大特色。三种表现方法灵活运用，前后呼应，抒情起伏跌宕，回旋往复，传达孤子哀伤情思，可谓珠落玉盘，运转自如，艺术感染力强烈。

《小雅·蓼莪》一诗所表达的孝念父母之情对后世影响深远。子女赡养父母，孝敬父母，本是中华民族的美德之一，实际也应该是人类社会的道德义务，此诗即是以充沛情感表现这一美德的最早的文学作品，对后世影响极大，不仅在诗文赋中常有引用，甚至在朝廷下的诏书中也屡屡言及。《诗经》这部典籍对民族心理、民族精神形成的影响由此可见一斑。

课后思考 ▶▶▶▶▶

1. 请从比兴手法运用的角度赏析《桃夭》全诗。

2.《木瓜》一诗的内容和劳动的场景结合很紧密，这可以由投予"我"的东西为证，同时这个"投"字用得也非常精当。你能否从诗歌鉴赏的角度分析一下这个"投"字使用的妙处？

3. 请背诵《蒹葭》一诗。

4.《蒹葭》诗采用重章叠句形式的作用是什么？

《老子》二章

视频：道德经第二章

老子·第二章

天下皆知美之为美，斯恶已；皆知善之为善，斯不善已①。故有无相生②，难易相成③，长短相形④，高下相倾⑤，音声相和⑥，前后相随⑦。是以圣人处无为之事⑧，行不言之教⑨。万物作焉而不辞⑩，生而不有⑪，为而不恃⑫，功成而弗居⑬。夫惟弗居，是以不去⑭。

【注释】

①天下……不善已：斯，则。恶，丑。已，同矣。此句意为：如果天下的人都知道美好的东西是美的，那么就显露出丑来了；都知道以善为善，那么就显出恶来。

②相生：互相依存。意为：有和无是相互依存的。

③成：成就，即"相反相成"的"成"。意为：难和易是相互促成的。

④形：这里用作动词，是"显现"的意思。意为：长短是相对的，有了长才能显出短来。

⑤倾：倾斜，依靠的意思。意为：高和下互为方向。

⑥音：单音。声：和声。相和：由互相对立而产生和谐。

⑦相随：由互相对立而产生顺序。

⑧处无为之事：等于说"行无为之事"。意为：圣人就是顺其自然，无为而治。

⑨行不言之教：施行不用言词说教的教化。

⑩作：兴起。不辞：不拒绝。意为：随应万物的兴起不逆道而为。

⑪有：据为私有。意为：生养而不据为己有。

⑫为而不恃：有所施为，但是不依靠，这是说不求达到什么目的。

⑬功成：指有了功劳。意为：施予而不自恃其能，成了也不自居其功。

⑭夫惟弗居，是以不去："去"与"居"是反义词。有居，然后有去。没有居，哪里还有去？老子说，不居功的人正是有功的人。

【作品简介】

老子，即老聃，姓李名耳，字伯阳，楚国苦县（今河南鹿邑东）人，春秋末期著名思想家，曾任东周守藏室之史（或称"柱下史"）。相传孔子适周，曾向他问礼。老子是道家学派的创始人，后世将其与庄子并称"老庄"。其思想核心是"道法自然"，主张贵柔守雌，无为而治。

《老子》，亦称《道德经》，道家学派的经典。相传为老聃所作，今人认为可能编定于战国中期，是老子的后学所记，但基本保留了老子本人的思想。作为道家学派的开山之作，《老子》具有深刻的哲理性与系统的思辨性，对中国传统文化有着深远的影响。其文学价值体现在三个方面：第一，形象化的说理。《老子》往往通过可感知的有形事物，比譬说明抽象的道理。第二，语句上的韵散结合。《老子》的语句简短而比较整齐，有的整章用韵，有的韵散相间。第三，语言朴素流畅，多用排比韵语，音调谐婉，便于记诵。这一点较之先秦其他诸子著作，特色尤为鲜明。

【作品赏析】

本文是《老子》中的第二章。这一章较为集中地反映了老子朴素的辩证法思想。老子以道为根据，指出了事物是相反相成，多样统一的，在同一自然世界（包括人类社会）中共同生活，构成了"和而不同"的世界。美丑、善恶、难易、长短、高下、音声、前后等对立面存在于万事万物中。这一对对的矛盾，相互对立，又辩证统一，相互依赖、转化，谁也离不开谁。老子认为，应该顺其自然，不必人为地去干预，自然会达到理想的境界。这与他的无为而治的政治理想是相一致的。

老子的学说对后来中国哲学的发展有着很大的影响，唯物与唯心两派都从不同的角度吸收了他的思想。

老子·第七十七章

视频：道德经七十七章

天之道①，其犹张弓乎②？高者抑之③，下者举之④，有余者损之，不足者与之。天之道⑤，损有余而补不足；人之道则不然，损不足以奉⑥有余。孰能有余以奉天下？唯有道者⑦。是以圣人为而不恃，功成而不处，其不欲见贤。

【注释】

①天之道：指自然的规律。

②其犹张弓：就像拉开弓一样。

③高者抑之：瞄准时高过箭靶的就让弓降低一些。

④下者举之：瞄准时低于箭靶的就把弓抬高一些，此处所谓"高"与"低"均就准的而言。

⑤人之道：指人类社会的规则。

⑥奉：供。

⑦有道者：指圣贤及有道明君。

【作品赏析】

老子以"天之道"来推"人之道"，主张"人之道"应该效法"天之道"。他看到自然界的一切事物，都在相互对立的矛盾中统一起来，表现出同一性和均衡性。昼夜迭代，寒暑交替，都是这一方面的事例。可是，人类社会的情况，恰好相反，与自然界形成鲜明的对比。面对当时社会的贫富悬殊、阶级压迫等种种不合理现象，他发表自己的意见，认为"人之道"也应该像"天之道"那样，"高者抑之，下者举之，有余者损之，不足者与之"。因此，"孰能有余以奉天下？唯有道者"，这是作者的理想追求与对未来的美好期待。

课后思考

1. 结合生活实际，理解"有无相生，难易相成，长短相形，高下相倾"等观点。
2. 学习本文后，举例谈谈你对天道思想、人道思想的看法。
3. 背诵《老子》二章。

《论语》八则

视频：论语

为　政

子曰："吾十有五①而志于学，三十而立②，四十而不惑③，五十而知天命④，六十而耳顺⑤，七十而从心所欲，不逾矩⑥。"

子曰："学而不思则罔⑦，思而不学则殆⑧。"

子曰："由⑨，诲女知之乎！知之为知之，不知为不知，是知也。"

【注释】

①十有五：十五岁。有，通"又"。

②立：能立于世，指知道按理的规定去立身行事。

③惑：迷惑，疑惑。

④天命：含有上天的旨意、自然的禀性与天性、人生的道义和职责等多重含义。

⑤耳顺：指听到的话能够辨别其真伪是非。

⑥不逾矩：指不超越礼法。

⑦罔：蒙蔽，欺骗。

⑧殆：危险。

⑨由：孔子弟子子由。女：通"汝"。

里　仁

子曰："富与贵，是人之所欲也，不以其道①得之，不处②也。贫与贱，是人之所恶③也，不以其道得之，不去④也。君子去仁，恶⑤乎成名？君子无终食之间⑥违仁，造次必于是⑦，颠沛⑧必于是。"

【注释】

①道：正当途径。

②处：接收。

③恶（wù）：厌恶，不喜欢。

④去：摈弃，摆脱。

⑤恶（wū）：何，怎么。

⑥无：通"毋"，不。终食之间：一顿饭的工夫。

⑦造次：紧迫，急忙。是：此，这，指"仁"。

⑧颠沛：跌倒，指动荡不安，流离失所。

子　罕

子在川上①曰："逝者如斯②夫，不舍③昼夜。"

子曰："岁寒，然后知松柏之后凋④也。"

子曰："其身正⑤，不令而行⑥；其身不正，虽令不从⑦。"

子曰："志士仁人，无求生以害仁⑧，有杀身以成仁⑨。"

【注释】

①川上：河岸上。

②逝者：流逝的东西，在此指时间。斯：这，此指流水。

③舍：停止。

④凋：凋零、残落。

⑤正：行为端正。

⑥不令而行：没有命令也有人服从实行。

⑦虽令不从：即使三令五申人们也不听从。

⑧害仁：损害仁义。

⑨成仁：成全仁义。

【作品简介】

孔子（前551—前479年），名丘，字仲尼，生于春秋时鲁国陬邑（今山东曲阜），其先祖为宋国人，因避祸迁居鲁国，遂为鲁国人。我国古代伟大的思想家、教育家，儒家学派的创始人。

孔子的思想核心是"仁"，政治上提倡"仁者爱人""克己复礼"，教育上主张"有教无类""因材施教"。曾周游列国十三年，终未见用。晚年整理《诗》《尚书》等古代文献，对传播和保存我国古代文献有重大贡献。

《论语》是先秦时期的一部语录体散文集，主要记载孔子及其弟子的言行，由孔子弟子及再传弟子记录编纂而成，是研究孔子学说及儒家思想的重要著作。《论语》的内容涉及哲学、政治、教育、伦理、文化等各个方面，语言简练，文辞娴雅，意蕴丰厚，对中国古代思想、政治、文化、学术等方面都产生了深刻的影响。

【作品赏析】

孔子思想的核心是"仁","仁"是立身、处世的最高价值标准，在任何时候和任何情况下都不能违背，所谓"造次必于是，颠沛必于是"。事实上，人们都不甘愿贫穷困、流离失所，都希望得到富贵安逸，其实孔子在强调"仁"的同时，并不反对对富与贵的追求，但他认为这些必须通过正当的手段和途径去获取，这种观念在今天仍有其不可低估的价值。孔子还非常重视人的学习和修养，通过对他为学经历的自述，我们可以看到学习是一个渐进的过程。

孔子晚年主要从事教育和经典整理工作，这些语录都是经验与学识的结合，充满真知灼见，极富哲理意味，两千多年来一直广为流传，多数已成为家喻户晓的格言和志士仁人的座右铭。只要能用历史的和辩证的观点去看问题，这些见解在今天仍具有指导我们学习和提高道德修养的积极意义。

孔子的这些语录相当口语化，通俗生动，使我们从中可以感受到孔子说话时的语气，甚至可以窥测到他当时的神态和心情。另外，在简短的谈话中，孔子还采用了多种修辞手法："四十而不惑"一则的排比，"学而不思则罔"一则的对偶，"松柏后凋"句的比喻，都具有很好的表达效果。

课后思考

1. 背诵《论语》八则。
2. 学习本文后，举例谈谈你对富与贵、贫与贱、善与恶的看法。

《孟子》（节选）

视频：孟子

富贵不能淫①，贫贱不能移，威武不能屈，此之谓大丈夫。（《孟子·滕文公下》）

老吾老，以及人之老；幼吾幼，以及人之幼。天下可运于掌。（《孟子·梁惠王上》）

齐宣王见孟子于雪宫。王曰："贤者亦有此乐乎？"孟子对曰："有。人不得，则非其上②矣。不得而非其上者，非③也；为民上而不与民同乐者，亦非也。乐民之乐者，民亦乐其乐；忧民之忧者，民亦忧其忧。乐以天下，忧以天下，然而不王者，未之有也。"（《孟子·梁惠王下》）

民为贵，社稷次之，君为轻。是故得乎丘民而为天子，得乎天子为诸侯，得乎诸侯为大夫，诸侯危社稷，则变置。（《孟子·尽心下》）

【注释】

①淫：纵欲。
②非其上：责怪（非议）君王。
③非：不对。

【作品简介】

孟子（约前372—前289年），名轲，字子舆，邹国（今山东邹城东南）人。战国时期哲学家、思想家、教育家，与孔子并称"孔孟"，有"亚圣"之称。《孟子》是孟子和他的弟子记录并整理而成的，主要记录了战国时期思想家孟子的治国思想和政治策略。成书大约在战国中期，是儒家经典著作。

【作品赏析】

《孟子》节选的第一章表现孟子的"养心"思想。孟子"养心"的核心是培养意志，具体表现为"贫贱不能移，威武不能屈"的精神品质。第二章表现了孟子的"性善"的思想。孟子认为，尊老爱幼是人最基本的"人性"和"善性"。认为不仅要尊敬自己的老人，怜爱自己的孩子，而且要尊敬别人家的老人，怜爱别人家的孩子。在孟子看来，真正具有仁德的人是博爱的人。第三、四章表现孟子的"仁政""民本"思想。

课后思考 ▶▶▶▶▶▶

1. 请围绕"老吾老，以及人之老；幼吾幼，以及人之幼"的主题开展一次班级演讲。
2. 请说说你对孟子思想的理解。

第二单元 古文欣赏

中庸（节选）

凡事豫①则立，不豫则废；言前定，则不跲②；事前定，则不困；行前定，则不疚③；道前定，则不穷。

博学之，审问之，慎思之，明辨之，笃行之。有弗学，学之弗能，弗④措也；有弗问，问之弗知，弗措也；有弗思，思之弗得，弗措也；有弗辨，辨之弗明，弗措也；有弗行，行之弗笃，弗措也。人一能之己百之，人十能之己千之。果能此道矣，虽愚必明，虽柔必强。

【注释】

①豫：通"预"，预先。

②跲（jiá）：绊倒。此处指说话不顺畅。

③疚：内心不安。

④弗：不。措：废置，搁置。

【作品简介】

《中庸》是中国古代论述人生修养境界的一部道德哲学专著，是儒家经典之一，原属《礼记》第三十一篇，相传为战国时期子思所作。其内容肯定"中庸"是道德行为的最高标准，认为"至诚"则达到人生的最高境界，并提出"博学之，审问之，慎思之，明辨之，笃行之"的学习过程和认识方法。

【作品赏析】

程颐称《中庸》为"孔门传授心法"，它强调"诚"，认为"诚"是实现中庸之道的关键。《中庸》节选的内容一是说做任何事情，事前有准备就可以成功，没有准备就要失败。二是《中庸》为普通人立教，强调后天奋斗、刻苦的作用。只要愿意付出成倍的努力，便能以勤补拙，进而获得成功。从博学审问，到明辨笃行，知识的学习要通过内在的自省使之真正属于自己，也要通过切实的思考将之付诸具体的实践。这是一套由知到行的综合性实践，能行乎此，修养之道才能发挥其真正的意义。

课后思考

1. "四书"包含哪些著作?

2. 以"博学之,审问之,慎思之,明辨之,笃行之"为主题,开展一次小组讨论。

秋水(节选)

《庄子》

视频:庄子

秋水时①至,百川灌河②;泾③流之大,两涘渚崖之间不辩④牛马。于是焉河伯欣然自喜,以天下之美为尽在己,顺流而东行,至于北海,东面而视,不见水端。于是焉河伯始旋⑤其面目,望洋⑥向若而叹曰:"野语有之曰'闻道百,以为莫己若者',我之谓也。且夫我尝闻少仲尼之闻而轻伯夷⑦之义者,始吾弗信,今我睹子⑧之难穷也,吾非至于子之门,则殆矣,吾长见笑于大方之家⑨。"

北海若曰:"井鼃⑩不可以语于海者,拘于虚⑪也;夏虫不可以语于冰者,笃⑫于时也;曲士⑬不可以语于道者,束于教也。今尔出于崖涘,观于大海,乃知尔丑⑭,尔将可与语大理⑮矣。天下之水,莫大于海。万川归之,不知何时止而不盈;尾闾⑯泄之,不知何时已而不虚⑰;春秋不变,水旱不知。此其过⑱江河之流,不可为量数。而吾未尝以此自多⑲者,自以比形于天地,而受气于阴阳,吾在天地之间,犹小石小木之在大⑳山也。方存乎见少㉑,又奚㉒以自多!计四海之在天地之间也,不似礨(lěi)空之在大泽乎㉓?计中国之在海内不似稊米㉔之在大(tài)仓乎?号㉕物之数谓之万,人处一焉;人卒九州,谷食之所生,舟车之所通,人处一焉。此其比万物也,不似毫末之在于马体乎?五帝之所连㉖,三王之所争,仁人之所忧,任士之所劳㉗,尽此矣!伯夷辞之以为名,仲尼语之以为博。此其自多也,不似尔向之自多于水乎?"

【注释】

①时:按时令。

②灌:奔注。河:黄河。

③泾(jīng):通"径",直流的水波,此指水流。

④不辩:辩,通"辨",分不清。

⑤旋:转,改变。

⑥望洋:仰视的样子。

⑦伯夷:商孤竹君之子,与弟叔齐争让王位,被认为节义高尚之士。

⑧子:原指海神若,此指海水。

⑨长:永远。大方之家:有学问的人。

⑩鼃:通"蛙"。

⑪虚：通"墟"，居住的地方。

⑫笃（dǔ）：固。引申为束缚、限制。

⑬曲士：孤陋寡闻的人。

⑭丑：鄙陋，缺乏知识。

⑮大理：大道。

⑯尾闾（lú）：海的底部，排泄海水的地方。

⑰虚：流空。

⑱过：超过。

⑲自多：自夸。

⑳大：通"太"。

㉑方：正。存：察，看到。见（xiàn）：显得。

㉒奚：何，怎么。

㉓礨（lěi）空：蚁穴，小孔穴。大泽：大湖泊。

㉔稊米：泛指细小的米粒。

㉕号：称。

㉖连：继续。

㉗"仁人"二句：仁人：指专门讲仁义的儒家者流。任士：指身体力行的墨家者流。墨家以任劳以成人之所急为己任，故称。

【作者介绍】

选自《庄子·外篇》之《秋水》篇。庄子，姓庄，名周，字子休（亦说子沐），宋国蒙人。他是东周战国中期著名的思想家、哲学家和文学家。创立了华夏重要的哲学学派之一庄学，是继老子之后，战国时期道家学派的代表人物，是道家学派的主要代表人物之一。

【文言现象】

一、通假字

泾流之大："泾"通"径"，直。

不辩牛马："辩"通"辨"，辨识。

不似稊米之在大仓乎："大"通"太"，大的。

人卒九州："卒"通"萃"，聚集。

不似毫末之在于马体乎："豪"通"毫"，动物身上的细毛。

拘于虚也："虚"通"墟"，指所居之处。

二、词类活用

（一）名词做动词

东面而视　面：面向，朝向。

（二）名词做状语

秋水时至　时：按时。

顺流而东行　东：向东。

（三）形容词做动词

今我睹子之难穷也　穷：尽。

不知何时已而不虚　虚：流尽，放空。

（四）形容词做名词

以天下之美为尽在己　美：美景。

（五）意动用法

且夫我尝闻少仲尼之闻　少：认为……少。

而轻伯夷之义者　轻：认为……轻。

而吾未尝以此自多者　多：认为……多，自满。

方存乎见少　少：认为……少。

三、一词多义

（一）之

①我之谓也（结构助词，宾语前置的标志）

②仲尼之闻（结构助词，的）

③伯夷辞之以为名（代词，指天下）

④五帝之所连（结构助词）

（二）于

①于是焉（介词，在）

②至于北海（介词，在）

③吾非至于子之门（动词，到达）

④吾长见笑于大方之家（介词，用在动词之后名词之前表被动）

⑤莫大于海（介词，比）

⑥不似尔向之自多于水乎（介词，由于）

（三）以

①以天下之美为尽在己（动词，认为）

②而吾未尝以此自多者（介词，凭借）

③伯夷辞之以为名（连词，用来）

（四）为

①以为莫己若（动词，认为）

②不可为量数（介词，用）

③伯夷辞之以为名（动词，取得）

（五）若

①望洋向若而叹曰（名词，海神名）

②以为莫己若者（动词，及、比得上）

（六）闻

①闻道百/且夫吾尝闻（动词，听到）

②少仲尼之闻（名词，学识）

（七）始

①于是焉河伯始旋其面目（副词，才）

②始吾弗信（名词，开始）

（八）而

①顺流而东行（连词，表顺承）

②东面而视（连词，表修饰）

四、古今异义

（一）至于北海

至于：古义，到了。今义，表示达到某种程度，或表示另提一事。

北海：古义，北方的大海。今义：专指地名"北海"。

（二）百川灌河

古义，特指黄河。今义，天然的或人工的大水道，泛指河流。

（三）于是焉河伯始旋其面目

古义，脸色。今义：脸的形状，相貌。

（四）吾长见笑于大方之家

古义：深明大义的人，或专通某种学问的人。

今义：（1）不吝啬；（2）自然，不拘束；不俗气。

（五）东面而视

古义，脸朝东。今义，东边。

（六）计中国之在海内

古义，黄河流域一带。今义，即指整个中国。

（七）乃知尔丑

古义，鄙陋，低劣。今义，形容难看的人或事物。

五、成语

望洋兴叹：原指在伟大事物面前感叹自己的渺小。现多比喻做事时因力不胜任或没有条件而感到无可奈何。

贻笑大方：指让内行人笑话，含贬义。

太仓稊米、太仓一粟：比喻非常渺小。

井底之蛙：井底的蛙只能看到井口那么大的一块天，比喻见识短浅、思路狭窄的人。

大方之家：原指懂得大道理的人，后泛指见识广博或学有专长的人。

夏虫语冰：比喻人囿于见闻，知识短浅。

欣然自喜：指高兴地自觉喜悦。

牛马不辨：辨，别也，言广大，故望不分别也。河流水大分不清岸边的牛和马。比喻河流水势浩大。

六、特殊句式

（一）判断句

①吾非至于子之门，则殆矣

②井蛙不可以语于海者，拘于虚也

③夏虫不可以语于冰者，笃于时也

④曲士不可以语于道者，束于教也

（二）省略句

①尔将可与（吾）语大理矣

②万川归（于）之

③此其比（于）万物也

④伯夷辞之以（之）为名

（三）被动句

①吾长见笑于大方之家 （"见……于"，被动句式）

②不可为量数

③拘于虚也

④笃于时也

⑤束于教也

（四）定语后置句

闻道百

（五）宾语前置句

①以为莫己若者

②我之谓也

③又奚以自多（介词宾语前置句）

（六）介词结构后置句

①今尔出于涯涘，观于大海

②天下之水，莫大于海

③自以比形于天地，而受气于阴阳

【作品赏析】

　　庄子生活的战国时代是一个大动荡、大变革的时代，庄子对当时的兼并战争、剥削压迫乃至"人为物役"等现象极端不满，但又无可奈何。无可奈何中，他只希望在黑暗的社会中生活得愉快，能够顺其自然，得尽天年。于是，他以"道"为师，企图通过"心斋""坐忘"等方式与"道"融为一体，追求"无己、无功、无名"的无差别境界，而获得"逍遥游"，获得精神的绝对自由。庄子《秋水》本义是讨论价值判断的相对性，我们现在可以视之为相对独立的一篇选文，而给予积极的解释，获得新的启迪。《秋水》篇的主体部分是河伯与北海若的七番对话，本文只节选了其中的第一部分。

　　本文是一篇以对话方式展开说理的论说文。在整体构思上，本文通篇采用寓言形式说理。作者虚构了一个河伯与北海若对话的寓言故事，通过两个神话人物的对话来展开说理、阐明观点，极大地增强了文章的文学性。《庄子》散文在先秦散文中最富于浪漫色彩。

　　在论证上，本文多用形象比喻说明抽象道理，用比喻说理多是由个别到个别的比较论证法。运用比较论证法中，又包含性质相似的类比论证法，如"拘于虚"之井蛙、"笃于时"之夏虫与"束于教"之曲士之间的比较，便是类比论证；还包含性质相反的对比论证法，如"束于教"之"曲士"与"观于大海"，已知己丑、可与语大理的河伯之间的比较，便是对比论证。

课后思考

1. 学者们历来对《庄子》评价颇高，鲁迅在《汉文学史纲要》中评价说："其文则汪洋辟阖，仪态万方，晚周诸子之作，莫之能先也。"结合此篇选文谈谈对《庄子》语言风格的理解。

2. 仔细体会本文所虚构河伯与海若对话结构形式的说理效果。

陈情表

李　密

视频：陈情表

臣密言：臣以险衅①，夙②遭闵③凶④，生孩六月，慈父见背⑤，行年四岁，舅夺母志⑥。祖母刘愍臣孤弱，躬亲抚养。臣少多疾病，九岁不行，零丁孤苦，至于成立⑦。既无叔伯，终鲜兄弟，门衰祚⑧薄，晚有儿息⑨。外无期功强近之亲⑩，内无应门五尺之僮⑪，茕茕孑立⑫，形影相吊⑬。而刘夙婴⑭疾病，常在床蓐⑮，臣侍汤药，未曾废离⑯。

逮奉圣朝，沐浴清化⑰。前太守⑱臣逵，察⑲臣孝廉⑳；后刺史㉑臣荣，举臣秀才㉒。臣以供养无主，辞不赴命。诏书特下，拜㉓臣郎中㉔，寻㉕蒙国恩，除㉖臣洗马㉗。猥㉘以微贱，当侍东宫㉙，非臣陨首㉚所能上报。臣具以表闻，辞不就职。诏书切峻㉛，责臣逋慢㉜；郡县逼迫，催臣上道；州司㉝临门，急于星火。臣欲奉诏奔驰，则刘病日笃㉞；欲苟顺㉟私情，则告诉不许。臣之进退，实为狼狈。

伏惟㊱圣朝以孝治天下，凡在故老㊲，犹蒙矜育㊳，况臣孤苦，特为尤甚。且臣少仕伪朝㊴，历职郎署㊵，本图宦达，不矜㊶名节。今臣亡国贱俘，至微至陋，过蒙拔擢，宠命㊷优渥㊸，岂敢盘桓，有所希冀！但以刘日薄西山，气息奄奄，人命危浅，朝不虑夕。臣无祖母，无以至今日，祖母无臣，无以终余年，祖孙二人，更相为命，是以区区㊹不能废远。臣密今年四十有四，祖母刘今年九十有六，是臣尽节于陛下㊺之日长，报刘之日短也。乌鸟私情㊻，愿乞终养。

臣之辛苦，非独蜀之人士及二州㊼牧伯㊽所见明知，皇天后土㊾，实所共鉴。愿陛下矜愍愚诚㊿，听[51]臣微志。庶刘侥幸，保卒余年。臣生当陨首，死当结草[52]。臣不胜犬马[53]怖惧之情，谨拜表以闻。

【注释】

①险衅（xìn）：灾难祸患。指命运坎坷。

②夙：早。这里指幼年时。

③闵：通"悯"，指可忧患的事（多指疾病死丧）。

④凶：不幸。

⑤见背：弃我而死去。

⑥舅夺母志：指由于舅父强行改变了李密母亲守节的志向。

⑦成立：长大成人。

⑧祚（zuò）：福分。

⑨儿息：儿子。

⑩期功强近之亲：指比较亲近的亲戚。古代丧礼制度以亲属关系的亲疏规定服丧时间的长短，服丧一年称"期"，九月称"大功"，五月称"小功"。

⑪应门五尺之僮：五尺高的小孩。应门，照应门户。僮，童仆。

⑫茕（qióng）茕孑（jié）立：生活孤单无靠。茕茕，孤单的样子。孑，孤单。

⑬吊：安慰。

⑭婴：纠缠。

⑮蓐（rù）：通"褥"，垫子。

⑯废离：废养而远离。

⑰清化：清明的政治教化。

⑱太守：郡的地方长官。

⑲察：考察。这里是推举的意思。

⑳孝廉：汉代以来举荐人才的一种科目，举孝顺父母、品行方正的人。汉武帝开始令郡国每年推举孝廉各一名，晋时仍保留此制，但办法和名额不尽相同。"孝"指孝顺父母，"廉"指品行廉洁。

㉑刺史：州的地方长官。

㉒秀才：当时地方推举优秀人才的一种科目，这里是优秀人才的意思，与后代科举的"秀才"含义不同。

㉓拜：授官。

㉔郎中：官名。晋时各部有郎中。

㉕寻：不久。

㉖除：任命官职。

㉗洗马：官名。太子的属官，在宫中服役，掌管图书。

㉘猥：辱。自谦之词。

㉙东宫：太子居住的地方。这里指太子。

㉚陨（yǔn）首：丧命。

㉛切峻：急切严厉。

㉜逋慢：回避怠慢。

㉝州司：州官。

㉞日笃：日益沉重。

㉟苟顺：姑且迁就。

㊱伏惟：旧时奏疏、书信中下级对上级常用的敬语。

㊲故老：遗老。

㊳矜育：怜惜抚育。

㊴伪朝：指蜀汉。

㊵历职郎署：指曾在蜀汉官署中担任过郎官职务。

㊶矜：矜持爱惜。

㊷宠命：恩命。指拜郎中、洗马等官职。

㊸优渥（wò）：优厚。

㊹区区：拳拳。形容自己的私情。

㊺陛下：对帝王的尊称。

㊻乌鸟私情：相传乌鸦能反哺，所以常用来比喻子女对父母的孝养之情。

㊼二州：指益州和梁州。益州治所在今四川省成都市，梁州治所在今陕西省勉县东，二州区域大致相当于蜀汉所统辖的范围。

㊽牧伯：刺史。上古一州的长官称牧，又称方伯，所以后代以牧伯称刺史。

㊾皇天后土：犹言天地神明。

㊿愚诚：愚拙的至诚之心。

(51)听：听许，同意。

(52)结草：据《左传·宣公十五年》记载，晋国大夫魏武子临死的时候，嘱咐他的儿子魏颗，把他的遗妾杀死以后殉葬。魏颗没有照他父亲说的话做。后来魏颗跟秦国的杜回作战，看见一个老人用草打了结把杜回绊倒，杜回因此被擒。到了晚上，魏颗梦见结草的老人，他自称是没有被杀死的魏武子遗妾的父亲。后来就把“结草”用来作为报答恩人心愿的表示。

(53)犬马：作者自比，表示谦卑。

【作者介绍】

李密（224—287 年），一名虔，字令伯，犍为武阳（今四川省眉山市彭山区）人。父早亡，母改嫁，由祖母刘氏亲自抚养。为人正直，颇有才干。曾仕蜀汉为郎，蜀亡以后，晋武帝司马炎为了巩固新政权，笼络蜀汉旧臣人心，征召李密为太子洗马。他上表陈情，以祖母年老无人供养，辞不从命。祖母死后，李密出任太子洗马，官至汉中太守。后被谗免官，死于家中。著有《述理论》十篇，不传世。《华阳国志》《晋书》均有李密传。

【文言现象】

一、通假字

夙遭闵凶：“闵”通“悯”，可忧患的事。

零丁孤苦：“零丁”通“伶仃”，孤独的样子。

臣密今年四十有四：“有”通“又”。表示整数后面还有零数。

常在床蓐：“蓐”通“褥”，垫子、草席。

二、词类活用

（一）名词做状语

非臣陨首所能上报　上：向上。

臣不胜犬马怖惧之情　犬马：像犬马一样。

则刘病日笃　日：一天天地。

外无期功强近之亲　外：在家外。

内无应门五尺之僮　内：在家里。

躬亲抚养：躬，亲自。

（二）使动用法

臣具以表闻　闻：使……闻。

保卒余年　保：使……保全。

谨拜表以闻　闻：使……知道。

（三）形容词做名词

夙遭闵凶　闵凶：忧患不幸的事。

猥以微贱　微贱：卑微低贱的身份。

凡在故老　故老：年老而有功德的旧臣。

愿陛下矜悯愚诚　愚诚：诚心。

（四）形容词做动词

是以区区不能废远　远：远离。

则刘病日笃　笃：病重。

（五）名词做动词

臣少多疾病　病：生病。

且臣少仕伪朝　仕：做官。

历职郎署　职：任职。

（六）动词作名词

臣之进退，实为狼狈　进退：指是否出来做官之事。

三、重点虚词

以：

臣以险衅（以：因为）

臣以供养无主（以：介词，因为）

臣具以表闻（以：用）

猥以微贱（以：和地位搭配时，译为"凭借"）

无以至今日（无以：没有……的办法）

但以刘日薄西山（以：因为）

是以区区不能废远（是以：因此。以，因为）

伏惟圣朝以孝治天下（以：用）

谨拜表以闻（以：连词，而）

四、一词多义

（一）行

①行年四岁（动词，经历）

②九岁不行（动词，走路）

③余嘉其能行古道（动词，施行）

（二）矜

①犹蒙矜育（动词，怜惜）

②不矜名节（动词，顾惜）

③愿陛下矜悯愚诚（动词，怜悯）

（三）至

①至微至陋（副词，最）

②无以至今日（动词，到达）

（四）见

①慈父见背（用在动词前，表示他人行为及于自己）

②二州牧伯所见明知（动词，看见）

③臣诚恐见欺于王而负赵（被）

（五）亲

①躬亲抚养（代词，亲自）

②外无期功强近之亲（名词，亲戚）

（六）日

①日薄西山（名词，太阳）

②报养刘之日短（名词，日子）

③则刘病日笃（名词作状语，一天天）

（七）当

①当侍东宫（动词，任，充当）

②死当结草（副词，应当）

（八）薄

①日薄西山（动词，迫近）

②门衰祚薄（形容词，微薄，少）

③薄微细古（微小）

（九）拜

①拜臣郎中（动词，授官）

②谨拜表以闻（动词，奉上）

（十）于

①州司临门，急于星火（介词，比）

②是臣尽节于陛下之日长（介词，给）

（十一）夙

①夙遭闵凶（名词，很早，幼年）

②夙夜忧叹（名词，早晨）

（十二）区区

①是以区区不能废远（拳拳，形容自己的私情）

②何乃太区区（形容词，短浅的）

③区区小事（形容词，形容分量少）

④区区在下（谦称自己）

（十三）卒

①保卒余年（副词，终）

②卒成帝业（副词，终究）

③信臣精卒陈利兵而谁何（名词，士兵）

④卒然边境有急（副词，突然）

（十四）除

①除臣洗马（动词，任命）

②登自东除（名词，台阶）

③攘除奸凶（动词，清除）

（十五）婴

①夙婴疾病（动词，缠绕）

②举婴，欲投之于河（名词，婴孩）

（十六）应

①内无应门五尺之僮（动词，照应）

②其人弗能应也（动词，回答）

（十七）志

①舅夺母志（名词，志向）

②寻向所志（名词，标记）

（十八）以

①臣以险衅（以：因为）

②臣以供养无主（以：介词，因为）

③臣具以表闻（以：用）

④猥以微贱（以：和地位搭配时，译为"凭借"）

⑤无以至今日（无以：没有……的办法）

⑥但以刘日薄西山（以：因为）

⑦是以区区不能废远（是以：因此。以，因为）

⑧伏惟圣朝以孝治天下（以：用）

⑨谨拜表以闻（以：连词，而）

五、古今异义

（一）九岁不行

古义：不能走路，这里指柔弱。今义：不可以。

（二）举臣秀才

古义：优秀人才。今义：读书人的通称。

（三）除臣洗马

古义：授予官职。今义：不包括在内。

洗马 古义：授予官职 太子随从。今义：给马洗身子。

（四）臣欲奉召奔驰

古义：奔走效劳，这里指赴京就职。今义：迅速地跑。

（五）臣之辛苦

古义：辛酸苦楚。今义：表身心劳苦，比喻艰难困苦，很疲倦的感觉。现多指工作和劳作的感受。

（六）则告诉不许

古义：申诉。今义：向别人陈述；通知某事，使人知道。

（七）是以区区不能废远

古义：拳拳，形容感情恳切。今义：小，少。形容微不足道。

（八）至于成立

至于 古义：一直到……。今义：副词，表示事情达到某种程度；连词，表示另提一事或另一情况；到达。

成立 古义：成人自立。今义：组织机构开始存在；理论意见，站得住脚；创立、建立。

（九）急于星火

星火 古义：流星的光，比喻急迫。今义：微小的光。

六、成语

孤苦伶仃（原文：零丁孤苦）：伶仃：孤独，没有依靠。孤单困苦，没有依靠。

茕茕孑立：孤身一人。形容一个人无依无靠，孤苦伶仃。

形影相吊：吊，慰问。孤身一人，只有和自己的身影相互慰问。形容无依无靠，非常孤单。

急于星火：星火，流星。像流星的光从空中急闪而过。形容非常急促紧迫。

日薄西山：薄，迫近。太阳快落山了。比喻人已经衰老或事物衰败腐朽，临近死亡。

气息奄奄：形容呼吸微弱，快要断气的样子。也比喻事物衰败没落，即将灭亡。

人命危浅：浅，时间短。形容寿命不长，即将死亡。

朝不虑夕：早晨不能知道晚上会变成什么样子或发生什么情况。形容形势危急，难以预料。

结草衔环：结草，把草结成绳子，搭救恩人；衔环，嘴里衔着玉环。旧时比喻感恩报德，至死不忘。

乌鸟私情：乌鸟，古时传说，小乌鸦能反哺老乌鸦。比喻侍奉尊亲的孝心。

皇天后土：皇天，古代称天；后土，古代称地。指天地。旧时迷信天地能主持公道，主宰万物。

七、特殊句式

（一）介宾短语后置

①急于星火

②是臣尽节于陛下之日长

（二）宾语前置

①是以区区不能废远

②慈父见背

（三）被动句

①而刘夙婴疾病

②则告诉不许

（四）省略句

①拜臣（为）郎中

②且臣少仕（于）伪朝

③但以刘日薄（于）西山

（五）判断句

①今臣亡国贱俘

②非独蜀之人士及二州牧伯所见明知

③非臣陨首所能上报

④是臣尽节于陛下之日长，报养刘之日短也

（六）固定句式

臣无祖母，无以至今日

【作品赏析】

1. 融情于事

强烈的感情色彩是本文的一大特色，但作者无论是述说自己的孤苦无依之情，还是述说自己和祖母相依为命的深厚亲情，都是通过叙事来表达的。而自己对朝廷恩遇的感激和对武帝的忠敬之心，也是以充满情感的笔调来写的。

2. 语言形象生动，自然精粹

本文虽然用了不少四字句、对偶句，有骈文的整俪之工，但语言却绝不雕琢，而是十分自然真切，仿佛是从肺腑中流出，丝毫不见斧凿痕迹。文章语言十分生动形象，如第一段写孤苦无依之状，第二段写州县催迫之景，第三段写祖母病笃的惨苦之象，都如在目前。此外本文在语言上还十分精练准确，有些词句后世成了成语。

本文排偶句的运用极有特色，不仅音韵和谐，节奏鲜明，简洁练达，生动形象，而且感情真挚，具有震撼人心的力量。例如"日薄西山，气息奄奄，人命危浅，朝不虑夕"，运用比喻和夸张手法，将祖母危在旦夕，自己不忍废离的深情形容得淋漓尽致；"臣欲奉诏奔驰，则刘病日笃；欲苟顺私情，则告诉不许"。通过对比，既突出了李密进退两难的无奈，又将尽忠之志与尽孝之情表现得真切而感人。

课后思考 》》》》》》

1. "生孩六月，慈父见背，行年四岁，舅夺母志。祖母刘悯臣孤弱，躬亲抚养。臣少多疾病，九岁不行，零丁孤苦，至于成立。……"赏析这段语言中四字骈句妙处。

2. 文中多处出现排偶句，试在文中找出几处并进行分析。

五代史伶官传序①

欧阳修

视频：五代史伶官传序

呜呼！盛衰之理，虽曰天命，岂非人事哉！原庄宗②之所以得天下，与其所以失之者，可以知之矣。

世言晋王③之将终也，以三矢④赐庄宗而告之曰："梁⑤，吾仇也；燕王⑥，吾所立；契丹⑦与吾约为兄弟；而皆背晋以归梁。此三者，吾遗恨也。与⑧尔三矢，尔其无忘乃⑨父之志！"庄宗受而藏之于庙⑩。其后用兵，则遣从事⑪以一少牢⑫告庙，请其矢，盛以锦囊，负而前驱，及凯旋而纳之⑬。

方其系⑭燕父子以组⑮，函⑯梁君臣之首，入于太庙，还矢先王⑰，而告以成功，其意气之盛，可谓壮哉！及仇雠⑱已灭，天下已定，一夫⑲夜呼，乱者四应，仓皇东出，未及见贼而士卒离散，君臣相顾，不知所归。至于誓天断发⑳，泣下沾襟，何其衰也！岂㉑得之难而失之易欤？抑本其成败之迹㉒，而皆自于人欤？《书》㉔曰："满招损，谦得益。"忧劳可以兴国，逸豫㉕可以亡身，自然之理也。

故方其盛也，举㉖天下之豪杰，莫能与之争；及其衰也，数十伶人困之，而身死国灭，为天下笑。夫祸患常积于忽微㉗，而智勇多困于所溺㉘，岂独伶人也哉㉙？作《伶官传》。

【注释】

①伶（líng）官：宫廷中的乐官和授有官职的演戏艺人。

②原：推究，考察。庄宗：即后唐庄宗李存勖，李克用长子，继父为晋王，于后梁龙德三年（923）称帝，国号唐。同年灭后梁。同光四年（926），在兵变中被杀，在位仅三年。

③晋王：西域突厥族沙陀部酋长李克用。因受唐王朝之召镇压黄巢起义有功，后封晋王。

④矢：箭。

⑤梁：后梁太祖朱温，原是黄巢部将，叛变归唐，后封为梁王。

⑥燕王：指卢龙节度使刘仁恭。其子刘守光，后被朱温封为燕王。此处称刘仁恭为燕王，是笼统说法。

⑦契丹：宋时北方的一个部族。

⑧与：赐给。

⑨其：语气副词，表示命令或祈求。乃：你的。

⑩庙：指宗庙，古代帝王祭祀祖先之所。此处专指李克用的祠，同下文的"太庙"。

⑪从事：原指州郡长官的僚属，这里泛指一般幕僚随从。

⑫少牢：用一猪一羊祭祀。

⑬纳之：把箭放好。

⑭系：捆绑。

⑮组：绳索。

⑯函：木匣。此处用作动词，盛以木匣。

⑰先王：指晋王李克用。

⑱仇雠（chóu）：仇敌。

⑲一夫：指唐庄宗同光四年（926）发动贝州兵变的军士皇甫晖。

⑳誓天断发：截发置地，向天发誓。

㉑岂：难道。

㉒欤（yú）：表疑问的语气助词。

㉓抑：表转折的连词，相当于"或者""还是"。本：考究。迹：事迹，道理。

㉔《书》：《尚书》。

㉕逸（yì）豫：安逸舒适。

㉖举：全、所有。

㉗忽微：形容细小之事。忽是寸的十万分之一，微是寸的百万分之一。

㉘溺：溺爱，对人或事物爱好过分。

㉙也哉：语气词连用，表示反诘语气。

【作者介绍】

欧阳修（1007—1072 年），字永叔，号醉翁，晚号"六一居士"。汉族，吉州永丰（今江西省永丰县）人，因吉州原属庐陵郡，以"庐陵欧阳修"自居。谥号文忠，世称欧阳文忠公。北宋政治家、文学家、史学家，与韩愈、柳宗元、王安石、苏洵、苏轼、苏辙、曾巩合称"唐宋八大家"。后人又将其与韩愈、柳宗元和苏轼合称"千古文章四大家"。

【文言现象】

一、通假字

及仇雠已灭："雠"同"仇"，仇敌。

二、词类活用

（一）名词做动词

函梁君臣之首　函：用木匣子装。

契丹与吾约为兄弟　约：订立盟约。

抑本其成败之迹　本：探求、考察。

原庄宗之所以得天下　原：推究。

泣下沾襟　下：掉下。

（二）形容词做动词

一夫夜呼，乱者四应。乱：作乱。

（三）形容词做名词

夫祸患常积于忽微，而智勇多困于所溺。

忽微：细小的事情；智勇：智勇的人。

（四）名词做状语

负而前驱　前：向前。

仓皇东出　东：向东。

一夫夜呼　夜：在夜里。

乱者四应　四：在四面。

（五）动词做名词

而告以成功　成功：成功的消息。

（六）使动用法

忧劳可以兴国，逸豫可以亡身　兴：使……兴盛；亡，使……灭亡。

凯旋而纳之　纳：使收藏。

至于誓天断发　断：使……断。

三、一词多义

（一）归

①而皆背晋以归梁（归顺）

②君臣相顾，不知所归（返回）

（二）告

①则遣从事以一少牢告庙（祭告）

②具告以事（告诉）

③告之于帝（禀告）

（三）盛

①盛衰之理，虽曰天命，岂非人事哉（兴盛）

②请其矢，盛以锦囊（装）

③其意气之盛，可谓壮哉（旺盛）

④方其盛也，举天下之豪杰，莫能与之争（强盛）

（四）困

①及其衰也，数十伶人困之（围困）

②智勇多困于所溺（困扰）

③秦无亡矢遗镞之费，而天下诸侯已困矣（困厄）

④安在公子能急人之困也（困难）

（五）微

①祸患常积于忽微（微小的事）

②微指左公处，则席地倚墙而坐（悄悄地）

③从数骑出，微行入古寺（为隐藏身份而改装）

④微斯人，吾谁与归（没有）

（六）其

①尔其无忘乃父之志（副词，表祈使语气，一定）

②至于誓天断发，泣下沾襟，何其衰也（语气词，多么）

③其意气之盛，可谓壮哉（代词，他）

④圣人之所以为圣，愚人之所以为愚，其皆出于此乎？（表揣测语气副词，大概）

（七）而

①而皆背晋以归梁（但，表转折）

②及凯旋而纳之（表顺接）

③以三矢赐庄宗而告之曰（表递进）

④数十伶人困之，而身死国灭（表顺接）

（八）以

①与其所以失之者（介词，与"所"组成固定词组，表示"……的原因"）

②可以知之矣（介词，凭借）

③方其系燕父子以组（介词，用）

④而皆背晋以归梁（相当于"而"，表顺接）

⑤盛以锦囊（介词，用）

（九）与

①契丹与吾约为兄弟（跟，介词）

②与尔三矢（给，动词）

四、古今异义

（一）与其所以失之者

古义：和他。今义：在比较两件事的利害得失而决定取舍时，表示放弃或不赞成的一面。

（二）不知所归，至于誓天断发

古义：相当于"以至于"。今义：表示达到某种程度。

（三）则遣从事以一少牢告庙

古义：官名，这里指官员；今义：干某项事业；处理，处置；办事，办理事务。

（四）虽曰天命，岂非人事哉

古义：与"天命"相对，指人力。今义：关于工作人员的录用、培养、调配、奖惩等工作；人情事理。

（五）原庄宗之所以得天下

古义：代词"所"与介词"以"组成"所"字结构，其义为"……的原因"。

今义：常用作表示因果关系的连词。

（六）原庄宗之所以得天下

古义：推究。今义：原来。

（七）方其系燕父子以组

古义：丝编的绳索，这里泛指绳索。今义：结合，构成。

五、特殊句式

（一）判断句

①"……者，……也"　此三者，吾遗恨也

② "……也" 式

梁,吾仇也

忧劳可以兴国,逸豫可以亡身,自然之理也

③无标志式 燕王,吾所立

(二) 被动句

①身死国灭,为天下笑

②祸患常积于忽微,而智勇多困于所溺

(三) 倒装句

①定语后置 其意气之盛

②介词结构后置

盛以锦囊

方其系燕父子以组

而告以成功

夫祸患常积于忽微,而智勇多困于所溺

庄宗受而藏之于庙

(四) 省略句

①还矢(于)先王,而告(之)以成功

②以三矢赐(于)庄宗而告之曰

③请其矢,盛(之)以锦囊

④岂独(庄宗之困于)伶人也哉

⑤(庄宗)则遣从事以一少牢告(于)庙

(五) 固定句式

①泣下沾襟,何其衰也 多么……啊

②虽曰天命,岂非人事哉 难道……吗

【课文赏析】

1. 语言委婉,气势旺盛

本文作为一篇总结历史教训、为在世及后世君主提供借鉴的史论,毫无生硬的说教,而是娓娓道来,婉转动人。即使是在慨叹庄宗败亡时,也只是寓惋惜之意而无责难之词,可谓意正言婉。全文从"呜呼"起笔,到"岂独伶人也哉"收尾,一叹再叹,以叹始终,于反复叹咏之中显现委婉的韵致。在议论的文字中,多用反问句、疑问句,使说理委婉而令人深思;多用对称语句,特别是在关键的地方,采用语言凝练、对仗工整的格言式的骈句,造成鲜明的对比感和节奏感;适当运用长句,调节语势,有张有弛。疑问句、感叹句与陈述句,骈句与散句,长句与短句,错综有致,读起来抑扬顿挫,一唱三叹,感情饱满,气势旺盛。后来做史论的人往往学这种抑扬顿挫的笔法。

2. 文笔酣畅,波澜起伏

文章开篇突兀而起地提出论点,马上落到立论根据上,再落入"晋王三矢"的叙事,又语势猛然一升,发出对庄宗之"盛"赞叹,而后语势陡然一降,发出对庄宗之"衰"的悲叹，继而步步紧逼，设疑问、引古语而得出"自然之理"，然后再次评论庄宗盛衰，语势再升再降，在大起大落之中引出发人深省的教训，最后戛然而止，将全文的语势稳稳地落在结尾上。篇幅虽短小，却写得起伏跌宕。全文一气呵成，淋漓酣畅。

3. 平易自然，简约凝练

文中没有佶屈聱牙的措辞，也不堆砌词藻，而是用平实的语言生动地叙说事例，深入地说明道理，语言平易近人，自然晓畅。叙事不枝不蔓，议论简明扼要，其中一些格言式的对称语句，如"满招损，谦受益"；"忧劳可以兴国，逸豫可以亡身"；"祸患常积于忽微，智勇多困于所溺"等，句式整齐，言简意丰，发人深省。

通观全篇，融叙事、议论、抒情为一体，叙事生动晓畅，论证层层深入，感情深沉浓烈，实为一篇不可多得的佳作。历代的文学家多视此篇为范文，倍加赞赏，如明代茅坤称此文为"千古绝调"，清代沈德潜誉此文为"抑扬顿挫，得《史记》神髓，《五代史》中第一篇文字"。欧阳公之文风、政见与为人，于此文可略见一斑。

课后作业

1. 谈谈本文的中心论点和有关警句对我们有什么启迪作用。
2. 试以本文第二段为例，说明作者是如何运用对比手法进行论证的。

前赤壁赋

苏 轼

视频：前赤壁赋朗读

壬戌①之秋，七月既望②，苏子与客泛舟，游于赤壁之下。清风徐③来，水波不兴④。举酒属⑤客，诵明月之诗，歌窈窕之章。少焉⑥，月出于东山之上，徘徊于斗牛之间。白露横江⑦，水光接天。纵一苇之所如，凌万顷之茫然⑧。浩浩乎如冯虚御风⑨，而不知其所止；飘飘乎如遗世独立⑩，羽化而登仙。

于是饮酒乐甚，扣舷⑪而歌之。歌曰："桂棹兮兰桨，击空明兮溯流光⑫。渺渺兮予怀⑬，望美人⑭兮天一方。"客有吹洞箫者，倚歌而和之⑮。其声呜呜然，如怨如慕，如泣如诉⑯；余音袅袅⑰，不绝如缕⑱。舞幽壑之潜蛟⑲，泣孤舟之嫠妇⑳。

苏子愀然㉑，正襟危坐㉒，而问客曰："何为其然也㉓？"客曰："'月明星稀，乌鹊南飞㉔。'此非曹孟德之诗乎？西望夏口，东望武昌，山川相缪㉕，郁乎苍苍㉖，此非孟德之困于周郎者乎？方其破荆州，下江陵，顺流而东也，舳舻㉗千里，旌旗蔽空，酾酒㉘临江，横槊㉙赋诗，固一世之雄也，而今安在哉？况吾与子渔樵于江渚之上，侣鱼虾而友麋鹿㉚，驾一叶之扁舟㉛，举匏樽以相属。寄㉜蜉蝣㉝于天地，渺沧海之一粟㉞。哀吾生之须臾㉟，羡长江之无穷。挟飞仙以遨游，抱明月而长终㊱。知不可乎骤㊲得，托遗响㊳于悲风。"

苏子曰："客亦知夫水与月乎？逝者如斯㊴，而未尝往也；盈虚者如彼㊵，而卒莫消长㊶也。盖将自其变者而观之，则天地曾不能以一瞬㊷；自其不变者而观之，则物与我皆无尽也,而又何羡乎!且夫天地之间,物各有主,苟非吾之所有,虽一毫而莫取。惟江上之清风,与山间之明月,耳得之而为声,目遇之而成色,取之无禁,用之不竭。是造物者之无尽藏也㊸,而吾与子之所共适㊹。"

客喜而笑,洗盏更酌㊺。肴核既尽㊻,杯盘狼籍㊼。相与枕藉㊽乎舟中,不知东方之既白㊾。

【注释】

①壬戌:宋神宗元丰五年(1082年),岁在壬戌。

②既望:既,过了;望,农历十五日。"既望"指农历十六日。

③徐:舒缓地。

④兴:起,作。

⑤属:通"嘱"(zhǔ),致意,此处引申为"劝请"的意思。

⑥少焉:一会儿。

⑦白露:白茫茫的水汽。横江:笼罩江面。横,横贯。

⑧纵一苇之所如,凌万顷之茫然:任凭小船在宽广的江面上漂荡。纵,任凭。一苇,像一片苇叶那么小的船,比喻极小的船。《诗经·卫风·河广》:"谁谓河广,一苇杭(航)之。"如,往,去。凌,越过。万顷,形容江面极为宽阔。茫然,旷远的样子。

⑨冯虚御风:(像长出羽翼一样)驾风凌空飞行。冯,同"凭",乘。虚,太空。御,驾御(驭)。

⑩遗世独立:遗弃尘世,独自存在。

⑪扣舷:敲打着船边,指打节拍。舷,船的两边。

⑫击空明兮溯流光:船桨拍打着月光浮动的清澈的水,溯流而上。溯,逆流而上。空明、流光,指月光浮动于清澈的江水上。

⑬渺渺兮予怀:主谓倒装。我的心思飘得很远很远。渺渺,悠远的样子。化用屈原《湘夫人》"目眇眇兮愁予"。怀,心中的情思。

⑭美人:此为苏轼借鉴的屈原的文体。用美人代指君主。古诗文多以指自己所怀念向往的人。

⑮倚歌而和(hè)之:合着节拍应和。倚,随,循。和,应和。

⑯如怨如慕,如泣如诉:像是哀怨,像是思慕,像是啜泣,像是倾诉。怨,哀怨。慕,眷恋。

⑰余音:尾声。袅袅:形容声音婉转悠长。

⑱缕:细丝。

⑲舞幽壑之潜蛟:幽壑,这里指深渊。此句意谓:使深谷的蛟龙感动得起舞。

⑳泣孤舟之嫠(lí)妇:使孤舟上的寡妇伤心哭泣。嫠,孤居的妇女,在这里指寡妇。

㉑愀(qiǎo巧)然:容色改变的样子。

㉒正襟危坐:整理衣襟,严肃地端坐着。危坐,端坐。

㉓何为其然也:曲调为什么会这么悲凉呢?

㉔月明星稀，乌鹊南飞：所引是曹操《短歌行》中的诗句。

㉕缪：通"缭"，盘绕。

㉖郁乎苍苍：树木茂密，一片苍绿繁茂的样子。郁，茂盛的样子。

㉗舳舻（zhú lú）：战船前后相接。这里指战船。

㉘酾（shī）酒：斟酒。

㉙横槊（shuò）：横执长矛。

㉚侣鱼虾而友麋鹿：以鱼虾为伴侣，以麋鹿为友。侣，以……为伴侣，这里是名词的意动用法。麋（mí），鹿的一种。

㉛扁（piān）舟：小舟。

㉜寄：寓托。

㉝蜉（fú）蝣：一种昆虫，夏秋之交生于水边，生命短暂，仅数小时。此句比喻人生之短暂。

㉞渺沧海之一粟：渺，小。沧海，大海。此句比喻人类在天地之间极为渺小。

㉟须臾（yú）：片刻，时间极短。

㊱长终：至于永远。

㊲骤：数次。

㊳遗响：余音，指箫声。悲风：秋风。

㊴逝者如斯：语出《论语·子罕》："子在川上曰：'逝者如斯夫，不舍昼夜。'"逝，往。斯，此，指水。

㊵盈虚者如彼：指月亮的圆缺。

㊶卒：最终。消长：增减。长，增长。

㊷则天地曾不能以一瞬：曾，语气副词。以，用。一瞬，一眨眼的工夫。

㊸是造物者之无尽藏也：是，这。造物者，天地自然。无尽藏（zàng），佛家语，指无穷无尽的宝藏。

㊹共适：共享。苏轼手书《赤壁赋》作"共食"，明代以后多用"共适"。

㊺更酌：再次饮酒。

㊻肴核既尽：荤菜和果品。既，已经。

㊼狼籍：又写作"狼藉"，凌乱的样子。

㊽枕藉：相互枕着垫着。

㊾既白：已经显出白色（指天明了）。

【作者介绍】

苏轼（1037—1101 年），字子瞻、和仲，号铁冠道人、东坡居士，世称苏东坡、苏仙，汉族，眉州眉山（四川省眉山市）人，祖籍河北栾城，北宋著名文学家、书法家、画家，历史治水名人。苏轼是北宋中期文坛领袖，在诗、词、散文、书、画等方面取得很高成就。诗题材广阔，清新豪健，善用夸张比喻，独具风格，与黄庭坚并称"苏黄"；词开豪放一派，与辛弃疾同是豪放派代表，并称"苏辛"；散文著述宏富，豪放自如，与欧阳修并称"欧苏"，为"唐宋八大家"之一。苏轼善书，为"宋四家"之一；擅长文人画，尤擅墨竹、怪石、枯木等。作品有《东坡七集》《东坡易传》《东坡乐府》《潇湘竹石图卷》《古木怪石图卷》等。

【文言现象】

一、通假字

举酒属客："属"通"嘱"，致意，此处引申为"劝酒"。

浩浩乎如冯虚御风："冯"通"凭"，乘。

山川相缪："缪"通"缭"，盘绕，环绕。

杯盘狼籍："籍"通"藉"，凌乱。

举匏尊以相属："尊"通"樽"，酒杯。

扣舷而歌之："扣"通"叩"，敲打。

二、词类活用

（一）名词做动词

歌窈窕之章　歌：歌咏。

扣舷而歌之　歌：唱歌。

正襟危坐　正：整理，端正。

顺流而东也　东：向东进军。

下江陵　下：攻下。

况吾与子渔樵于江渚之上　渔樵：打鱼砍柴（也可以认为无活用，渔、樵本身就为动词）

（二）名词做状语

羽化而登仙　羽：像长了翅膀似的。

乌鹊南飞……西望夏口　南：朝南、往南；西：朝西，往西。

（三）形容词做名词

击空明兮溯流光　空明：月光下的清波。

（四）使动用法

舞幽壑之潜蛟　舞：使……起舞。

泣孤舟之嫠妇　泣：使……哭泣。

（五）意动用法

侣鱼虾而友麋鹿　侣：以……为伴侣；友：以……为朋友。

（六）形容词做动词

不知东方之既白　白：天色发白，天亮。

三、一词多义

（一）望

①七月既望（名词，阴历的每月十五日）

②望美人兮天一方（动词，眺望，向远处看）

（二）歌

①扣舷而歌（唱）

②歌曰（歌词）

③倚歌而和之（歌声）

（三）如

①纵一苇之所如（往）

②浩浩乎如冯虚御风（像）

（四）然

①其声呜呜然（……的样子，象声词词尾）

②何为其然也（这样）

（五）长

①抱明月而长终（永远）

②而卒莫消长也（增长）

（六）于

①苏子与客泛舟游于赤壁之下（在）

②月出于东山之上（从）

③徘徊于斗牛之间（在）

④此非孟德之困于周郎者乎（介词，被。状语后置）

⑤托遗响于悲风（给）

（七）之

①凌万顷之茫然（助词，定语后置的标志词）

②扣舷而歌之（音节助词）

③倚歌而和之（代词，代"歌"）

④哀吾生之须臾（助词，用在主谓结构中，取消句子独立性）

四、古今异义

（一）望**美人**兮天一方

古义：内心所思慕的人。古人常用来作为圣主贤臣或美好事物的象征。

今义：美貌的人。

（二）**凌**万顷之茫然

古义：越过。今义：欺辱，欺侮。

（三）凌万顷之**茫然**

古义：辽阔的样子。今义：完全不知道的样子。

（四）况吾与**子**渔樵于江渚之上

古义：对人的尊称，多指男子。今义：儿子。

（五）徘徊于**斗牛**之间

古义：斗宿和牛宿，都是星宿名。

今义：①驱牛相斗比胜负的游戏。②相斗的牛。③挑逗牛与牛或牛与人相斗。

五、特殊句式

（一）倒装句

①渺渺兮予怀（主谓倒装句）

②知不可乎骤得（倒装）

（二）状语后置

①游于赤壁之下（状语后置）

②此非孟德之困于周郎者乎（状语后置，被动句）

（三）定语后置

①凌万顷之茫然

②客有吹洞箫者

（四）宾语前置

①何为其然也

②而今安在哉

③而又何羡乎

（五）省略句

①寄（如）蜉蝣于天地，渺（如）沧海之一粟

②（其声）如怨如慕，如泣如诉

③（其声）舞幽壑之潜蛟

（六）判断句

①是造物者之无尽藏也

②固一世之雄也

③此非曹孟德之诗乎

【作品赏析】

1. "情、景、理"融合

全文不论抒情还是议论始终不离江上风光和赤壁故事，形成了情、景、理的融合。通篇以景来贯穿，风和月是主景，山和水辅之。作者抓住风和月展开描写与议论。文章分三层来表现作者复杂矛盾的内心世界：首先写月夜泛舟大江，饮酒赋诗，使人沉浸在美好景色之中而忘怀世俗的快乐心情；再从凭吊历史人物的兴亡，感到人生短促，变动不居，因而跌入现实的苦闷；最后阐发变与不变的哲理，申述人类和万物同样是永久的存在，表现了旷达乐观的人生态度。写景、抒情、说理达到了水乳交融的程度。

2. "以文为赋"的体裁形式

此文既保留了传统赋体的诗的特质与情韵，同时又吸取了散文的笔调和手法，打破了赋在句式、声律的对偶等方面的束缚，更多是散文的成分，使文章既有诗歌的深致情韵，又有散文的透辟理念。散文的笔势笔调使全篇文情郁郁顿挫，如"万斛泉涌"喷薄而出。与赋的讲究对偶不同，它相对更为自由，如开头的一段"壬戌之秋，七月既望，苏子与客泛舟游于赤壁之下"，全是散句，参差疏落之中又有整饬之致。以下直至篇末，大多押韵，但换韵较快，而且换韵处往往就是文意的一个段落，这就使本文特别宜于诵读，并且极富

声韵之美，体现了韵文的长处。

3. 意象连贯，结构严谨

景物的连贯，不仅在结构上使全文浑然一体，精湛缜密，而且还沟通了全篇的感情脉络，起伏变化。起始时写景，是作者旷达、乐观情状的外现；"扣舷而歌之"则是因"空明""流光"之景而生，由"乐甚"向"愀然"的过渡；客人寄悲哀于风月，情绪转入低沉消极；最后仍是从眼前的明月、清风引出对万物变异、人生哲理的议论，从而消释了心中的感伤。景物的反复穿插，丝毫没有给人以重复拖沓的感觉，反而在表现人物悲与喜的消长的同时再现了作者矛盾心理的变化过程，最终达到了全文诗情画意与议论理趣的完美统一。

课后作业

1. 结合苏轼写作时的背景，思考他的人生态度。
2. 根据本文写作特点，理解赋的特点。

赵威后问齐使

《战国策·齐策》

视频：赵威后问齐使

齐王使使者问赵威后①。书未发②，威后问使者曰："岁亦无恙耶③？民亦无恙耶？王亦无恙耶？"使者不说④，曰："臣奉使使威后⑤，今不问王而先问岁与民，岂先贱而后尊贵者乎？"威后曰："不然。苟⑥无岁，何以有民？苟无民，何以有君？故有舍本而问末者耶？"

乃进而问之曰："齐有处士曰钟离子⑦，无恙耶？是其为人也，有粮者亦食⑧，无粮者亦食；有衣者亦衣⑨，无衣者亦衣。是助王养其民者也，何以至今不业⑩也？叶阳子⑪无恙乎？是其为人，哀鳏⑫寡，恤孤独⑬，振⑭困穷，补不足。是助王息⑮其民者也，何以至今不业也？北宫之女婴儿子⑯无恙耶？彻其环瑱⑰，至老不嫁，以养父母。是皆率民而出于孝情者也⑱，胡为至今不朝⑲也？此二士弗业，一女不朝，何以王齐国，子万民⑳乎？於陵子仲㉑尚存乎？是其为人也，上不臣于王，下不治其家，中不索㉒交诸侯，此率民而出于无用者，何为至今不杀乎？"

【注释】

①齐王：战国时齐王建，齐襄王之子。赵威后：战国时赵惠文王妻。惠文王死，其子孝成王立，因年幼由威后执政。

②发：启封。

③岁亦无恙耶：收成还好吧？岁，收成。亦，语助词，无义。无恙，无忧，犹言"平安无事"。

④说：通"悦"。

⑤奉使使威后：奉使命出使到威后这里来。

⑥苟：假如。

⑦处士：有才能、有道德而隐居不仕的人。钟离子：齐国处士。钟离，复姓。子，古时对男子的尊称。

⑧食（sì）：拿食物给人吃。

⑨衣（yì）：拿衣服给人穿。

⑩不业：不让他做官以成就功业。

⑪叶（shè）阳子：齐国处士，叶阳，复姓。

⑫鳏（guān）：老而无妻。

⑬恤：抚恤。独：老而无子。

⑭振：通"赈"，救济。

⑮息：繁育。

⑯北宫之女婴儿子：北宫氏的女子婴儿子。北宫，复姓。婴儿子是人名。

⑰彻：通"撤"，除去。环：指耳环、臂环一类的饰物。瑱：一种玉制的耳饰。

⑱是皆率民而出于孝情者也：这些都是带领百姓行孝的行为。

⑲不朝：不使她上朝。古时夫人受封而有封号者为"命妇"，命妇即可入朝。此句意即，为什么至今不封婴儿子为命妇，使她得以上朝见君呢？

⑳子万民：以万民为子女，犹言"为民父母"。

㉑於（wū）陵子仲：齐国的隐士。於陵，齐邑名，故城在今山东省长山县西南。

㉒索：求。

【作品介绍】

《战国策》是古代国别体史料汇编。最初有《国策》《国事》《短》《事语》《长书》《修书》等名称。西汉武帝时，刘向进行了整理，按东周、西周、秦、齐、楚、赵、魏、韩、燕、宋、卫、中山12国次序，编订为33篇，取名为《战国策》。

《战国策》主要记述战国时期谋臣策士游说各国或互相辩论时所提出的政治主张和斗争策略，突出表现了纵横家的思想和人生观。主要艺术特色是叙事生动形象，人物刻画栩栩如生，说理论辨精辟犀利，善用比喻、夸张、寓言。

【文言现象】

一、通假字

使者不说："说"通"悦"，高兴。

故有舍本而问末者耶："故"通"胡"，哪里，难道。

振困穷："振"通"赈"，救济。

彻其环瑱："彻"通"撤"，撤除。

胡为至今不朝也："胡为"同"何为"，为什么。

有粮者亦食："食"通"饲"，拿食物给人吃。

二、词类活用

（一）名词用做动词

此二士弗业，一女不上朝，何以王齐国，子万民乎 子：统治。

（二）使动用法

何以至今不业也 业：使……成就功业，用作动词，这里指重用。

三、特殊句式

（一）宾语前置

①苟无岁，何以有民

②苟无民，何以有君

③何以至今不业也

④胡为至今不朝也

⑤何以王齐国，子万民乎

⑥何以至今不杀乎

（二）判断句

是助王息其民者也

【作品赏析】

全文围绕一个"民"字，以赵威后对齐使的问话一贯到底，却问而不答、问而无答、问而不必答，充分提升了文势，引而不发，凭空制造出峭拔、险绝的独特气势。文章开头便以"今年的收成还好吗？百姓还好吗？齐王还好吗"三个问句，"斗问三语，如空陨石"（金圣叹语），剑拔弩张，形成尖峭的文势，奠定了文章的基调。当齐使对赵威后的问话表示不满时，赵威后并未一如常态以一般陈述句做解释，而是寓答案于反问句中，进一步助长壁立千仞的奇绝之势。赵威后的"进而问之"，复将文章向深处推进一层。对于齐国三位贤才与有德之士，威后以三"无恙耶"发问，体现了她对士人的作用、价值的清醒认识。对于於陵子仲，威后一直以"尚存乎"相询，明显表现出对"率民出于无用"的隐士的深恶痛绝。文章就在这种率直而尖锐的追问中戛然而止。文势却在循环往复的发问中蓄得十足，驻足不住，直冲出篇外，令人回味！

综观全文，虽以问构篇，却又显得常中有变。一是问句有一般问句与反问句的变化，二是句式编排上有排比问句与零散问句的变化。排比问句的运用，增加了文章波澜壮阔、排山倒海的气势。文章在这类整齐的句式中回环相生，气韵又在前后几组问句中层层推进，一浪高过一浪。在这种整齐之中，又穿插以参差错落的零散问句，点染以灵动变幻的一般陈述句；同时排比句式本身又不拘一格，时出变异句式。这些使得文章整齐与参差交错，力量与韵致并生，增色不少。

课后练习

1. 根据本文语言特点，理解《战国策》的艺术手法。

2. 掌握本文文言现象的用法及特征。

离骚① （节选）

屈 原

视频：离骚朗读

长太息②以掩涕兮，哀民生③之多艰。

余虽好④修姱以鞿羁兮，謇朝谇⑤而夕替。

既替余以蕙纕⑥兮，又申⑦之以揽茝。

亦余心之所善兮，虽九死⑧其犹未悔。

怨灵修之浩荡⑨兮，终不察夫民心⑩。

众女嫉余之蛾眉⑪兮，谣诼⑫谓余以善淫。

固时俗之工巧兮，偭规矩⑬而改错。

背绳墨⑭以追曲兮，竞⑮周容⑯以为度⑰。

忳⑱郁邑余侘傺兮，吾独穷困乎此时也。

宁溘死⑲以流亡兮，余不忍为此态也。

鸷鸟⑳之不群兮，自前世而固然。

何方圜㉑之能周兮，夫孰异道而相安？

屈心而抑志兮，忍尤而攘诟㉒。

伏㉓清白以死直兮，固前圣之所厚。

【注释】

①离骚：离别的忧愁。王逸《楚辞章句·离骚小序》：离，别也；骚，愁也。此题目之义，历来多有争议。

②太息：叹气。

③民生：即人生，作者自谓。

④好：喜欢。一说为衍文（见姜亮珍《屈原赋校注》引臧庸《拜经日记》）。

⑤谇（suì）：谏。

⑥蕙纕（xiāng）：以蕙草编缀的带子。

⑦申：加上。

⑧九死：极言其后果严重。

⑨浩荡：本义是大水横流的样子，比喻怀王骄横放纵。

⑩民心：人心。

⑪蛾眉：喻指美好的品德。

⑫谣诼（zhuó）：楚方言，造谣诽谤。

⑬规矩：木匠使用的工具。规，用以定圆；矩，用以定方。这里指法度。

⑭绳墨：工匠用以取直的工具，这里比喻法度。

⑮竞：争相。

⑯周容：苟合取容。

⑰度：法则。

⑱忳（tún）：忧愁、烦闷，副词，作"郁邑"的状语。

⑲溘死：忽然死去。

⑳鸷鸟：鹰隼一类性情刚猛的鸟。

㉑圜：同"圆"。

㉒攘诟：遭到耻辱。

㉓伏：通"服"，保持。

【作家作品】

屈原（前340—前278年），战国时期楚国诗人、政治家。芈姓，屈氏，名平，字原；又自云名正则，字灵均。约公元前340年出生于楚国丹阳（今湖北秭归），楚武王熊通之子屈瑕的后代。

屈原是中国历史上第一位伟大的爱国诗人，中国浪漫主义文学的奠基人，被誉为"中华诗祖""辞赋之祖"。他是"楚辞"的创立者和代表作者，开辟了"香草美人"的传统。屈原的出现，标志着中国诗歌进入了一个由集体歌唱到个人独创的新时代。他被后人称为"诗魂"。屈原也是楚国重要的政治家，早年受楚怀王信任，任左徒、三闾大夫，兼管内政外交大事。吴起之后，在楚国另一个主张变法的就是屈原。他提倡"美政"，主张对内举贤任能，修明法度，对外力主联齐抗秦。因遭贵族排挤毁谤，被先后流放至汉北和沅湘流域。公元前278年，秦将白起攻破楚都郢（今湖北江陵），屈原悲愤交加，怀石自沉于汨罗江，以身殉国。1953年是屈原逝世2230周年，世界和平理事会通过决议，确定屈原为当年纪念的世界四大文化名人之一。

主要作品有《离骚》《九歌》《九章》《天问》等。他创作的《楚辞》是中国浪漫主义文学的源头，与《诗经》并称"风骚"，对后世诗歌产生了深远影响。

【文言现象】

一、通假字

偭（miǎn）规矩而改错："错"通"措"，措施。

忳郁邑余侘（chà）傺（chì）兮："邑"通"悒"，忧愁苦闷。

何方圜之能周兮："圜"通"圆"，圆圈。

二、词类活用

（一）名词做动词

余虽好修姱（kuā）以鞿（jī）羁兮 鞿羁：约束。

鸷鸟之不群兮 群：合群。

（二）动词做名词

谣诼谓余以善淫 淫：行为不端之事。

（三）为动用法

伏清白以死直兮 死：为……而死。

三、一词多义

（一）长

①长太息以掩涕兮（副词，长久）

②长余佩之陆离（动词，使……加长）

（二）善

①亦余心之所善兮（形容词，以为是好的）

②谣诼（zhuó）谓余以善淫（动词，擅长）

（三）以为

①制芰（jì）荷以为衣兮（动词，用……做）

②余独好修以为常（动词，认为）

（三）修

①余虽好修姱（kuā）以鞿（jī）羁兮（形容词，美好）

②退将复修吾初服（动词，整理）

（四）虽

①余虽好修姱（kuā）以鞿（jī）羁兮（副词，惟，只是）

②虽九死其犹未悔（副词，即使，纵然）

四、古今异义

（一）怨灵修之浩荡

古义：荒唐。今义：形容水势广阔而壮大。

（二）固时俗之工巧兮

古义：善于投机取巧。今义：技艺巧妙。

（三）偭（miǎn）规矩而改错

古义：改变措施。今义：改正错误。

（四）吾独穷困乎此时也

古义：处境困窘。今义：经济困难。

（五）宁溘（kè）死以流亡兮

古义：随流水而消逝。今义：因灾害或政治原因被迫离开家乡或祖国。

五、特殊句式

被动句

余虽好修姱以鞿羁兮，謇朝谇而夕替。

六、难句翻译

①余虽好姱以鞿羁兮，謇朝谇而夕替。

译：我只是崇尚美德而约束自己啊，早上进谏而晚上即遭贬黜。

②亦余心之所善兮，虽九死其犹未悔。

译：这也是我心向往的美德啊，纵然九死也不后悔。

③宁溘死以流亡兮，余不忍为此态也。

译：宁愿突然死去，随水流而长逝啊，我也不肯做出世俗小人这种丑态。

【作品赏析】

《离骚》是一首充满激情的政治抒情诗，是一首现实主义与浪漫主义相结合的艺术杰作。诗中的一些片断情节反映着当时的历史事实，但表现上完全采用了浪漫主义的方法：不仅运用了神话、传说材料，也大量运用了比兴手法，以花草、禽鸟寄托情意，"以情为里，以物为表，抑郁沉怨"（刘师培《论文杂记》）。而诗人采用的比喻象征中对喻体的调遣，又基于传统文化的底蕴，因而总给人以言有尽而意无穷之感。

课后作业

1. 背诵本文。
2. 理解本文的写作背景。

《大学》（节选）

大学之道①，在明明德②，在亲民③，在止于至善。知止④而后有定，定而后能静，静而后能安，安而后能虑，虑而后能得⑤。物有本末，事有终始。知所先后，则近道矣。古之欲明明德于天下者，先治其国；欲治其国者，先齐其家⑥；欲齐其家者，先修其身⑦；欲修其身者，先正其心；欲正其心者，先诚其意。欲诚其意者，先致其知⑧。致知在格物⑨。物格而后知至，知至而后意诚，意诚而后心正，心正而后身修，身修而后家齐，家齐而后国治，国治而后天下平。自天子以至于庶人，壹是皆以修身为本⑩。其本乱而末⑪治者否矣。其所厚者薄⑫，而其所薄者厚⑬，未之有也！

【注释】

①大学之道：大学的宗旨。"道"的本义是道路，引申为规律、原则等，在中国古代哲学、政治学里，也指宇宙万物的本原、个体，一定的政治观或思想体系等，在不同的上下文语境里有不同的意思。

②明明德：前一个"明"做动词，有使动的意味，即"使彰明"，也就是发扬、弘扬的意思。后一个"明"做形容词，明德也就是光明正大的品德。

③亲民：即新民，使人弃旧图新、去恶从善。根据后面的"传"文，"亲"应为"新"，即革新、弃旧图新。

④知止：知道目标所在。

⑤得：收获。

⑥齐其家：管理好自己的家庭或家族，使家庭或家族和和美美，蒸蒸日上，兴旺发达。

⑦修其身：修养自身的品性。

⑧致其知：使自己获得知识。

⑨格物：认识、研究万事万物。

⑩壹是：都是。本：根本。

⑪末：相对于本而言，指枝末、枝节。

⑫厚者薄：该重视的不重视。

⑬薄者厚：不该重视的却加以重视。

【作品简介】

《论语》《孟子》《大学》《中庸》合称为"四子书"，简称"四书"，为历代儒家学子研习之核心经书。"四书"是元、明、清三代科举考试的必修科目，对中国封建社会后期的教育产生了深远而巨大的影响。

《大学》相传是宗圣曾参所作，宋代程颐、程颢兄弟谓之"初学入德之门"。"大学"一词在古代有两种含义：一是"博学"的意思；二是相对于小学而言的"大人之学"。古人8岁入小学，学习"洒扫应对进退、礼乐射御书数"等文化基础知识和礼节；15岁入大学，学习伦理、政治、哲学等"穷理正心，修己治人"的学问。

【作品赏析】

《大学》以人的修身为核心，节选内容是儒家修身的"三纲八目"。所谓三纲，是指明德、亲民、止于至善。它既是《大学》的纲领，也是儒家"垂世立教"的目标所在。所谓八目，是指格物、致知、诚意、正心、修身、齐家、治国、平天下，是为达到"三纲"境界而设计的人生进修阶梯。

儒家的修身包括"内修"和"外治"两大方面：前面四级"格物、致知，诚意、正心"是"内修"；后面三纲"齐家、治国、平天下"是"外治"。而其中间的"修身"一环，则是连接"内修"和"外治"两方面的枢纽，它与前面的"内修"项目连在一起，是"独善其身"；它与后面的"外治"项目连在一起，是"兼济天下"。两千多年来，一代又一代中国知识分子"穷则独善其身，达则兼济天下"（《孟子·尽心下》），把生命的历程铺设在这一阶梯之上。

第三单元　古诗词欣赏

行路难·其一①

李白

视频：行路难

金樽②清酒③斗十千④，玉盘⑤珍羞⑥直万钱⑦。
停杯投箸不能食⑧，拔剑四顾心茫然⑨。
欲渡黄河冰塞川，将登太行⑩雪满山。
闲来垂钓碧⑪溪上，忽复⑫乘舟梦日边。
行路难，行路难，多歧路，今安在⑬？
长风破浪会有时⑭，直挂云帆济沧海⑮。

【注释】

①行路难：选自《李白集校注》，乐府旧题。

②金樽（zūn）：古代盛酒的器具，以金为饰。

③清酒：清醇的美酒。

④斗十千：一斗值十千钱（即万钱），形容酒美价高。

⑤玉盘：精美的食具。

⑥珍羞：珍贵的菜肴。羞，通"馐"，美味的食物。

⑦直：通"值"，价值。

⑧投箸：丢下筷子。箸（zhù），筷子。不能食：咽不下。

⑨茫然：无所适从。

⑩太行：太行山。

⑪碧：一作"坐"。

⑫忽复：忽然又。

⑬多歧路，今安在：岔道这么多，如今身在何处？歧，一作"岐"，岔路。安，哪里。

⑭长风破浪：比喻实现政治理想。会：终将。

⑮云帆：高高的船帆。船在海里航行，因天水相连，船帆好像出没在云雾之中。济：渡。

【作家作品】

李白（701—762 年），字太白，号青莲居士，又号"谪仙人"，唐代伟大的浪漫主义诗人，被后人誉为"诗仙"，与杜甫并称为"李杜"，为了与另两位诗人李商隐与杜牧即"小李杜"区别，杜甫与李白又合称"大李杜"。据《新唐书》记载，李白为兴圣皇帝（凉武昭王李暠）九世孙，与李唐诸王同宗。其人爽朗大方，爱饮酒作诗，喜交友。李白深受黄老列庄思想影响，有《李太白集》传世，诗作多为醉时所写，代表作有《望庐山瀑布》《行路难》《蜀道难》《将进酒》《明堂赋》《早发白帝城》等多首。

【作品赏析】

公元 742 年（天宝元年），李白奉诏入京，担任翰林供奉。却没被唐玄宗重用，还受到权臣的谗毁排挤，两年后被"赐金放还"，变相撵出了长安。李白被逼出京，朋友们都来为他饯行，求仕无望的他深感仕路的艰难，满怀愤慨写下了此篇《行路难》。

诗的前四句写李白被"赐金放还"时，友人设下盛宴为之饯行。李白嗜酒，要是在平时，因为这美酒佳肴，再加上朋友的一片盛情，肯定是会"一饮三百杯"的。然而，这一次他却放下杯筷，无心进餐。他离开座席，拔下宝剑，举目四顾，心绪茫然。停、投、拔、顾四个连续的动作，形象地显示了内心的苦闷抑郁，感情的激荡变化。

"欲渡黄河冰塞川，将登太行雪满山。"紧承"心茫然"，正面写"行路难"。诗人用"冰塞川""雪满山"象征人生道路上的艰难险阻，具有比兴的意味。一个怀有伟大政治抱负的人物，在受诏入京、有幸接近皇帝的时候，皇帝却不能任用，被"赐金还山"，变相撵出了长安，这正像是遇到了冰塞黄河、雪拥太行。

"闲来垂钓碧溪上，忽复乘舟梦日边。"诗人在心境茫然之中，忽然想到两位开始在政治上并不顺利，而最后终于大有作为的人物：一位是姜尚，七十多岁在磻溪钓鱼，得遇文王；一位是伊尹，在受商汤聘任前曾梦见自己乘舟绕日月而过。想到这两位历史人物的经历，又给诗人增加了信心。

"行路难，行路难，多歧路，今安在？"姜尚、伊尹的遇合，固然让李白增加了对未来的信心，但当他的思路回到眼前现实中来的时候，又再一次感到人生道路的艰难。离筵上瞻望前程，只觉前路崎岖，歧途甚多，不知道他要走的路，究竟在哪里。这是感情在尖锐复杂的矛盾中再一次回旋。但是倔强而又自信的李白，决不愿在离筵上表现自己的气馁。他那种积极用世的强烈要求，终于使他再次摆脱了歧路彷徨的苦闷，唱出了充满信心与展望的强音："长风破浪会有时，直挂云帆济沧海！"他相信尽管前路障碍重重，但仍能乘长风破万里浪，挂上云帆，横渡沧海，到达理想的彼岸。

这首诗一共十四句，八十二个字，在七言歌行中只能算是短篇，但它跳荡纵横，具有长篇的气势格局。其重要的原因之一，就在于它百步九折地揭示了诗人感情的激荡起伏、复杂变化。诗的一开头，"金樽美酒""玉盘珍羞"，让人感觉似乎是一个欢乐的宴会，但紧接着"停杯投箸""拔剑四顾"两个细节，就显示了感情波涛的强烈冲击。中间四句，刚刚慨叹"冰塞川""雪满山"，又恍然神游千载之上，仿佛看到了姜尚、伊尹由微贱而忽然得到君主重用。诗人的心理，急遽变化交替。最后一句节奏短促、跳跃，完全是急切不安状态下的内心独白，逼肖地传达出进退失据而又要继续探索追求的复杂心理。结尾二句，经过前面的反复回旋以后，境界顿开，唱出了高昂乐观的调子，相信他自己的理想抱负总有实现的一天。

通过这样层层迭迭的感情起伏变化，既充分显示了黑暗污浊的政治现实对诗人的宏大理想抱负的阻遏，反映了由此而引起的诗人内心的强烈苦闷、愤郁和不平，同时又突出表现了诗人的倔强、自信和他对理想的执着追求，展示了诗人力图从苦闷中挣脱出来的强大精神力量。

课后思考

1. 本诗抒发了作者怎样的思想感情？
2. "闲来垂钓碧溪上，忽复乘舟梦日边"这两句诗的妙处在哪里？
3. 请分析"长风破浪会有时，直挂云帆济沧海"这两句诗蕴含的情感是什么？

秋兴八首·其一①

杜 甫

视频：秋兴八首·其一

玉露②凋伤③枫树林，巫山巫峡④气萧森⑤。
江间波浪兼天涌⑥，塞上⑦风云接地阴⑧。
丛菊两开⑨他日泪⑩，孤舟一系故园⑪心。
寒衣⑫处处催刀尺⑬，白帝城⑭高急暮砧⑮。

【注释】

①《秋兴八首》是唐大历元年（766 年）秋杜甫在夔州时所作的一组七言律诗，因秋而感发诗兴，故曰"秋兴"。诗人晚年多病，知交零落，壮志难酬，在非常寂寞抑郁的心境下创作了这组诗。本诗是其中的第一首

②玉露：秋天的霜露，因其白，故以玉喻之。

③凋伤：使草木凋落衰败。

④巫山巫峡：即指夔州（今奉节）一带的长江和峡谷。

⑤萧森：萧瑟阴森。

⑥兼天涌：波浪滔天。兼天，连天。

⑦塞上：指巫山。

⑧接地阴：风云盖地。"接地"又作"匝地"。

⑨丛菊两开：杜甫此前一年秋天在云安，此年秋天在夔州，从离开成都算起，已历两秋，故云"两开"。"开"字双关，一谓菊花开，又言泪眼开。

⑩他日：往日，指多年来的艰难岁月。

⑪故园：此处当指长安。

⑫寒衣：指冬天御寒的衣服。

⑬催刀尺：指赶裁新衣。

⑭白帝城：古城名，在今重庆奉节东白帝山上。东汉初年公孙述所筑，公孙述自号白帝，故名城为"白帝城"。

⑮急暮砧：黄昏时急促的捣衣声。砧，捣衣石。

【作家作品】

　　杜甫（712—770年），字子美，自号少陵野老，世称"杜工部""杜少陵"等，汉族，河南府巩县（今河南省巩义市）人，唐代伟大的现实主义诗人，杜甫被世人尊为"诗圣"，其诗被称为"诗史"。杜甫与李白合称"李杜"，为了跟另外两位诗人李商隐与杜牧即"小李杜"区别开来，杜甫与李白又合称"大李杜"。他忧国忧民，人格高尚，他共有约1 400余首诗被保留了下来，诗艺精湛，在中国古典诗歌中备受推崇，影响深远。759—766年间曾居成都，后世有杜甫草堂纪念。

【作品赏析】

　　本首诗通过对巫山巫峡的秋色秋声的形象描绘，烘托出阴沉萧森、动荡不安的环境气氛，令人感到秋色秋声扑面惊心，抒发了诗人忧国之情和孤独抑郁之感。这一首开门见山，抒情写景，波澜壮阔，感情强烈。诗意落实在"丛菊两开他日泪，孤舟一系故园心"两句上。

　　全诗以"秋"作为统帅，写暮年漂泊、老病交加、羁旅江湖，面对满目萧瑟的秋景而引起的国家兴衰、身世蹉跎的感慨；写长安盛世的回忆，今昔对比所引起的哀伤；写关注国家的命运、目睹国家残破而不能有所为、只能遥忆京华的忧愁抑郁。

　　全诗于凄清哀怨中，具沉雄博丽的意境。格律精工，词彩华茂，沉郁顿挫，悲壮凄凉，意境深宏，读来令人荡气回肠，最典型地表现了杜律的特有风格，有很高的艺术成就。

　　首章对秋而伤羁旅，是全诗的序曲，总写巫山巫峡的秋声秋色。用阴沉萧瑟、动荡不安的景物环境衬托诗人焦虑抑郁、伤国伤时的心情。亮出了"身在夔州，心系长安"的主题。

　　起笔开门见山叙写景物之中点明地点时间。"玉露"即白露，秋天，草木摇落，白露为霜。"巫山巫峡"，诗人所在。二句下字密重，用"凋伤""萧森"给意境笼罩着败落景象，气氛阴沉，定下全诗的感情基调。

　　接着用对偶句展开"气萧森"的悲壮景象。"江间"承"巫峡"，"塞上"承"巫山"，波浪在地而兼天涌，风云在天而接地阴，可见整个天地之间风云波浪，极言阴晦萧森之状。万里长江滚滚而来，波涛汹涌，天翻地覆，是眼前的实景；"塞上风云"既写景物也寓时事。当时土蕃入侵，边关吃紧，处处是阴暗的战云，虚实兼之。此联景物描绘之中，形象地表达了诗人和时局那种动荡不安、前途未卜的处境和作者胸中翻腾起伏的忧思与郁勃不平之气，把峡谷深秋、个人身世、国家沦丧囊括其中，波澜壮阔，哀感深沉。

颈联由继续描写景物转入直接抒情，即由秋天景物触动羁旅情思。与上二句交叉承接，"丛菊"承"塞上"句，"孤舟"承"江间"句。"他日"即往日，去年秋天在云安，今年此日在夔州，均对丛菊，故云"两开"，"丛菊两开他日泪"，表明去年对丛菊掉泪，今年又对丛菊掉泪；两开二字，实乃双关，既指菊开两度，又指泪流两回，见丛菊而流泪，去年如此，今年又如此，足见羁留夔州心情的凄伤。"故园心"，实即思念长安之心。"系"字亦双关词语：孤舟停泊，舟系于岸；心念长安，系于故园。从云安到夔州苦苦挣扎了两年，孤舟不发，见丛菊再开，不禁再度流泪，心总牵挂着故园。

尾联在时序推移中叙写秋声。西风凛冽，傍晚时分天气更是萧瑟寒冷，意味着冬日即将来临，人们在加紧赶制寒衣，白帝城高高的城楼上，晚风中传来急促的砧声。白帝城在东，夔州府在西，诗人身在夔州，听到白帝城传来的砧杵之声。砧杵声是妇女裁制棉衣时，用棒槌捶捣衣服的声音。砧即捣衣之石。此诗末二句，关合全诗，回到景物，时序由白天推到日暮，客子羁旅之情更见艰难，故能结上生下，下面接着写夔州孤城，一气蝉联。钱注杜诗称："以节则杪秋，以地则高城，以时则薄暮，刀尺苦寒，急砧促别，末句标举兴会，略有五重，所谓嵯峨萧瑟，真不可言。"

课后思考

1. 赏析"丛菊两开他日泪，孤舟一系故园心"这两句诗的妙处。
2. 找出最后一联具有表现力的诗句进行赏析。
3. 本首诗抒发了诗人怎样的感情？

书　愤①

陆　游

视频：书愤

早岁那知世事艰②，中原北望气如山③。
楼船夜雪瓜洲渡④，铁马秋风大散关⑤。
塞上长城空自许⑥，镜中衰鬓已先斑⑦。
出师一表真名世⑧，千载谁堪伯仲间⑨！

【注释】

①此诗系公元1186年（宋孝宗淳熙十三年）春陆游居家乡山阴时所作。陆游时年六十有一，这已是时不待我的年龄，然而诗人被黜，罢官已六年，挂着一个空衔在故乡蛰居。诗人追述壮岁心情，自伤迟暮。想到山河破碎、国家动荡，感于世事多艰、小人误国，而"书生无地效孤忠"，于是诗人郁愤之情便喷薄而出。书愤，书写自己的愤懑之情。

②早岁那知世事艰：年轻时哪里知道抵抗金国，恢复中原的大业会屡遭破坏呢？早岁，早年，年轻时。那，即"哪"。世事艰，指抗金大业屡遭破坏。

③中原北望气如山：北望中原，收复故土的豪迈气概坚定如山。中原北望，"北望中原"的倒文。气，气概。

④楼船夜雪瓜洲渡：楼船，指采石之战中宋军使用的车船，又名明轮船、车轮柯。车船内部安装有以踩踏驱动的机械连接船外的明轮，依靠一组人的脚力踩踏前行。车船在宋代盛极一时。因这种战船高大有楼，故把它称之为楼船。瓜洲，在今江苏邗江南长江边，与镇江隔江相对，是当时的江防要地。

⑤铁马秋风大散关：铁马，披着铁甲的战马。铁马秋风，写军容壮盛，兼有失去恢复良机的感慨。大散关，在今宝鸡市西南，当时，南宋与金，西以大散关为界。

⑥塞上长城空自许：写自己年少时以捍卫国家、扬威边地的名将自许，而结果这种志愿落空了。塞上长城，比喻能守边的将领。

⑦镜中衰鬓已先斑：衰鬓：年老而疏白的头发。斑，指黑发中夹杂了白发。

⑧"出师一表真名世"二句：赞叹诸葛亮坚持北伐，用以表明自己恢复中原的志愿。出师一表，蜀汉后主建兴五年（227）三月，诸葛亮出兵伐魏前曾写了一篇《出师表》，表达了自己"奖率三军，北定中原"，"兴复汉室，还于旧都"的坚强决心。名世，名传后世。

⑨堪，能够。伯仲：原指兄弟间的长幼次第。这里比喻人物不相上下，难分优劣高低。

【作家作品】

陆游（1125—1210 年），字务观，号放翁，汉族，越州山阴（今浙江绍兴）人，尚书右丞陆佃之孙，南宋文学家、史学家、爱国诗人。陆游生逢北宋灭亡之际，少年时即深受家庭爱国思想的熏陶。宋高宗时，参加礼部考试，因受宰臣秦桧排斥而仕途不畅。孝宗时赐进士出身。中年入蜀，投身军旅生活。嘉泰二年（1202 年），宋宁宗诏陆游入京，主持编修孝宗、光宗《两朝实录》和《三朝史》，官至宝章阁待制。晚年退居家乡。创作诗歌今存九千多首，内容极为丰富。著有《剑南诗稿》《渭南文集》《南唐书》《老学庵笔记》等。

【作品赏析】

全诗紧扣住一"愤"字，可分为两部分。前四句概括了自己青壮年时期的豪情壮志和战斗生活情景，其中额联撷取了两个最能体现"气如山"的画面来表现，不用一个动词，却境界全出，饱含着浓厚的边地气氛和高昂的战斗情绪。后四句抒发壮心未遂、时光虚掷、功业难成的悲愤之气，但悲愤而不感伤颓废。尾联以诸葛亮自比，不满和悲叹之情交织在一起，展现了诗人复杂的内心世界。这首诗意境开阔，感情沉郁，气韵浑厚。

"早岁那知世事艰，中原北望气如山。"追叙自己早年的宏图大志和气壮如山的爱国热情。既有对时世艰难的慨叹，又有对自己当年抗金复国的壮心豪气的怀念。作者青年时就立下了"上马击狂胡，下马草军书"的宏愿。但南宋朝廷无法容忍策划北伐的活动，导致陆游殷切收复中原的主张成为泡影，他的内心非常失望和苦闷，但爱国热情并没有消减。

"楼船夜雪瓜洲渡，铁马秋风大散关。"二句，写作者在镇江前线时，雪夜遥望瓜洲渡口宋军高大战舰；在南郑前线上，乘秋风，跨铁马，奔驰在大散关道上。这是陆游亲历的两次难以忘怀的抵抗金兵战斗。作者采用列锦手法，两句用六个名词简洁却巧妙地写出了战斗的情形和作者想抗金杀敌的心情。宋朝的军队曾经在东南瓜洲渡和西北的大散关打败过金兵，一处是在冬天，一处在秋天；一次是兵船作战，一次是马队交锋。作者在追述早年的快意征战生活，流露出抗金复国的豪情壮志。

"塞上长城空自许，镜中衰鬓已先斑。"岁月不居，壮岁已逝，志未酬而鬓先斑，这在赤心为国的诗人是日夜为之痛心疾首的。陆游不但是诗人，他还是以战略家自负的。可惜毕生未能一展长材。"塞上长城"句，诗人用刘宋名将檀道济典明志。以此自许，可见其少时之磅礴大气，捍卫国家，扬威边地，舍我其谁。然而，如今诗人壮志未酬的苦闷全悬于一个"空"字。大志落空，奋斗落空，一切落空，而揽镜自照，却是衰鬓先斑，皓首皤皤。两相比照，满是悲怆。这一结局，非诗人不尽志所致，非诗人不尽力所致，而是小人误人，世事磨人。作者有心而天不予。悲怆便为郁愤。

"出师一表真名世，千载谁堪伯仲间！"尾联亦用典明志。诸葛亮坚持北伐，虽"出师一表真名世"，但终归名满天宇，"千载谁堪伯仲间"，千载而下，无人可与相提并论。很明显，诗人用典意在贬斥那朝野上下主降的碌碌小人，表明自己恢复中原之志亦将"名世"。诗人在现实里找不到安慰，便只好将渴求慰藉的灵魂放到未来，这自然是无奈之举。而诗人一腔郁愤也就只好倾泄于这无奈了。通过诸葛亮的典故，追慕先贤的业绩，表明自己的爱国热情至老不移，渴望效法诸葛亮，施展抱负。回看整首诗歌，可见句句是愤，字字是愤。以愤而为诗，诗便尽是愤。

全诗除了巧用典故，还巧做对比，一处是理想与现实做对比，本希望大家能同心同德抵抗金兵，但现实却是自己被排挤不能继续抗战，恢复中原愿望无法实现；二处是自己早年形象与晚年形象做对比，早年是"中原北望气如山"，而到了晚年却"镜中衰鬓已先斑"，表明自己想杀敌报国却屡次遭受排挤打击的悲愤；三处是用三国诸葛亮慷慨北伐同当今南宋朝廷妥协不抵抗做对比，以古鉴今，褒贬分明。全诗感情沉郁，气韵浑厚。这些诗句皆出自他亲身的经历，饱含着他的政治生活感受，是那些逞才摛藻的作品所无法比拟的。

课后思考 ▷▷▷▷▷▷

1. 这首诗中用了哪些典故？说说它们的作用。
2. 这首诗中写到了三个对比，找出来并说说它们的作用。

咏　史①

龚自珍

视频：龚自珍介绍

金粉东南十五州②，万重恩怨属名流③。
牢盆狎客操全算④，团扇才人踞上游⑤。
避席畏闻文字狱⑥，著书都为稻粱谋⑦。
田横五百人安在，难道归来尽列侯⑧？

【注释】

①这首诗作于道光五年（1825 年）十二月，作者当时因母丧离官，后寓居昆山时所作。题为《咏史》，实则伤时，作者目睹东南富庶地区，统治黑暗，感慨当时江南名士慑服于清王朝的残酷统治、庸俗苟安之状。他们或依附权门，窃踞要职；或明哲保身，埋头著书。结句才接触史事，以田横抗汉的故事，揭穿清王朝以名利诱骗知识分子的用心。借古讽今，含意深邃，深刻而又辛辣地把对"名流"的揭露提高到对清王朝统治的批判上，鞭挞了当时整个现实社会的腐朽没落。作者在诗中对此表达了他的愤慨和讽刺。

②金粉：古代妇女化妆用的铅粉。这里指景象繁华。十五州：泛指长江下游地区。

③万重恩怨属名流：指"名流"在声色和名利场中彼此猜忌争夺，恩怨重重。恩怨，恩惠和仇恨，偏指仇恨。属（zhǔ），表结交。名流，知名之士。这里指当时社会上沽名钓誉的头面人物。

④牢盆狎客操全算：意谓在盐商家帮闲的清客和那些轻薄文人得操胜算，全很得意。牢盆：古代煮盐器具。这里借指盐商。狎（xiá）客：权贵豪富豢养的亲近的清客。操全算，最为有利。

⑤团扇才人踞上游：团扇，圆扇，古代宫妃、歌妓常手执白绢团扇。才人，宫中女官。团扇才人，是对轻薄文人的贬称。踞上游，指占居高位。

⑥避席畏闻文字狱：避席，古人席地而坐，为表示恭敬或畏惧离席而起。文字狱，指清统治者迫害知识分子的一种冤狱，故意在作者诗文中摘取字句，罗织成罪。康熙、雍正、乾隆几代文字狱尤为厉害。

⑦为稻粱谋：为生活打算。杜甫《同诸公登慈恩寺塔》："君看随阳雁，各为稻粱谋。"原指鸟类寻觅食物，转指人们为衣食奔走。

⑧"田横五百人安在"二句：像田横的五百壮士那样的人为什么如今看不见了，难道投归汉朝的都能得到封侯吗？田横，秦末狄人。楚汉相争时，自立为王，后被汉军所破，投归彭越。汉朝建立，率五百余人入海岛。刘邦恐其为乱，威逼利诱田横归汉。田横被迫前往洛阳。在洛阳外三十里，因耻于事刘邦而自刎。海岛中五百余人听闻田横自刎，也都自杀了。列侯，爵位名。汉制，王子封侯，称诸侯；异姓功臣受封，称列侯。

【作家作品】

　　龚自珍（1792—1841 年），字璱人，号定盦（一作定庵）。汉族，浙江临安（今杭州）人。晚年居住昆山羽琌山馆，又号羽琌山民。清代思想家、诗人、文学家和改良主义的先驱者。龚自珍曾任内阁中书、宗人府主事和礼部主事等官职。主张革除弊政，抵制外国侵略，曾全力支持林则徐禁除鸦片。48 岁辞官南归，次年卒于江苏丹阳云阳书院。他的诗文主张"更法""改图"，揭露清统治者的腐朽，洋溢着爱国热情，被柳亚子誉为"三百年来第一流"。著有《定盦文集》，留存文章 300 余篇，诗词近 800 首，今人辑为《龚自珍全集》。著名诗作《己亥杂诗》共 315 首，多咏怀和讽喻之作。

【作品赏析】

　　首联写在繁华的东南地区，那些依附权贵、沽名钓誉的所谓"名流"，都是从个人利害出发互相勾结和倾轧，造成了无穷无尽的恩怨，把这个地区搞得乌烟瘴气。作者客居昆山，俯仰东南士风，感慨颇多，所以在诗中着重讽刺了江南一带"社会名流"争名逐利的卑劣品行以及官场为小人所把持的现状。

　　颔联中说"名流"中之官场，既有手柄大权、铜气熏天之"牢盆狎客"，亦多团扇麈尾、高谈阔论而百无一能之贵介子弟，那些在盐商家帮闲的清客和那些轻薄文人，即所谓的"名流"，在当时的社会操纵全局、窃据高位。诗句中虽未具体揭示"名流"们祸国殃民的罪恶，也没直接描写老百姓遭受欺压的苦难；但整个社会被这样一批狐群狗党所统治，不难想见这表面上繁华绮丽的金粉世界是怎样的乌烟瘴气，二者共同酿就的恶浊之风深为作者所厌憎。一"操"字、一"踞"字本无褒贬，此处却写得极富动感、极冷峻，鞭挞之意鲜明自见。

　　颈联反映了士人在文字狱高压政策下的处境和苟安态度。诗句中既表现了诗人对清政府利用文字狱镇压士人的愤恨，也对那些不顾国家利益、只醉心于个人名利的士人表示了不满和慨叹，对现实的另一端、与官场相对照的"士林"心态予以揭皮见骨的描摹，痛下针砭，表示了作者对高压下的知识群体的柔媚、怯懦充满愤懑与同情，从而引出结尾两句。

　　尾联作者锋芒所向是玩弄士人于股掌之间的最高统治层。从刘邦假惺惺的不可能兑现的封侯许诺，到李世民"天下英雄，入吾彀中矣"的洋洋得意，再到朱元璋"寰中士夫不为君用"即"自外其教"，应"诛其身而没其家"的酷法，再到清初以来不绝如缕的文字狱案，谙熟史事的龚自珍深悉底里，于是借田横的故事告诫世人不要轻信清政府的怀柔政策。借这一历史故事，揭露了清政府统治者对士人采取的思想压制和笼络政策的欺骗性。他们才是造就这些"黑幕"的总后台。作者真正可贵的思考蕴藏在最后这一问中。

　　这首诗的特点在于一是表现为吟咏历史与讽喻现实的统一；二是表现为政治思想与艺术概括的统一；三是全诗层次清晰，笔锋犀利，用典贴切，叙议结合，增强了诗歌的现实性和批判性。造语凝重端方，属对严谨工整，音调铿锵悦耳，读来有骨力铮铮之感，增强了诗歌的韵律美和音乐美。

课后思考

1. 引用田横五百壮士的典故有何作用？

2. "避席畏闻文字狱，著书都为稻粱谋。"这句被后世称为"警句"，谈谈你对此的理解。

3. 背诵课文。

鹊桥仙①

秦 观

视频：鹊桥仙

纤云弄巧②，
飞星传恨③，
银汉迢迢暗度④。
金风玉露一相逢⑤，
便胜却人间无数。

柔情似水，
佳期如梦，
忍顾鹊桥归路⑥！
两情若是久长时，
又岂在朝朝暮暮⑦。

【注释】

①此词调此调有两体，五十六字者始自欧阳修，因其词中有"鹊迎桥路接天津"句，取为调名；八十八字者始于柳永。此调多咏七夕，农历七月七日夜，牛郎织女渡过鹊桥相会，是民间广为流传的爱情故事。

②纤云弄巧：一缕缕云彩弄出许多花巧。比喻织女织造云锦手艺的高超，也是暗示乞巧节，是牛郎织女相会的日子。纤云，轻盈的云彩。弄巧，指云彩在空中幻化出各种巧妙的花样。

③飞星传恨：牛郎织女流露出终年不得见面的离恨。飞星，一说指流星。

④银汉迢迢暗度：夜里悄悄渡过辽阔的天河。银汉，银河。迢迢，遥远的样子。暗度，悄悄渡过。度，通"渡"，渡过。

⑤金风玉露：指秋风白露。

⑥忍顾鹊桥归路：离别时，不忍回看走过的路，表示不忍离别。忍顾，怎忍回视。

⑦朝朝暮暮：指朝夕相聚。语出宋玉《高唐赋》述楚王游高唐，梦与神女欢会，

神女临去说："妾在巫山之阳，高丘之阻。旦为朝云，暮为行雨。朝朝暮暮，阳台之下。"

【作家作品】

秦观（1049—1100年）字太虚，又字少游，别号邗沟居士，世称淮海先生。汉族，北宋高邮（今江苏）人，官至太学博士，国史馆编修。秦观一生坎坷，所写诗词，高古沉重，寄托身世，感人至深。秦观生前行踪所至之处，多有遗迹。如浙江杭州的秦少游祠，丽水的秦少游塑像、淮海先生祠、莺花亭，青田的秦学士祠；湖南郴州三绝碑；广西横县的海棠亭、醉乡亭、淮海堂、淮海书院等。秦观墓在无锡惠山之北粲山上，墓碑上书"秦龙图墓"几个大字。

【作品赏析】

借牛郎织女的故事，以超人间的方式表现人间的悲欢离合，古已有之，如《古诗十九首·迢迢牵牛星》、曹丕的《燕歌行》、李商隐的《辛未七夕》，等等。宋代的欧阳修、张先、柳永、苏轼等人也曾吟咏这一题材，虽然遣辞造句各异，却都因袭了"欢娱苦短"的传统主题，格调哀婉、凄楚。相形之下，秦观此词堪称独出机杼，立意高远。

这是一首咏七夕的节序词，起句展示七夕独有的抒情氛围，"巧"与"恨"，则将七夕人间"乞巧"的主题及"牛郎、织女"故事的悲剧性特征点明，练达而凄美。词一开始即写"纤云弄巧"，轻柔多姿的云彩，变化出许多优美巧妙的图案，显示出织女的手艺何其精巧绝伦。可是，这样美好的人儿，却不能与自己心爱的人共同过美好的生活。

秦观写道："银汉迢迢暗度"，以"迢迢"二字形容银河的辽阔，牛女相距之遥远。这样一改，感情深沉了，突出了相思之苦。迢迢银河水，把两个相爱的人隔开，相见多么不容易！"暗度"二字既点"七夕题意，同时紧扣一个"恨"，他们踽踽宵行，千里迢迢来相会。

接下来词人宕开笔墨，以富有感情色彩的议论赞叹道："金风玉露一相逢，便胜却人间无数！"一对久别的情侣于金风玉露之夜，在碧落银河之畔相会了，这美好的一刻，就抵得上人间千遍万遍的相会。词人热情歌颂了一种理想的圣洁而永恒的爱情。本句用以描写七夕相会的时节风光，同时还另有深意，词人把这次珍贵的相会，映衬于金风玉露、冰清玉洁的背景之下，显示出这种爱情的高尚纯洁和超凡脱俗。

"柔情似水"，那两情相会的情意啊，就像悠悠无声的流水，是那样的温柔缠绵。"柔情似水"，"似水"照应"银汉迢迢"，即景设喻，十分自然。一夕佳期竟然像梦幻一般倏然而逝，才相见又分离，怎不令人心碎！"佳期如梦"，除言相会时间之短，还写出爱侣相会时的复杂心情。"忍顾鹊桥归路"，转写分离，刚刚借以相会的鹊桥，转瞬间又成了和爱人分别的归路。不说不忍离去，却说怎忍看鹊桥归路，婉转语意中，含有无限惜别之情，含有无限辛酸眼泪。回顾佳期幽会，疑真疑假，似梦似幻，及至鹊桥言别，恋恋之情，已至于极。词笔至此忽又空际转身，爆发出高亢的音响："两情若是久长时，又岂在朝朝暮暮！"秦观这两句词揭示了爱情的真谛：爱情要经得起长久分离的考验，只要能彼此真诚相爱，即使终年天各一方，也比朝夕相伴的庸俗情趣可贵得多。这两句感情色彩很浓的议论，成为爱情颂歌当中的千古绝唱。这两句既指牛郎、织女的爱情模式的特点，又表述了作者的爱情观，是高度凝练的名言佳句。这首词因而也就具有了跨时代、跨国度的审美价值和艺术品位。这种正确的恋爱观，这种高尚的精神境界，远远超过了古代同类作品，是十分难能可贵的。

　　这首词上、下片同样结构，叙事和议论相间，从而形成全篇连绵起伏的情致。此词熔写景、抒情与议论于一炉。叙写牵牛、织女二星相爱的神话故事，具有浓郁的人情味，讴歌了真挚、细腻、纯洁、坚贞的爱情。议论自由流畅，通俗易懂，却又显得婉约蕴藉，余味无穷。作者将画龙点睛的议论与散文句法、优美的形象、深沉的情感结合起来，起伏跌宕地讴歌了人间美好的爱情，取得了极好的艺术效果。词中明写天上双星，暗写人间情侣；其抒情，以乐景写哀，以哀景写乐，倍增其哀乐，读来荡气回肠，感人肺腑。

课后思考

1. 这首词上、下片的结构有什么相同的地方？
2. 谈谈你对这首词写景、抒情、议论结合的看法。

声声慢①

李清照

视频：声声慢

寻寻觅觅②，冷冷清清，凄凄惨惨戚戚③。
乍暖还寒时候④，最难将息⑤。
三杯两盏淡酒，怎敌⑥他、晚来风急！
雁过也，正伤心，却是旧时相识⑦。

满地黄花堆积，憔悴损⑧，如今有谁堪摘⑨？
守着窗儿，独自怎生得黑⑩！
梧桐更兼细雨⑪，到黄昏、点点滴滴。
这次第⑫，怎一箇愁字了得⑬！

【注释】

　　①本词调首见于北宋晁补之词。毛先舒《填词名解》："词以慢名者，慢曲也。"此词是李清照晚年所作的名篇之一，通过以残秋的景色衬托，倾诉夫亡家破、饱经忧患和离乱生活的哀愁。词中所表现的情绪相当消沉，但也显示出作者高度的艺术才能：巧妙而自然地用铺叙手法，把日常生活概括得很突出；还创造性地运用大量确切而生动的叠字，以加

强感情的渲染，毫无斧凿痕迹，因而受到历代词论家的特别赞赏。

②寻寻觅觅：意谓想把失去的一切都找回来，表现非常空虚怅惘、迷茫失落的心态。

③凄凄惨惨戚戚：忧愁苦闷的样子。

④乍暖还（huán）寒：指秋天的天气，忽然变暖，又转寒冷。

⑤将息：旧时方言，调养，休息，将养休息。

⑥敌：对付，抵挡。

⑦"雁过也"三句：表示悼亡和怀旧。作者此时流落江南，丈夫赵明诚已故。书信无人堪寄，故见北雁南来感到伤心。作者早期寄给赵明诚的《一剪梅》词中有云："云中谁寄锦书来，雁字回时，月满西楼。"故称雁为旧时相识。

⑧憔悴损：很憔悴。损，表示程度极高。

⑨如今有谁堪摘：有谁可以与之共摘。堪，可。

⑩独自怎生得黑：独自一人怎样度过这漫漫长夜。怎生，怎么。生，语助词。黑，天黑。

⑪梧桐更兼细雨：暗用白居易《长恨歌》"秋雨梧桐叶落时"诗意。

⑫这次第：这光景、这情形。

⑬怎一箇愁字了得：一个"愁"字怎么能概括得尽呢？箇，通"个"。

【作家作品】

李清照（1084—1155 年）号易安居士，汉族，山东省济南章丘人。宋代（南北宋之交）女词人，婉约词派代表，有"千古第一才女"之称。所作词，前期多写其悠闲生活，后期多悲叹身世，情调感伤。形式上善用白描手法，自辟途径，语言清丽。论词强调协律，崇尚典雅，提出词"别是一家"之说，反对以作诗文之法作词。能诗，留存不多，部分篇章感时咏史，情辞慷慨，与其词风不同。有《易安居士文集》《易安词》，已散佚。后人有《漱玉词》辑本。今有《李清照集校注》。

【作品赏析】

靖康之变后，李清照国破，家亡，夫死，伤于人事。这时期她的作品再没有当年那种清新可人，浅斟低唱，而转为沉郁凄婉，主要抒写她对亡夫赵明诚的怀念和自己孤单凄凉的景况。此词便是这时期的典型代表作品之一。

这首词起句便不寻常，一连用七组叠词。不但在填词方面，即使在诗赋曲也绝无仅有，但好处在于这七组叠词还极富音乐美。宋词是用来演唱的，因此音调和谐是一个很重要的内容。李清照对音律有极深造诣，所以这七组叠词朗读起来，便有一种大珠小珠落玉盘的感觉。只觉齿舌音来回反复吟唱，徘徊低迷，婉转凄楚，有如听到一个伤心之极的人在低声倾诉，然而她还未开口就觉得已能使听众感觉到她的忧伤，而等她说完了，那种伤感的情绪还是没有散去。一种莫名其妙的愁绪在心头和空气中弥漫开来，久久不散，余味无穷。

前人评此词，多以开端三句用一连串叠字为其特色。但只注意这一层，不免失之皮相。词中写主人公一整天的愁苦心情，却从"寻寻觅觅"开始，可见她从一起床便百无聊赖，如有所失，于是东张西望，仿佛漂流在海洋中的人要抓到点什么才能得救似的，希望找到点什么来寄托自己的空虚寂寞。下文"冷冷清清"，是"寻寻觅觅"的结果，不但无所获，反被一种孤寂清冷的气氛袭来，使自己感到凄惨忧戚。于是紧接着再写了一句"凄凄惨惨戚戚"。仅此三句，一种由愁惨而凄厉的氛围已笼罩全篇，使读者不禁为之屏息凝神。这乃是百感迸发于中，不得不吐之为快，所谓"欲罢不能"的结果。

"乍暖还寒时候"这一句也是此词的难点之一。此词作于秋天，但秋天的气候应该说"乍寒还暖"，只有早春天气才能用得上"乍暖还寒"。这是写一日之晨，而非写一季之候。秋日清晨，朝阳初出，故言"乍暖"；但晓寒犹重，秋风砭骨，故言"还寒"。至于"时候"二字，有人以为在古汉语中应解为"节候"；但柳永《永遇乐》云："薰风解愠，昼景清和，新霁时候。"由阴雨而新霁，自属较短暂的时间，可见"时候"一词在宋时已与现代汉语无殊了。"最难将息"句则与上文"寻寻觅觅"句相呼应，说明从一清早自己就不知如何是好。

下面的"三杯两盏淡酒，怎敌他晚来风急"，正与上文"乍暖还寒"相合。古人晨起于卯时饮酒，又称"扶头卯酒"。这里说用酒消愁是不抵事的。至于下文"雁过也"的"雁"，是南来秋雁，正是往昔在北方见到的，所以说"正伤心，却是旧时相识"了。

上片从一个人寻觅无着，写到酒难浇愁；风送雁声，反而增加了思乡的惆怅。于是下片由秋日高空转入自家庭院。园中开满了菊花，秋意正浓。这里"满地黄花堆积"是指菊花盛开，而非残英满地。"憔悴损"是指自己因忧伤而憔悴瘦损，也不是指菊花枯萎凋谢。正由于自己无心看花，虽值菊堆满地，却不想去摘它赏它，这才是"如今有谁堪摘"的确解。然而人不摘花，花当自萎；及花已损，则欲摘已不堪摘了。这里既写出了自己无心摘花的郁闷，又透露了惜花将谢的情怀。

从"守着窗儿"以下，写独坐无聊，内心苦闷之状，比"寻寻觅觅"三句又进一层。"独自怎生得黑"是说好像天有意不肯黑下来而使人尤为难过。"梧桐"两句用温庭筠《更漏子》下片"梧桐树，三更雨，不道离情正苦；一叶叶，一声声，空阶滴到明"词意，把两种内容融而为一，笔更直而情更切。最后以"怎一个愁字了得"句作收，也是蹊径独辟之笔。这里化多为少，只说自己思绪纷茫复杂，仅用一个"愁"字如何包括得尽。妙在又不说明于一个"愁"字之外更有什么心情，即戛然而止，仿佛不了了之。表面上有"欲说还休"之势，实际上已倾泻无遗，淋漓尽致了。

这首词大气包举，别无枝蔓，相关情事逐一说来，却始终紧扣悲秋之意，深得六朝抒情小赋之神髓，而以接近口语的朴素清新的语言谱入新声，运用凄清的音乐性语言进行抒情，又却体现了倚声家的不假雕饰的本色，诚属个性独具的抒情名作。

课后思考

1. 这首词中作者是怎么来表达自己的"愁"的？
2. 背诵课文。

山坡羊·潼关怀古①

视频：山坡羊·潼关怀古

〔元代〕张养浩

峰峦如聚②，
波涛如怒③，
山河表里潼关路④。
望西都⑤，
意踌躇⑥。
伤心秦汉经行处⑦，
宫阙⑧万间都做了土。
兴⑨，
百姓苦；
亡⑩，
百姓苦。

【注释】

①山坡羊：曲牌名，是这首散曲的格式；"潼关怀古"是标题。此曲是张养浩晚年的代表作，也是元散曲中思想性、艺术性完美结合的名作。在他的散曲集《云庄乐府》中，以"山坡羊"曲牌写下的怀古之作有七题九首，其中尤以《潼关怀古》韵味最为沉郁，色彩最为浓重。此曲抚今追昔，由历代王朝的兴衰引到人民百姓的苦难，一针见血地点出了封建统治与人民的对立，表现了作者对历史的思索和对人民的同情。

②峰峦如聚：形容群峰攒集，层峦叠嶂。聚，聚拢；包围。

③波涛如怒：形容黄河波涛的汹涌澎湃。怒，指波涛汹涌。

④山河表里潼关路：形容潼关一带地势险要。具体指潼关外有黄河，内有华山。表里，即内外。《左传·僖公二十八年》："表里山河，必无害也。"注："晋国外河而内山。"潼关，古关口名，在今陕西省潼关县，关城建在华山山腰，下临黄河，扼秦、晋、豫三省要冲，非常险要，为古代入陕门户，是历代的军事重地。

⑤西都：指长安（今陕西西安）。这是泛指秦汉以来在长安附近所建的都城。秦、西汉建都长安，东汉建都洛阳，因此称洛阳为东都，长安为西都。

⑥踌躇：犹豫、徘徊不定，心事重重，此处形容思潮起伏，感慨万端陷入沉思，表示心里不平静。一作"踟蹰（chí chú）"。

⑦伤心秦汉经行处：伤心，令人伤心的事，形容词做动词。秦汉经行处，秦朝都城咸阳，西汉都城长安都在陕西省境内潼关的西面。经行处，经过的地方。指秦汉故都遗址。

⑧宫阙（què）：宫，宫殿；阙，皇宫门前面两边的楼观。

⑨兴：指政权的统治稳固。

⑩亡：指政权统治的灭亡。兴、亡，指朝代的盛衰更替。

【作家作品】

　　张养浩（1269—1329 年），汉族，字希孟，号云庄，山东济南人，元代著名散曲家。诗、文兼擅，而以散曲著称。代表作有《山坡羊·潼关怀古》等。

【作品赏析】

　　全曲分三层：第一层（头三句），写潼关雄伟险要的形势。张养浩途经潼关，看到的是"峰峦如聚，波涛如怒"的景象。这层描写潼关壮景，生动形象。第一句写重重叠叠的峰峦，一"聚"字让读者眼前呈现出华山飞奔而来之势、群山攒立之状，表现了峰峦的众多和动感，化静为动。第二句写怒涛汹涌的黄河，潼关外黄河之水奔腾澎湃，一"怒"字写出了波涛的汹涌澎湃，让读者耳边回响千古不绝的滔滔水声。而"如怒"则赋予河水以人的情感和意志，把河水人格化。"怒"字注入了诗人吊古伤今而产生的满腔悲愤之情。为此景所动，第三句写潼关位于群山重重包围、黄河奔流其间那除隘之处。"山河表里潼关路"之感便油然而生，至此潼关之气势雄伟窥见一斑，如此险要之地，暗示潼关的险峻，乃为历代兵家必争之地，也由此引发了下文的感慨。

　　第二层（四—七句）。"望西都"两句，描写了作者西望长安的无限感慨。长安，历史上赫赫有名的汉唐大帝国的国都，历代有多少励精图治的皇帝，曾在此施展过宏图，建立过功业；也曾有过多少无道的昏君，在此滥施淫威，虐杀人民，成为历史的罪人。长安，在这个特定的历史舞台上，演出过多少威武雄壮，悲欢离合的戏剧；又有多少诗人、作家，写过多少有关长安的诗文。特别是人民群众，曾在长安这块土地上流过多少血汗！这就是作者"意踟蹰"的原因和内容吧！

　　"伤心秦汉"两句，描写了秦汉两代，都已成为历史的陈迹。秦皇汉武曾苦心营造的无数殿堂楼阁，万千水榭庭台，而今都已灰飞烟灭，化为尘土。曾经盛极一时的秦汉王朝，在人民的怒吼声中，都已灭亡，犹如"宫阙万间都做了土"一样。这字里行间寄予了作者多少感慨。

　　第三层（末四句），总写作者沉痛的感慨：历史上无论哪一个朝代，它们兴盛也罢，败亡也罢，老百姓总是遭殃受苦。一个朝代兴起了，必定大兴土木，修建奢华的宫殿，从而给人民带来巨大的灾难；一个朝代灭亡了，在战争中遭殃的也是人民。他指出历代王朝的兴或亡，带给百姓的都是灾祸和苦难。这是作者从历代帝王的兴亡史中概括出来的一个结论。三层意思环环相扣，层层深入，思想越来越显豁，感情越来越强烈，浑然形成一体。全曲景中藏情，情中有景，情景交融。

　　"兴，百姓苦"两句，指出一个朝代的兴也好，亡也好，受苦的都是老百姓。作者从对历史的概括中提炼出的这一主题是极其鲜明而深刻的，提出的问题是十分重要而尖锐的。它表达了作者对人民的深切同情和对封建统治者的无比愤慨。这一结尾，确实是千锤百炼，一字千钧，语气尖刻而警拔，寓意丰富而深沉，是对全曲的一个十分精辟的总结。

　　在写法上，作者采用的是层层深入的方式，由写景而怀古，再引发议论，将苍茫的景色、深沉的情感和精辟的议论三者完美结合，让这首小令有了强烈的感染力。字里行间中充满着历史的沧桑感和时代感，既有怀古诗的特色，又有与众不同的沉郁风格。

课后思考

　　1. 这首元曲的中心句是哪一句？说说你对它的理解。

　　2. "峰峦如聚，波涛如怒"中"聚"和"怒"写得都很生动形象，请你就此说说你的理解。

　　3. 背诵课文。

第四单元 革命文学欣赏

 一句话①

视频：闻一多

闻一多②

有一句话说出就是祸，
有一句话能点得着火。
别看五千年没有说破，
你猜得透火山的缄默？
说不定是突然着了魔，
突然青天里一个霹雳
爆一声：
"咱们的中国！"

这话教我今天怎么说？
你不信铁树开花也可，
那么有一句话你听着：
等火山忍不住了缄默，
不要发抖，伸舌头，顿脚，
等到青天里一个霹雳
爆一声：
"咱们的中国！"

【注释】

①《一句话》这首诗大约写成于1925年或1926年，时值闻一多自美国留学归来，返抵军阀统治下的中国后不久。它和《发现》《祈祷》等可以组成一个诗组，是闻一多回国后爱国主义诗情的结晶。诗人用愤怒的笔调揭露当时中国黑暗的社会现实，通过多方呼唤"咱们的中国"这句话，表达对理想的中国的追求，表现了诗人对民众力量充满信心和诗人深厚的爱国主义思想。

②闻一多（1899—1946年），原名闻家骅，号友三，湖北省黄冈市浠水县人，中国现代伟大的爱国主义者，坚定的民主战士，中国民主同盟早期领导人，新月派代表诗人和学者。新诗集《红烛》《死水》是现代诗坛的经典之作，作品主要收录在《闻一多全集》

中。1920 年，闻一多发表第一篇白话文《旅客式的学生》。1925 年 3 月在美国留学期间创作《七子之歌》。1946 年 7 月 15 日在云南昆明被国民党特务暗杀。

【作品赏析】

这首诗的题目是"一句话"，要表达的思想内涵也是这"一句话"。一句话通常是微不足道的，然而诗人要说的是怎样的一句话呢？因此这首诗在结构上就有了一个强烈的悬念，这个悬念所构成的戏剧效应便先声夺人地抓住了读者的心。这句话能带来"祸"，能点着"火"，它缄默了五千年，一下子"说破"，强烈的对比，又加深了这种悬念，引起人们情感的震动。有了这个强烈夸张的铺垫，一旦"咱们的中国"这句话突然爆出以后，读者便在心理上有了一个"预期"，同诗人一起为这一句话而感到震惊、兴奋。

诗人在诗中大量运用隐喻手法，使诗句更加含蓄、形象化。"有一句话说出就是祸，有一句话能点得着火"，其中"一句话"隐喻火种，"火"隐喻民主革命，"说出就是祸"暗示反动统治者对民主革命的惧怕和镇压，"能点得着火"暗示民众普遍存在着不满和反抗情绪。"火山"隐喻蕴藏着巨大力量的民众，"霹雳"隐喻民众革命的声威和力量。"咱们的中国"暗示未来的祖国将由人民当家作主，表现出诗人对理想中国的向往和赞颂。同时又运用反复修辞手法强调主题。两节诗的末三句重复，这里用的是"反复"修辞手法。诗用反复，有一唱三叹之妙，不仅强调"霹雳"和"咱们的中国"，突出了主题，而且高潮迭起，强化了全诗高昂自信的激情和格调。

全诗形式整齐，语言自然平易而富有节奏感。诗人提倡"新格律诗"，主张"节的匀称和句的匀齐"的"诗之建筑美"。这首诗贯彻了诗人的艺术主张。这首格律诗每节的前六个诗行都是九个字一行，相当整齐，在严谨的格律中又荡漾着自然的语气节奏。最后两行没有将"爆一声"与"咱们的中国"排列在一行，而是为了强调效果故意拆成两个诗行。整首诗的节奏紧凑，起伏跌宕。

课后思考

1. 诗中"你猜得透火山的缄默"一句中"火山的缄默"比喻什么？
2. "咱们的中国"这句话在诗中提到两次，有什么用意？

视频：七律·人民解放军占领南京

七律·人民解放军占领南京①

毛泽东②

钟山风雨起苍黄，
百万雄师过大江。

虎踞龙盘今胜昔，

天翻地覆慨而慷。

宜将剩勇追穷寇，

不可沽名学霸王。

天若有情天亦老，

人间正道是沧桑。

【注释】

①《七律·人民解放军占领南京》这首诗创作于 1949 年 4 月。1949 年 4 月 21 日，毛主席和朱德总司令发出《向全国进军的命令》，4 月 23 日，人民解放军占领国民政府首都南京。毛主席当时在北平知道了前线的战况后，心情振奋，写下了这首诗。最早发表在人民文学出版社 1963 年 12 月版的《毛主席诗词》一书中。

②毛泽东（1893—1976 年），字润之，笔名子任。中国人民的领袖，马克思主义者，伟大的无产阶级革命家、战略家和理论家，中国共产党、中国人民解放军和中华人民共和国的主要缔造者和领导人，诗人，书法家。著有《毛泽东诗词》《毛泽东文集》等。

【作品赏析】

"钟山风雨起苍黄，百万雄师过大江。"钟山即紫金山，在南京市东面。"苍黄"同"仓皇"，状匆忙、急迫，指南京突然受到革命暴风雨的袭击。人民解放军只用三天就冲破了蒋介石苦心经营了三个半月的长江防线，占领南京，显得非常突然，故称苍黄。苍黄，还有由青色变为黄色的意思。所以"起苍黄"，又有形势变化，改朝换代之意。

"虎踞龙盘今胜昔，天翻地覆慨而慷。""虎踞龙盘"讲南京形势。人民解放军占领南京，推翻了国民党反动政府，是翻天覆地的大事。这里作"天翻地覆"，因为要与"虎踞龙盘"相对。"慨而慷"，感慨而激昂，指人民解放军终于推翻了国民党反动政府，渴望胜利的全国军民都在为这旋转乾坤的巨大变化和空前伟大的历史事件而慷慨激昂、鼓舞振奋。"天翻地覆"既写出变化的巨大，又显出事件意义的伟大。"慨而慷"一方面赞扬了人民解放军的壮志和英勇，一方面表达了举国欢腾闻风而起的豪情。这些语言刚健有力，豪情奔放。

四句诗着重叙述，写得有声有色、气势雄壮，凝聚着赞美歌颂的深情。

"宜将剩勇追穷寇，不可沽名学霸王。"指出要将革命进行到底。这两句是毛泽东"将革命进行到底"战略思想的集中表现，是全诗的灵魂。毛泽东一反《孙子》中所提"穷寇勿追"的旧说，进一步吹响"宜将剩勇追穷寇"的号角，一个"宜"字，显得洞察古今，果敢英武、坚决。用"剩勇"而不用"余勇"，不仅造语新鲜，更表明中国人民解放军尚有足够的力量去追歼"穷寇"。这是毛泽东军事思想的艺术化表述。接着又从反面总结了历史上悲剧人物项羽的惨痛教训，给读者以明鉴："不可沽名学霸王"。一个"不"字，显得烛照幽深，清醒理智。从历史到现实，一反一正，饱含哲理，巧用典故，生动形象，告诫及时，教诲深远。

"天若有情天亦老，人间正道是沧桑。"揭示不断革命、不断改革、不断前进是人类发展的必然规律。"天若有情天亦老"一句出自唐代诗人李贺《金铜仙人辞汉歌》，毛泽东借用它写在这首诗里赋予了新的意义：自然界四季变化，运行不息，使天地万物新陈代谢永不休止，这是符合客观事物发展规律的。这里清楚指明国民党的覆灭和中国革命的胜利，是社会发展的客观必然的规律，而且也指明了前面所提出的"将革命进行到底"的论点是完全符合社会发展规律的客观真理。革命人民响应毛泽东的号召，将革命进行到底，彻底消灭国民党反动派，正是行天下之"正道"，是完全符合历史发展规律的。

本诗风格豪放，笔意雄奇，在艺术上值得称道的有两点：一是叙事与议论、诗情与哲理的完美结合，是政治家、思想家、军事家与诗人的多方智慧相结合的艺术结晶；二是典故运用生动贴切、深刻到位，使历史典故和现实斗争结合得恰到好处。

课后思考

1. 诗人运用项羽的典故，是想说明什么？
2. 结合诗歌赏析，分析这首诗表现了怎样的主题。

可爱的中国（节选）

方志敏

朋友！中国是生育我们的母亲。你们觉得这位母亲可爱吗？我想你们是和我一样的见解，都觉得这位母亲是蛮可爱蛮可爱的。以言气候，中国处于温带，不十分热，也不十分冷，好像我们母亲的体温，不高不低，最适宜于孩儿们的偎依。以言国土，中国土地广大，纵横万数千里，好像我们的母亲是一个身体魁大、胸宽背阔的妇人，不像日本姑娘那样苗条瘦小。

中国许多有名的崇山大岭，长江巨河，以及大小湖泊，岂不象征着我们母亲丰满坚实的肥肤上之健美的肉纹和肉窝？中国土地的生产力是无限的；地底蕴藏着未开发的宝藏也是无限的；废置而未曾利用起来的天然力，更是无限的，这又岂不象征着我们的母亲，保有着无穷的乳汁，无穷的力量，以养育她四万万的孩儿？我想世界上再没有比她养得更多的孩子的母亲吧。

至于说到中国天然风景的美丽，我可以说，不但是雄巍的峨嵋，妩媚的西湖，幽雅的雁荡，与夫"秀丽甲天下"的桂林山水，可以傲睨一世，令人称羡；其实中国是无地不美，到处皆景，自城市以至乡村，一山一水，一丘一壑，只要稍加修饰和培植，都可以成流连难舍的胜景；这好像我们的母亲，她是一个天姿玉质的美人，她的身体的每一部份，都有令人爱慕之美。中国海岸线之长而且弯曲，照现代艺术家说来，这象征我们母亲富有曲线美吧。

咳！母亲！美丽的母亲，可爱的母亲，只因你受着人家的压榨和剥削，弄成贫穷已极；不但不能买一件新的好看的衣服，把你自己装饰起来；甚至不能买块香皂将你全身洗擦洗擦，以致现出怪难看的一种憔悴褴褛和污秽不洁的形容来！啊！我们的母亲太可怜了，一个天生的丽人，现在却变成叫化的婆子！站在欧洲、美洲各位华贵的太太面前，固然是深愧不如，就是站在那日本小姑娘面前，也自惭形秽得很呢！

听着！朋友！母亲躲到一边去哭泣了，哭得伤心得很呀！她似乎在骂着："难道我四万万七千万的孩子，都是白生了吗？难道他们真像着了魔的狮子，一天到晚的睡着不醒吗？难道他们不知道自己的伟大的团结力量，去与残害母亲、剥削母亲的敌人斗争吗？难道他们不想将母亲从敌人手里救出来，把母亲也装饰起来，成为世界上一个最出色、最美丽、最令人尊敬的母亲吗？"

朋友，听到没有母亲哀痛的哭骂？是的，是的，母亲骂得对，十分对！我们不能怪母亲好哭，只怪得我们之中出了败类，自己压制自己，眼睁睁地望着我们这位挺慈祥美丽的母亲，受着许多无谓的屈辱，和残暴的蹂躏！这真是我们做孩子们的不是了，简直连一位母亲都爱护不住了！………

朋友，虽然在我们之中，有汉奸，有傀儡，有卖国贼，他们认仇作父，为虎作伥；但他们那班可耻的人，终竟是少数，他们已经受到国人的抨击和唾弃，而渐趋于可鄙的结局。大多数的中国人，有良心有民族热情的中国人，仍然是热心爱护自己的国家的。现在不是有成千成万的人在那里决死战斗吗？他们决不让中国被帝国主义所灭亡，决不让自己和子孙们做亡国奴。朋友，我相信中国民族必能从战斗中获救，这岂是我们的自欺自誉吗？

不错，目前的中国，固然是江山破碎，国弊民穷，但谁能断言，中国没有一个光明的前途呢？不，决不会的，我们相信，中国一定有个可赞美的光明前途。中国民族在很早以前，就造起了一座万里长城和开凿了几千里的运河，这就证明中国民族伟大无比的创造力！中国在战斗之中一旦斩去了帝国主义的锁链，肃清自己阵线内的汉奸卖国贼，得到了自由与解放，这种创造力，将会无限的发挥出来。到那时，中国的面貌将会被我们改造一新。所有贫穷和灾荒，混乱和仇杀，饥饿和寒冷，疾病和瘟疫，迷信和愚昧，以及那慢性的杀灭中国民族的鸦片毒物，这些等等都是帝国主义带给我们可憎的赠品，将来也要随着帝国主义的赶走而离去中国了。朋友，我相信，到那时，到处都是活跃的创造，到处都是日新月异的进步，欢歌将代替了悲叹，笑脸将代替了哭脸，富裕将代替了贫穷，康健将代替了疾病，智慧将代替了愚昧，友爱将代替了仇恨，生之快乐将代替了死之忧伤，明媚的花园将代替了暗淡的荒地！这时，我们民族就可以无愧色地立在人类的面前，而生育我们的母亲，也会最美丽地装饰起来，与世界上各位母亲平等地携手了。

这么光荣的一天，决不在遥远的将来，而在很近的将来，我们可以这样相信的，朋友！

朋友，我的话说得太噜嗦厌听了吧！好，我只说下面几句了。我老实地告诉你们，我爱护中国之热诚，还是如小学生时代一样的真诚无伪；我要打倒帝国主义为中国民族解放之心还是火一般的炽烈。不过，现在我是一个待决之囚呀！我没有机会为中国民族尽力了，我今日写这封信，是我为民族热情所感，用文字来作一次为垂危的中国的呼喊，虽然我的呼喊，声音十分微弱，有如一只将死之鸟的哀鸣。

啊！我虽然不能实际地为中国奋斗，为中国民族奋斗，但我的心总是日夜祷祝着中国民族在帝国主义羁绊之下解放出来之早日成功！假如我还能生存，那我生存一天就要为中国呼喊一天；假如我不能生存——死了，我流血的地方，或者我瘗骨的地方，或许会长出一朵可爱的花来，这朵花你们就看作是我的精诚的寄托吧！在微风的吹拂中，如果那朵花是上下点头，那就可视为我对于为中国民族解放奋斗的爱国志士们在致以热诚的敬礼；如果那朵花是左右摇摆，那就可视为我在提劲儿唱着革命之歌，鼓励战士们前进啦！

亲爱的朋友们，不要悲观，不要畏馁，要奋斗！要持久地艰苦地奋斗！把各人所有的智慧才能，都提供于民族的拯救吧！无论如何，我们决不能让伟大的可爱的中国，灭亡于帝国主义的肮脏的手里！

【作者介绍】

　　方志敏，（1899年8月—1935年8月）原名远镇，乳名正鹄，号慧生。江西省上饶市弋阳九区漆工镇湖塘村人，无产阶级革命家、军事家。方志敏是江西农民运动的组织者和领导者，江西地方党团创始人之一，创建了中国共产党历史上最早一批苏维埃政权。1935年1月，方志敏因叛徒告密被捕，在狱中，他严辞拒绝了国民党的劝降，实践了自己"努力到死，奋斗到死"的誓言，1935年8月6日在南昌英勇就义。他的主要作品有《我是个共产党员了!》《我不相信基督教!》《同情心》《呕血》《哭声》《可爱的中国》《死——共产主义的殉道者的记述》《清贫》《诗一首》《狱中纪实》《我从事革命斗争的略述》等，著作结集编为《方志敏文集》。

【作品赏析】

　　1935年1月，由方志敏领导的抗日先遣队通过怀玉山封锁线时，被敌人包围了。由于叛徒的告密，方志敏不幸被捕。在狱中，他巧妙地利用了敌人给予他的"优厚待遇"，领导同志们进行了各种斗争，并利用敌人给他写悔过书的笔墨纸张，开始秘密写作，直到1935年8月6日就义。在生命的最后7个月，方志敏写下10余万字作品，其中就有名篇《可爱的中国》，其艺术特色明显。

　　第一，以现实主义的创作方法，真实地、历史地、具体地去描写现实。作者以现实主义态度去真实反映生活，把握力度非常之强。不仅仅是写作者自己内心的痛苦，它反映的是整个中华民族的痛苦；作者对中国美好未来之渴望，反映的是无产阶级队伍的觉醒和对未来生活的向往和憧憬。

　　第二，把现实主义与马克思主义相结合，表现出革命现实主义的创作手法。作者是一名伟大的无产阶级革命家，《可爱的中国》所展示的历史画面，就是一位革命者通过现实主义与马克思主义相联系所创造的最好的创作方法——革命现实主义的结晶。作者的思想感情跃然纸上，表现得淋漓尽致，读者会受到那震撼人心的精神感召力的巨大影响。第三，运用革命浪漫主义的创作手法表达对中国未来的美好向往的思想情感，使作品更富艺术魅力。比如作者写到中国一旦斩去了帝国主义的锁链，肃清自己阵线内的汉奸卖国贼，得到了自由与解放之后，有一段十分精彩脍炙人口的片段："到那时，中国的面貌将会被我们改造一新………"作者的这种现实与未来强烈对比的艺术手法，体现出作者的无产阶级世界观及革命思想情感。

　　第四，运用了大量的修辞手法，具有鲜明的语言特色，表现了精确的描写和强烈的激情相结合的艺术效果。比如把中国比作"生育我们的母亲"，类似的比喻还有很多，使作品形象生动，增强了艺术感染力。有的地方运用了大量的排比句，如对中国未来光明前途的那段描写，连续运用了八个排比句，使作品体现出排山倒海的气势。

　　这部作品的文学革命性、战斗性和感召力十分突出，思想特色也十分鲜明。

　　首先，立意高是它的首要特色。作者身在狱中，心系天下。他创作这部作品的目的是很清楚的，就是要表明："一个共产党员，是爱护国家的，而且比谁都不落后。"作者把共产党人的奋斗目标与可爱的中国紧紧联系在一起，这就使作品的立意达到前所未有的高度。

其次，革命性是它的又一显著特色。这是一部战斗檄文，是一曲共产党人追求中国光明前途的进军号角，它呼唤起所有的朋友们"挺身而起，为积弱的中国奋斗"。

最后，作品有着极强的感召力。作品以丰富的内容描述了"半殖民地民众悲惨的命运"，发出了中华民族谋求解放和自由的震耳欲聋的呐喊，强烈地震撼着每一位读者的心灵，将极大地激励每一位共产党人的斗志，奋发图强，为可爱的中国而献身。

课后思考

1. 结合时代背景，分析《可爱的中国》传递的深层次情感诉求。
2. 阅读文章，找出经典段落并熟练背诵，感悟文章传递的深沉爱国之情。

《红岩》(节选)①

罗广斌　杨益言②

视频：《红岩》(片段)

又一个深沉的暗夜，降临在渣滓洞集中营。

风门边挤满了人，久久地望着那挂满刑具的刑讯室。夜风吹来，带着萧瑟的寒意。刑讯室前，魔影动荡，吆喝声不绝……风门边，偶尔有人不安地低语。

"又是半夜刑讯！"

"徐鹏飞，朱介都来了。"

"夜审谁呀？"余新江身后，传来一声问话。

"该不会是老许？"刘思扬担心地插了一句。

许云峰崛立在楼八室铁门边。透过昏黄的狱灯，余新江望得见他沉思的脸。

余新江不禁十分担心地想念那多次经受毒刑拷打、经常昏迷不醒的江姐。追悼龙光华以后不久，江姐被押到渣滓洞里来，日夜拷问的次数，已经无从计算了。大家都知道，为了保卫党的机密，江姐忍受了多少摧残，获得了多少同志的尊敬。经过绝食斗争，敌人被迫接受了条件，不敢继续迫害了，现在却在渣滓洞对江姐进行非刑拷打，很显然，这是敌人疯狂的报复！江姐不仅为党，也为大家受苦，这使得每个人都感到敬佩而又十分痛苦。

"猫头鹰和狗熊到女牢去了！"

余新江一惊，眼光立刻转向女牢。黑沉沉的夜里，黯淡的狱灯，使他看不清远处。

"提谁？"焦急不安的声音又在询问。

"江雪琴！"

"是她！看，江姐出来了！"

"又是江姐。"余新江的心像沉甸甸的铅块，朝无底深渊沉落。

所有的牢房，一时都陷入难堪的沉默。

过了好些时候，人们听到了审问的声音："你说不说？到底说不说？"

传来特务绝望的狂叫，混合着恐怖的狞笑。接着，渣滓洞又坠入死一般的沉寂中。

听得清一个庄重无畏的声音在静寂中回答："上级的姓名、住址，我知道。下级的姓名、住址，我也知道……这些都是我们党的秘密，你们休想从我口里得到任何材料！"

江姐沉静、安宁的语音，使人想起了她刚被押进渣滓洞的那天，她在同志们面前微笑着，充满胜利信心的刚毅神情。听着她的声音，仿佛像看见她正一动也不动地站在刑讯室里，面对着束手无策的敌人。可是江姐镇定的声音，并不能免除同志们痛苦的关切。

大概是江姐的平静的回答，使得敌人不得不重新考虑对策，讯问的声音，忽然停了下来。

楼七室同志们焦灼的谈话又继续了。

"又是叛徒甫志高！"余新江愤怒地骂了一句。他又问："和江姐一道，川北还有人被捕吗？"

"没有，就她一个。"

"听说华蓥山纵队在公路上抢救过江姐，但是阴险的特务，前一夜用船把江姐押到重庆……"

"哎——"人们痛苦地把惋惜之情化为一声长叹。刑讯室里又传来了声音，是徐鹏飞毒辣的笑声。

"谅你一个女共产党，还制服不了？你不愿讲，好嘛，我们帮你打开嘴巴。来人！"

接着，传来一阵狼嚎似的匪徒的狂吼。

夜，在深沉的痛苦、担心与激动中，一刻一刻地挨过。星光黯淡了，已经是雄鸡报晓的时刻。

在那斑斑血迹的墙壁上，映着的江姐的身影消失了。大概她从倒吊着的屋梁上，被松了下来……"现在愿意说了吧？"

魔影狂乱地移动着。

"不！"微弱的声音传来，仍然是那样的平静。"十指连心，考虑一下吧！说不说？"

没有回答。

铁锤高高举起。墙壁上映出沉重的黑色阴影。

"钉！"

人们仿佛看见绳子紧紧绑着她的双手，一根竹签对准她的指尖……血水飞溅……"说不说？"

没有回答。

"不说？拔出来！再钉！"

江姐没有声音了。人们感到连心的痛苦，像竹签钉在每一个人心上……

又是一阵令人心悸的泼水的声音！

"把她泼醒！再钉！"

徐鹏飞绝望的咆哮，使人相信，敌人从老许身上得不到的东西，在江姐——一个女共产党员的身上，同样得不到。尽管他们从叛徒口里，知道她做过沙磁区委书记，下乡以后可能担任更负责的工作，了解许许多多他们渴望知道的地下党线索，可是毒刑拷打丝毫也不能使江姐开口。

一根，两根！……竹签深深地撕裂着血肉……左手，右手，两只手钉满了粗长的竹签……一阵，又一阵泼水的声音……已听不见徐鹏飞的咆哮。可是，也听不到江姐一丝丝呻吟。人们紧偎在签子门边，一动也不动……

为人进出的门紧锁着，为狗爬出的洞敞开着，一个声音高叫着：

"爬出来吧，给你自由！"

我渴望自由，

但我深深地知道：

人的身躯，

怎能从狗洞子里爬出？……

是谁？天刚亮，就唱起了囚歌。迎着阵阵寒风，久久地守望在风门边的刘思扬，听着从楼下传来的低沉的歌声，一边想着，一边瞭望那远处深秋时节的山坡。刚升起的太阳，斜射着山坡上枯黄了的野草。远近的几株树木，也已落叶飘零，只剩下一些光秃秃的枝干。只有墙头上的机枪，闪着寒光的刺刀和密密的电网，依然如故……刘思扬的心潮澎湃着，血在翻腾。

他从风门边疾速地回到自己的铺位，轻轻地从墙角下取出了一支竹签削成的笔，伏在楼板上，蘸着用棉花余烬调和成的墨汁，在他一进集中营就开始写作的《铁窗小诗》册上，又写出愤激的一页……"江姐回来了！"签子门边的余新江，回过头来，告诉大家。一阵脚步声，人们又一齐涌到牢门边。

高墙边的铁门打开了。猫头鹰从铁门外窜了进来，他站在门边，瞪着眼睛，望着一长排牢房，大声地吼叫："不准看，不准看！"

谁也没有去理睬这只凶暴的野兽，大家踮着脚尖，朝签子门缝望出去。只见江姐被两个特务拖着，从铁门外进来了。通宵受刑后的江姐，昏迷地一步一步拖着软弱无力的脚步，向前移动；鲜血从她血淋淋的两只手的指尖上，一滴一滴地往下滴落。

人们屏住呼吸，仇恨的烈火在心中燃烧，眼里噙着的泪水和江姐的鲜血一起往下滴……一阵高昂雄壮的歌声，从楼八室铁门边最先响起。江姐在歌声中渐渐苏醒了。她宁静地聆听了一下，缓缓地抬起她明亮的双眼，像要找寻这歌声发出的地方。目光一闪，江姐仿佛发现了从楼八室传来的，许云峰的信任与鼓舞的眼波。战友的一瞥，胜过最热切的安慰，胜过任何特效的药物，一阵激烈的振奋，使她周身一动，立刻用最大的努力和坚强的意志，积聚起最后的力量，想站定脚步。她摇晃了一下，终于站稳了。头朝后一扬，浸满血水的头发，披到肩后。人们看得见她的脸了。她的脸，毫无血色，白得像一张纸。她微微侧过头，用黯淡的，但是不可逼视的眼光，望了一下搀扶着她的特务。像被火烧了一下似的，她猛然用两臂摔开了特务，傲然地抬起头，迈动倔强的双腿，歪歪倒倒向女牢走去。"呵——江姐！"大家禁不住喊出声来。

可是，江姐只跨了几步，便扑倒了。蓬乱的头发，遮盖着她的脸，天蓝色的旗袍和那件红色的绒线衣，混合着斑斑的血迹……

女牢里奔出来几个同志，把江姐轻轻地扶了起来，抬进女牢……"咔嚓"一声，女牢的门，被紧紧锁上了。"怎么啦？怎么啦？"楼上楼下的风门口，探出了战友的头，彼此焦急地询问着。阳光透进女牢的签子门，只见忙乱的身影，在室内不停地来回走动。

"这些禽兽！把江姐折磨成了什么样子！"人们愤愤地抓紧牢门。

不知何时，风门边放下了一小桶霉米饭。是吃早饭的时刻了，可是谁有心思吃饭？刘思扬匍伏在楼板上，泪珠不断滴落在纸上，他第一次这样感情激动，用血和泪一起来写作诗篇。

"怎么样？有消息吗？"

"听说昏过去了，女室的同志正在急救……"

楼上楼下的牢房，在签子门边了望的人们，彼此询问着。

一个钟头，两个钟头过去了。余新江站在楼七室房间的正中，激动地朗读着刘思扬刚写好的诗句：

热铁烙在胸脯上，

竹签子钉进每一根指尖，

凉水灌进鼻孔，

电流通过全身……

人底意志呀，

在地狱的毒火中熬炼。

像金子一般的亮，

像金子一般的坚。

可以使皮肉烧焦，

可以使筋骨折断。

铁的棍子，

木的杠子，

撬不开紧咬着的嘴唇。

那是千百个战士的安全线呵！

用刺刀来切剖胸腹吧，挖出来的——也只有又热又红的心肝。

正是大家担心着江姐安危的时刻，女牢里人们怀着更大的不安。

孙明霞用盐水洗完了江姐最后一根指头上的血污，向站在床前的人们伸过手来。

她旁边的人，把棉花签和红药水瓶，递了过去。孙明霞顺手取了根棉花签，蘸着红药水，在江姐的伤口上，小心翼翼地涂着。可是她发现，伤口里残留着一些折断了的竹丝，只好放下药签，噙着热泪，用指甲拨开血肉模糊的伤口，挟出一条又一条嵌在肉里的竹丝。昏厥中的江姐，似乎也感到这阵伤口的疼痛，她的手指抖动着，血又从伤口里流涌出来。孙明霞忍不住转过头去，眼泪涟涟……"冷静点……明霞。"

"把红药水给我。"又一个人接过了孙明霞手上的药瓶；再把一根一根蘸着红药水的棉花签，递给孙明霞。

江姐仍然昏迷地躺在床上，呼吸微弱，咬紧牙关，仿佛在努力抵抗着痛苦的感觉，不让自己叫出声来；当棉花签接触到她深陷的伤口时，她的身子微微地颤动了一下。"轻点！"人们心里痛楚地一阵阵紧缩。孙明霞歉疚地望了望江姐，咬着牙，垂下头，继续涂着红药水。她不禁想起了，在狱中第一次见到江姐时，江姐用她宁静而坚贞的目光，凝视着自己的泪眼轻声说过："在接受考验的时刻，人的生命，要用来保持党的纯洁……"昨天夜里，江姐被特务押出去的时候，孙明霞还冲向牢门口呼唤："江姐！江姐！"江姐在牢门口停了一下，又平静地回头对她微微一笑。那一瞬间的微笑，曾赋予了她多少力量，那种包含着无穷勇气的平静的微笑，使她永远难忘。

"石花弄好了吗？快！"孙明霞快涂完红药水的时候，轻声问道。

"弄好了！"一小碗石花的粉末，递到床前。

孙明霞拈着石花的粉末，撒在江姐的伤口上，然后用棉花、布条，在江姐的手指上轻轻缠着。

包扎完了，孙明霞准备去解开事先缠在江姐胳臂上，帮助止血用的布带。

"慢点！慢点！"人们深怕布带松得快了，血液会一下冲击伤口，使江姐感到疼痛。

"我晓得。"孙明霞点了一下头，缓缓地放松布带，人们的眼光全望着江姐的脸。只见她眼睫毛眨了一下，嘴角微动着。苍白色的脸上，似乎露出一丝红晕。这时，渣滓洞是一片沉静，连特务办公室里的吊钟"嘀嗒嘀嗒"的声音都听得见。

最后一条布带松开了。江姐"呵——"了一声，把头向外转了一下，嘴里吐着血沫……"怎么？"女牢房的人们，不约而同地低声惊叫起来。"江姐受刑的时候，用自己的牙齿把嘴唇咬破了……"孙明霞说完以后，不觉又流出眼泪。

大家也不禁泪珠滚滚，沉思着：一次次的拷打，江姐不知经受了多少剧烈的疼痛……是她，一个女共产党员，平静地在敌人面前宣布：胜利永远是属于我们的。

"告诉男室的同志，江姐快醒过来了！"孙明霞的手从江姐的脉搏上松开，马上又为她盖上被褥。

"加个枕头垫高些吧。"一个叫李青竹的衰弱的人，躺在对面，她困难地欠起身来说着。老虎凳折断了她的腿，使她不能久守在江姐身边，为多年的老战友分担一些痛苦。"垫高了不好。"孙明霞感谢着李青竹的好意，用关切的神情回头望了望她，好像是说："不要操心，你躺下去，躺下去……"

"明霞，去歇一下吧，看你累成这个样子。"李青竹又叫了她一声。

"不要紧，我不累。"

谁愿离开呢？人们固执地站着，守候着江姐的苏醒。"是什么力量使江姐这样坚强？"站在床边的孙明霞沉静下来，深思地问。

谁能回答这样的问题呢？人们很自然地把头转向侧卧着的李青竹。

"……江姐是我们大家的榜样。"李青竹在众人的期望中，终于缓缓支起上身，讲说起来。"我和她在一起工作过很久……她刚学会喊'爸爸'的时候，父亲就死了。母亲靠着借、当、做针线杂活养着家口。她七岁那年，母亲听说大城市容易生活些，带着她来到重庆。在那军阀混战、饿殍遍野的年代，母亲绝望了，终于丢下亲生女儿，投江自尽了。无依无靠的江姐，流落在孤儿院里，常常刚端着饭，就被人把碗夺去。她噙着一泡眼泪，从来不肯当着人哭泣……江姐还不到九岁，就在南岸的一家纱厂里当童工。做了两年，江姐得了重病，被赶出了工厂……"

李青竹深情地望了望江姐，她仿佛又看到十年前和江姐一起学习，一道工作的情景：

在一个阳光泻满山谷，碧波荡漾的山溪边的竹林深处，江姐崇敬地凝望着竹枝上闪闪发光的镰刀锤子交叉着的旗帜……溪谷里久久地回响着庄严明朗的声音："我志愿加入中国共产党。"

"1947年初春，党决定派一批党员去支援农村的武装斗争。江姐和她的丈夫，都提出了申请，党批准了她丈夫彭松涛同志的请求，要她仍然留在城市。那天，我还和她一道，到朝天门码头送走了彭松涛同志。"李青竹自己，就是在那以后不久，也被派到乡下去，不幸在半路上被敌人逮捕了。"听说老彭同志牺牲了，江姐知道吗？"孙明霞轻声插问。"知道。"李青竹的声音禁不住有些激动。"江姐还亲眼见到……"

"江姐的孩子在哪里？"孙明霞忽然关心地问："江姐告诉过你吗？"

"孩子有同志抚养，长大了一定会继承我们的事业……"李青竹回答着，眼睛转向江姐。这时江姐仍然昏迷不醒，只是脸色比刚才好一些了。

时间已是下午，男牢房的同志开始轮流"放风"。这时间间牢房已经传遍了老许的建议：他希望全体战友，学习江姐坚贞不屈的意志，学习她在艰苦斗争中的革命气节……因此，趁着"放风"的空隙，男同志们都把自己写给江姐的慰问信和诗篇送进女室——人们亲眼看见她独力承当了敌人对全体战友的疯狂报复，代表着全体战友的不屈意志。同时，人们看出：连毒刑也失去作用，这就使敌人在迫害失败之后，进一步陷于束手无策的地步了。这是江姐的胜利，也是大家的胜利！

孙明霞捏着一叠信件，站在江姐的床边，说着："静一点，大家请听。"室内马上静了下来，孙明霞朗读着：

> ……你，暴风雨中的海燕，
> 迎接着黎明前的黑暗。
> 飞翔吧！战斗吧！
> 永远朝着东方，
> 永远朝着党！
> 楼四室献给江姐

"下面是楼下六室写给江姐的《灵魂颂》。"孙明霞继续地朗读着。

孙明霞越念越起劲，大家都目不转睛地望着她。"明霞，你在做啥？"这时，江姐已醒转过来，轻轻地呼唤着。孙明霞回头一看，惊喜地叫着："哎呀，江姐苏醒了！"全室的人，一齐跑到江姐床边，七嘴八舌地问着："江姐！你好点了吗？你要什么？"

江姐睁大着眼睛，眼珠不停地转动，她微笑了。"漱漱口吧！"有人端来了一碗水。

孙明霞站在江姐床边，不如如何是好；半晌，她才想起手上拿着的一把信件。于是，她坐在江姐床边说："江姐，这些全是同志们给你写的信，我念给你听。"孙明霞拿起一封信，看了一下，说："这是楼下二室全体同志写的。"

"楼下二室？叶挺同志囚禁过的牢房？"

江姐问了一句。当她看到孙明霞不断点头时，脸上闪过一丝幸福的光辉，又轻轻问道："他们说什么？"孙明霞朗读着：

亲爱的江姐：

　　一个多月来的严刑拷问，更显示出你对革命的坚贞。我们深深地知道，一切毒刑，只有对那些懦夫和软弱动摇的人，才会有效；对于一个真正的共产党员，它是不会起任何作用的。

　　当我们被提出去审问的时候，当我们咀嚼着两餐霉米饭的时候，当我们半夜里被竹梆声惊醒过来、听着歌乐山上狂风呼啸的时候，我们想起了你，亲爱的江姐！

　　我们向党保证：在敌人面前不软弱，不动摇，决不投降，像你一样的勇敢，坚强……

"这是楼三室……这是楼下七室。"

孙明霞一封一封地把信念给江姐听。

江姐一边听着，一边淌着激动而兴奋的眼泪。当她听完几封信以后，用舌尖舔了一下破裂的嘴唇，眼泪花花地说道："党太好了，同志们太好了，我算不了什么。"江姐轻声地说："我们的荣誉属于党啊！同志们的这种鼓舞，这种战斗的力量，我应该和同志们共享。"江姐心里的高兴，不仅由于同志们对她的鼓舞，不仅由于自己战胜了毒刑的考验，当敌人追究游击队的活动时，她知道了叛徒的下落，这也是使她高兴的事，因为重庆地下党和农村游击队，再不会被叛徒出卖了。虽然敌人因而震怒，更急于从她口里找到党的线索，可是她想到党的安全已不再受威胁，便觉得忍受毒刑并不是十分痛苦的事了。

孙明霞又拿起一封信说："这是楼七室写的。"她拆开信封，展开信笺看了看，说道："楼七室的同志说，许云峰同志托他们向你——江姐问好！"

"许云峰……"江姐闪动着激荡的泪眼，仿佛看见了那崛立在铁门边，用战斗的歌声，庄严地激励着自己的战友。"许云峰同志，你是我们的榜样。我们都应该向你学习，向你致敬！"

"江姐，你太兴奋了，休息一会儿吧。"

"是该兴奋啊，我们这里，有着多么坚强的党，多么坚强的战友！"

"江姐……"孙明霞望着江姐转向对面的目光，轻声地问。"你要什么？"

"我们的孩子在动，她大概睡醒了？"

"真的醒来了，你看，她睁着一双多逗人爱的眼睛！"李青竹说着，从身旁抱起那众人心疼的乳婴，递给了孙明霞，让她抱到江姐面前。

"可怜这孤儿，一生下来就失去了父母……"是谁低低叹息了一声。

"不应该难过。"江姐用流着血的双手，接过了乳婴，紧紧抱在怀里。"孩子是我们的。我们都是她的父亲、母亲。"

乳婴依恋地坐在江姐怀里，幼稚的小嘴甜甜地笑着，她把小小的手儿伸进了嘴，流着涎水吮吸着。

"孩子的父亲，留下了姓名吗？"江姐问了声周围的同志。"没有。"李青竹躺在对面低声回答："她在这里刚住了几天。只知道她们夫妇是从昆明押来的，她不愿意暴露案情。临终的时候，我问过她的姓名。"李青竹回忆着，声音渐渐升高："她只微微一笑。说了一声：'我是共产党员'。""共产党员……"江姐噙在眼里的热泪，滴落在乳婴圆圆的脸蛋上。

这时，李青竹又从身畔摸出了一张揉皱了的纸片。那是孩子的父母留下来的。孙明霞接过来，把它展开，送到江姐面前。李青竹接着说："这是孩子的爸爸留下的遗物。"

江姐点了点头，目光落在那依稀可辨的字迹上。看着看着，一阵激情，在江姐心里回旋冲击，她轻声念着：为了免除下一代的苦难，我们愿——

愿把这牢底坐穿！

……

接连吟咏了几遍，江姐抬起头来，微笑着说："现在我才明白，为什么老许要给孩子取这样一个名字……"

"监狱之花！又美，又亲切。"孙明霞插了一句。"监狱之花！"江姐的睫毛上凝闪着喜悦的泪珠，不顾创痛，紧抱着乳婴，怡然地笑了。

"江姐！"牢门边一个声音传来，"从昨天晚上，男牢房的战友们，就守候着你，他们正渴望知道你的消息。"

江姐抱着孩子，静静地想了一下，便对身边的孙明霞说道：

"我真感谢同志们的爱护。明霞，你帮我写一封回信吧。"

江姐一个字一个字清楚地口述着回信，孙明霞坐在旁边仔细记录着她的话。

……晚上，通过墙头上的秘密孔道，渣滓洞每间牢房的战友，在暗淡的狱灯下，传阅着江姐动人心弦的回音。人们静坐在黑暗中，却像在阳光照耀下一样，背诵着江姐信中光芒四射的词句：

毒刑拷打是太小的考验！

竹签子是竹做的，共产党员的意志是钢铁！

【注释】

①《红岩》是现代作家罗广斌、杨益言创作的一部长篇小说，1961年12月首版。《红岩》的作者罗广斌、杨益言，曾于1948年先后被国民党反动派逮捕，并囚禁在重庆"中美特种技术合作所"集中营里。他们和小说中的英雄人物，共同经历了那些惊心动魄的斗争生活。中华人民共和国成立后，为了"把这里的斗争告诉后代"，他们先后写了《圣洁的鲜花》《江姐》《小萝卜头》等报告文学与革命回忆录《在烈火中永生》。接着，又在这些叙写真人真事作品的基础上，进行加工、提炼和艺术概括，创作了长篇小说《红岩》。《红岩》描写在人民解放军进军大西南的形势下，重庆的国民党当局疯狂镇压共产党领导的地下革命斗争。着重表现以齐晓轩、许云峰、江雪琴等共产党人在狱中所进行的英勇战斗，虽然他们最后惨遭屠杀，但却充分显示了共产党人视死如归的大无畏英雄气概。

②罗广斌（1924—1967年），四川省成都市人。1948年3月在重庆西南学院由江竹筠介绍入党；同年9月，因叛徒出卖被捕，先后被囚禁在重庆中美合作所渣滓洞、白公馆集中营。1949年11月27日越狱脱险。编辑出版了重庆集中营烈士诗集《囚歌》（1950年）。与杨益言、刘德彬合写了报告文学《圣洁的血花》（1950年）、革命回忆录《在烈火中永

生》（1958年）。1958至1961年，与杨益言合著长篇小说《红岩》。1962年调重庆市文学艺术界联合会任创作员。"文化大革命"中被迫害致死，1978年得到平反昭雪。

杨益言（1925—2017年），原籍四川省武胜县，生于重庆市。1948年8月在重庆被特务机关逮捕，囚禁在渣滓洞集中营。重庆解放后，曾在中共重庆市委、团市委工作。在"文化大革命"中，杨益言被诬陷为"叛徒""特务""反革命"，粉碎"四人帮"后，杨益言才被彻底平反，后担任重庆市文学艺术界联合会专业作家。

【作品赏析】

《红岩》反映的是全国解放前夕光明与黑暗之间展开的一场生死较量。1948年，中国革命已经进入关键的转折期，胜利即将到来。然而，在国民党统治下的重庆正处在黎明到来之前最黑暗的时刻，在这样黑暗的时刻，山城重庆正在进行着残酷的斗争。作者集中描写了"重庆中美合作所集中营"的敌我斗争，生动地表现了革命者为迎接全国的解放，与国民党反动派进行的殊死抗争，真实再现了全国解放前夕光明与黑暗进行最后决战的艰巨性，歌颂了革命志士为真理而斗争的坚强意志和大无畏精神，谱写出了一部可歌可泣的英雄赞歌。

《红岩》是一部用血与泪书写成的悲壮篇章，为我们塑造了一组革命英雄的群体形象，他们有着坚定的共产主义信仰，对革命事业无限忠诚；经过作者的精心刻画，都活灵活现地以各自的形貌出现在我们面前。江姐是作者着力刻画的一个主要人物，她对党忠贞，对敌斗争顽强不屈，在危急关头从容镇定，对革命同志血肉情深，展现出革命者的无私奉献精神和大无畏的英雄气概。

首先，《红岩》注重挖掘和揭示人物的精神世界。作者善于通过一些富有表现力的动作，传神地刻画人物的精神状态。比如，江姐从刑讯室出来的路上，听到了狱友们的歌声，感受到了来自许云峰关切的目光，她"周身一动，立刻用最大的努力和坚强的意志，积聚起最后的力量，想站定脚步。她摇晃了一下，终于站稳了"。通过这些细微动作的描写，表现了江姐顽强的革命意志；同时又写到"她微微侧过头，用黯淡的、但是不可逼视的眼光，望了一下搀扶着她的特务。像被火烧了一下似的，她猛然用两臂摔开了特务，傲然地抬起头，迈动倔强的双腿，歪歪倒倒向女牢走去"。虚弱的身躯与坚定的精神信念的对比，烘托出了江姐的崇高形象。

其次，通过不断变换描写的角度，展现了人物形象的丰富多彩。对江姐形象的描述，主要是通过侧面描写完成的。从狱中其他战友的视角中，一个血肉丰满的江姐展现在读者面前。在给江姐换药的过程中，孙明霞回忆起了第一次见到江姐的情形："江姐用她宁静而坚贞的目光，凝视着自己的泪眼轻声说过'在接受考验的时刻，人的生命，要用来保持党的纯洁……'"；通过老战友李青竹的描述，"江姐崇敬地凝望着竹枝上闪闪发光的镰刀锤子交叉着的旗帜……溪谷里久久地回响着庄严明朗的声音：'我志愿加入中国共产党'"。我们得以了解到江姐的成长历程，以及她是怎样坚定地走上了革命道路。而狱中战友们慰问的信件，更让我们感受到一个坚强的共产主义战士是怎样用行动去践行自己的诺言，坚守党的秘密："我们向党保证：在敌人面前不软弱，不动摇，决不投降，像你一样的勇敢，坚强……"

《红岩》是对我国伟大的革命斗争的真实写照。它形象地告诉人们：中国共产党人和革命人民——我们的先辈，曾经走过了多么艰巨的路程，即使是在全国胜利的前夕也还经历了那么英勇壮烈的斗争和牺牲。小说对这番斗争所做的艺术记录，使它成了为千千万万革命先烈树立的一块高大的纪念碑，谱写了一曲共产主义思想的光辉赞歌。

课后思考 ▶▶▶▶▶

1. 通过作品对江姐形象的塑造，我们可以从中获得哪些感想？
2. 结合《红岩》的主要内容，分析这部作品的主题。

第五单元　现代文学欣赏

江南的冬景

郁达夫[①]

凡在北国过过冬天的人，总都道围炉煮茗，或吃煊羊肉，剥花生米，饮白干的滋味。而有地炉，暖炕等设备的人家，不管它门外面是雪深几尺，或风大若雷，而躲在屋里过活的两三个月的生活，却是一年之中最有劲的一段蛰居异境；老年人不必说，就是顶喜欢活动的小孩子们，总也是个个在怀恋的，因为当这中间，有萝卜，雅儿梨等水果的闲食，还有大年夜，正月初一，元宵等热闹的节期。

但在江南，可又不同：冬至过后，大江以南的树叶，也不至于脱尽。寒风——西北风——间或吹来，至多也不过冷了一日两日。到得灰云扫尽，落叶满街，晨霜白得像黑女脸上的脂粉似的清早，太阳一上屋檐，鸟雀便又在吱叫，泥地里便又放出水蒸气来，老翁小孩就又可以上门前的隙地里去坐着曝背谈天，营屋外的生涯了；这一种江南的冬景，岂不也可爱得很么？

我生长江南，儿时所受的江南冬日的印象，铭刻特深；虽则渐入中年，又爱上了晚秋，以为秋天正是读读书，写写字的人的最惠节季，但对于江南的冬景，总觉得是可以抵得过北方夏夜的一种特殊情调，说得摩登些，便是一种明朗的情调。

我也曾到过闽粤，在那里过冬天，和暖原极和暖，有时候到了阴历的年边，说不定还不得不拿出纱衫来着：走过野人的篱落，更还看得见许多杂七杂八的秋花！一番阵雨雷鸣过后，凉冷一点，至多也只好换上一件夹衣，在闽粤之间，皮袍棉袄是绝对用不着的！这一种极南的气候异状，并不是我所说的江南的冬景，只能叫它作南国的长春，是春或秋的延长。

江南的地质丰腴而润泽，所以含得住热气，养得住植物；因而长江一带，芦花可以到冬至而不败，红叶也有时候会保持得三个月以上的生命。像钱塘江两岸的乌桕树，则红叶落后，还有雪白的桕子着在枝头，一点一丛，用照相机照将出来，可以乱梅花之真。草色顶多成了赭色，根边总带点绿意，非但野火烧不尽，就是寒风也吹不倒的。若遇到风和日暖的午后，你一个人肯上冬郊去走走，则青天碧落之下，你不但感不到岁时的肃杀，并且还可以饱觉着一种莫名其妙的含蓄在那里的生气："若是冬天来了，春天也总马上会来"的诗人的名句，只有在江南的山野里，最容易体会得出。

说起了寒郊的散步，实在是江南的冬日，所给与江南居住者的一种特异的恩惠；在北方的冰天雪地里生长的人，是终他的一生，也决不会有享受这一种清福的机会的。我不知道德国的冬天，比起我们江浙来如何，但从许多作家的喜欢以 Spaziergang 一字来做他们的创造题目的一点看来，大约是德国南部地方，四季的变迁，总也和我们的江南差仿不多。譬如说十九世纪的那位乡土诗人洛在格（Peter Rosegger, 1843—1918）罢，他用这一个"散步"做题目的文章尤其写得多，而所写的情形，却又是大半可以拿到中国江浙的山区地方来适用的。

江南河港交流，且又地滨大海，湖沼特多，故空气里时含水分；到得冬天，不时也会下着微雨，而这微雨寒村里的冬霖景象，又是一种说不出的悠闲境界。你试想想，秋收过后，河流边三五家人家会聚在一道的一个小村子里，门对长桥，窗临远阜，这中间又多是树枝槎桠的杂木树林；在这一幅冬日农村的图上，再洒上一层细得同粉也似的白雨，加上一层淡得几不成墨的背景，你说还够不够悠闲？若再要点景致进去，则门前可以泊一只乌篷小船，茅屋里可以添几个喧哗的酒客，天垂暮了，还可以加一味红黄，在茅屋窗中画上一圈暗示着灯光的月晕。人到了这一个境界，自然会得胸襟洒脱起来，终至于得失俱亡，死生不同了：我们总该还记得唐朝那位诗人做的"暮雨潇潇江上树"的一首绝句罢？诗人到此，连对绿林豪客都客气起来了，这不是江南冬景的迷人又是什么？

一提到雨，也就必然的要想到雪："晚来天欲雪，能饮一杯无？"自然是江南日暮的雪景。"寒沙梅影路，微雪酒香村"，则雪月梅的冬宵三友，会合在一道，在调戏酒姑娘了。"柴门村犬吠，风雪夜归人"，是江南雪夜，更深人静后的景况。"前树深雪里，昨夜一枝开"又到了第二天的早晨，和狗一样喜欢弄雪的村童来报告村景了。诗人的诗句，也许不尽是在江南所写，而做这几句诗的诗人，也许不尽是江南人，但假了这几句诗来描写江南的雪景，岂不直截了当，比我这一枝愚劣的笔所写的散文更美丽得多？

有几年，在江南，在江南也许会没有雨没有雪的过一个冬，到了春间阴历的正月底或二月初再冷一冷下一点春雪的；去年（一九三四）的冬天是如此，今年的冬天恐怕也不得不然，以节气推算起来，大约大冷的日子，将在一九三六年的二月尽头，最多也总不过是七八天的样子。像这样的冬天，乡下人叫作旱冬，对于麦的收成或者好些，但是人口却要受到损伤；旱得久了，白喉，流行性感冒等疾病自然容易上身，可是想恣意享受江南的冬景的人，在这一种冬天，倒只会得到快活一点，因为晴和的日子多了，上郊外去闲步逍遥的机会自然也多；日本人叫作 Hiking，德国人叫作 Spaziergang 狂者，所最欢迎的也就是这样的冬天。

窗外的天气晴朗得像晚秋一样：晴空的高爽，日光的洋溢，引诱得使你在房间里坐不住，空言不如实践，这一种无聊的杂文，我也不再想写下去了，还是拿起手杖，搁下纸笔，上湖上散散步罢！

一九三五年十二月一日

【注释】

①郁达夫（1896—1945年）原名郁文，字达夫，幼名阿凤，浙江富阳人，中国现代作家、革命烈士。郁达夫是新文学团体创造社的发起人之一，一位为抗日救国而殉难的爱国主义作家。在文学创作的同时，还积极参加各种反帝抗日组织，先后在上海、武汉、福州等地从事抗日救国宣传活动，其文学代表作有《怀鲁迅》《沉沦》《故都的秋》《春风沉醉

的晚上》《过去》《迟桂花》等。1952 年，中华人民共和国中央人民政府追认郁达夫为革命烈士。1983 年 6 月 20 日，民政部授予其革命烈士证书。

【作品赏析】

国画大师刘海粟曾说过："青年画家不精读郁达夫的游记，画不了浙皖的山水；不看钱塘、富阳、新安，也读不通郁达夫的妙文。"这是对郁达夫写景散文的高度评价。《江南的冬景》一文比较明显地体现了郁达夫散文的美学特征：行文如行云流水，自然有致，笔随意转，舒卷自如，胸怀磊落，诚挚坦白，抒情性强。

本文创作于 1935 年，是郁达夫南迁杭州之后写下的散文名篇。共写了曝背谈天图、冬郊植被图、寒村微雨图、江南雪景图、冬日散步图。作者从不同角度，刻画了不同时间、不同场合、不同天气下的江南的冬景，午后的温暖，蕴藏生机的大地，雨中的迷蒙，雾中的情趣，等等，表现了作者对江南冬景的钟爱。

江南的冬景：温润、晴暖、优美。北国与江南的冬天的比较，突出了江南冬天的晴暖温和，渲染北国冬天所不能提供的屋外曝背谈天的乐趣：江南冬天与秋天的比较，作者将江南的冬景比作北方的夏夜，有那种"明朗的情调"。闽粤等地的冬天与作者所说的江南的冬天的比较，作者将他所感受到的"江南的冬景"做了更明确的区域界定；德国与江南的寒郊散步的比较，这和后文提到的散步形成呼应。比较的着眼点各不相同，但都突出了作者所钟爱的江南冬景的主要特征。

屋外曝背谈天图：太阳照，小鸟叫，哪像冬天？如此晴暖温和的天气倒像是在春天，更有屋外空地里的那老翁小孩，也许是祖孙俩，正逗玩得高兴，也许远处的白霜还没有全化去，但是一种和乐融融的气氛已经弥漫在画面里了。如此晴暖和煦的冬天，确实可爱。

冬郊植被图：这里描绘的是一幅充满生气的明丽的画面。在丰腴润泽的江南冬郊的青天碧落下，有白色的芦花，有红叶，有顶着白色乌桕籽的乌桕树，还有顶部赭色、根部带点绿意的小草。作者将充满生气的色彩点染到了画里，使整个画面明丽了起来，泛出了生气。以色彩入文，给画着色。

寒村微雨图：运用（淡笔写意）虚实相生、侧面烘托。小桥流水人家、孤村细雨细树、乌篷茅屋酒客（长桥、乌篷小船、细雨、灯晕），色彩朴素淡雅、意境朦胧悠远、诗中有画，画中有诗。——悠闲、洒脱、得失俱亡。虚实相生是营造意境的主要方法之一。在本画面中，"秋收过后"是时间，"河流边三五人家会聚的小村子"是地点，"门对长桥窗临远阜""树枝槎桠的杂木树林"等构成了冬日农村图景，是实景。在这个实景上，作者"洒上一层细得同粉也似的白雨……月晕"这些虚景，使实在的冬日农村图景具有了"微雨寒村"的意境。

江南雪景图：这幅画，作者并没有从正面去刻画，而是巧妙地引用了前人的诗句来表现江南冬景的意境。作者巧用前人诗句，以补散文没有说尽的余意，使文章跌宕多姿：时而使人沉浸在古典诗词的意境中，时而又将人带进优美的画境里，取得以少胜多的效果。围炉对酒、月映梅花、美酒飘香、柴门犬吠、行人投宿、雪中红梅、村童弄雪。色彩浓淡相宜，淡雅高洁，优美宁静。

📖 **课后思考** ▶▶▶▶

1. 举例说明本文睹物成像、层层点染、虚实结合的写法。

2. 20世纪30年代的中国风雨飘摇，为什么作者把江南的冬景写得这般可爱，他真的会有这样幽静闲适的心境吗？

再别康桥①

视频：再别康桥

徐志摩②

轻轻的我走了，
正如我轻轻的来；
我轻轻的招手，
作别西天的云彩。

那河畔的金柳，
是夕阳中的新娘；
波光里的艳影，
在我的心头荡漾。

软泥上的青荇，
油油的在水底招摇；
在康河的柔波里，
我甘心做一条水草！

那榆荫下的一潭，
不是清泉，是天上虹；
揉碎在浮藻间，
沉淀着彩虹似的梦。

寻梦？撑一支长篙，
向青草更青处漫溯；
满载一船星辉，
在星辉斑斓里放歌。

但我不能放歌，

悄悄是别离的笙箫；

夏虫也为我沉默，

沉默是今晚的康桥！

悄悄的我走了，

正如我悄悄的来；

我挥一挥衣袖，

不带走一片云彩。

【注释】

①本篇选自上海新月书店 1931 年版《猛虎集》。康桥，现通译为"剑桥"，英国剑桥大学所在地。徐志摩于 1921 年入剑桥大学学习，在此度过了一段美好时光，对剑桥感情很深，1922 年 8 月回国前曾写有长诗《康桥再会吧》。1928 年徐志摩再度游历英国，在康桥河畔流连。归国途中在海轮上写下《再别康桥》。

②徐志摩（1896—1931 年），原名徐章序，浙江省海宁市人。他出生于一个封建色彩浓厚的富商家庭。1916 年入天津北洋大学就读，次年并入北京大学。1918 年赴美留学，攻银行学及社会学。这时他有爱国意识，希望学成后有益于国家和民族。1920 年由美抵英，先入伦敦大学政治经济学院学习，后转入剑桥大学研究院进修，受英国贵族社会氛围和唯美主义艺术的影响，改变了当金融家的初衷，兴趣转向新诗的写作。1922 年回国，先后在北京大学、光华大学、大夏大学等校任教授。1923 年与胡适等人在北平发起并成立新月社，编辑《晨报》副刊。发表《沙扬娜拉》《雪花的快乐》等诗，1925 年出版第一部诗集《志摩的诗》。1926 年任《晨报·诗镌》主编，同时与胡适等人创办新月书店，任《新月》月刊总编辑，成为"新月派"的中坚。此时诗风趋于成熟，发表诗作《偶然》《再别康桥》等。1931 年因飞机失事遇难。

【作品赏析】

1. 气氛、感情、景象三者融为一体。

《再别康桥》写的是诗人的离别愁绪，突出的感情是一个"别"字；这首诗只着色绘景而不摹声，以"轻轻""悄悄""沉默"造成一种寂然无声的寂静环境，一种为离别创造的特殊气氛；诗歌重点写的是康桥的康河，通过"金柳""青荇""波光""清泉""彩虹""星辉"的具体形象，由近及远、由上而下地勾勒出康河的别致景观；对"撑篙"的追忆，更是诗人在感到理想破灭后，伤感无奈的"寻梦"联想。诗人巧妙地把气氛、感情、景象三者融为一体，创造出耐人寻味的意境。

2. "三美"诗学主张体现。

（1）音乐美，是对诗歌的音节而言，朗朗上口，错落有致。全诗共七节，每节四行，每行两到三个节拍，节奏非常鲜明；每节二、四行押韵，每节自然换韵，追求音节的波动和旋律感，读来抑扬顿挫，朗朗上口；"轻轻""悄悄"等叠字的反复运用，增强了诗歌轻盈的节奏；诗首节和末节，语意相似，节奏相同。

（2）绘画美，是指诗的语言多选用有色彩的词语。《再别康桥》是一幅美丽的无形画，诗人使用色彩较为绚丽的词语，给读者带来视觉上美的享受，如向西天的云彩轻轻招手作别，河畔的金柳在康河里的倒影，康河水底招摇的水草，榆树下长满浮藻的青潭，等等；通过动作性很强的词语，如"招手""荡漾""招摇""揉碎""漫溯""挥一挥"等，使每一幅画面都变成动态的画面，给读者立体感。

（3）建筑美，是节的匀称和句的整齐。《再别康桥》共七节，四行一节，每节两句，每一节诗行的排列两两错落有致，每句的字数基本上是六七字（间有八字句），于参差变化中见整齐。

课后思考

1.《再别康桥》是徐志摩的名篇之一，多年来被人们所欣赏，试从中举例简析诗歌融情于景的特点。

2. 自古写离别诗之作可谓是数不胜数，你比较熟悉的还有哪些诗句？徐志摩的这首诗与其他送别诗相比，在送别的对象上有什么不一样？

雨 巷①

戴望舒②

视频：雨巷

撑着油纸伞，独自
彷徨在悠长、悠长
又寂寥的雨巷，
我希望逢着
一个丁香一样的
结着愁怨的姑娘。

她是有
丁香一样的颜色，
丁香一样的芬芳，
丁香一样的忧愁，
在雨中哀怨，
哀怨又彷徨。

她彷徨在这寂寥的雨巷，
撑着油纸伞
像我一样，

像我一样地，
默默彳亍③着
冷漠，凄清，又惆怅。

她静默地走近
走近，又投出
太息一般的眼光；
她飘过
像梦一般地，
像梦一般地凄婉迷茫。

像梦中飘过
一枝丁香地，
我身旁飘过这女郎；
她静默地远了，远了，
到了颓圮④的篱墙，
走尽这雨巷。

在雨的哀曲里，
消了她的颜色，
散了她的芬芳，
消散了，甚至她的
太息般的眼光，
丁香般的惆怅。

撑着油纸伞，独自
彷徨在悠长、悠长
又寂寥的雨巷，
我希望飘过
一个丁香一样地
结着愁怨的姑娘。

【注释】

①《雨巷》作于1927年夏，最初刊于1928年《小说月报》第19卷第8号。大革命失败后，戴望舒遭到国民党的通缉，避难江苏松江，虽精神彷徨、迷惘，但仍不甘消沉，执着地探求真理，《雨巷》就是在如此心境下创作的。此诗一经发表，即引起轰动，戴望舒也因此获得了"雨巷"诗人的称号。

②戴望舒（1905—1950年），名承，字朝安，小名海山。浙江杭州人。中国现代派代

表诗人之一。著有诗集《我的记忆》《望舒草》《望舒诗稿》《灾难的岁月》等。

③彳亍（chì chù）：小步慢走的样子。

④颓圮（tuí pǐ）：倒塌。

【作品赏析】

《雨巷》通过营造一个"梦一般地凄婉迷茫"的审美意境，表达了一种产生于哀怨彷徨、低回自怜中的丝丝朦胧理想和浪漫情愫，是诗人当时看不到前进方向却又不甘沉沦的心境的真实写照，含蓄而隐晦地揭示了一代知识青年当时消极而又真实的思想与情绪，再现了他们在大革命失败后"希望—追寻—失望—再希望"的心路历程。

《雨巷》是一首优美的象征主义诗歌，诗中的"雨巷""丁香""姑娘"三个意象有着丰富的象征意义。悠长、悠长而又寂寥的"雨巷"作为中心意象，朦胧而富有象征意味，不仅营构成作品的整体氛围，而且还通过一个真实可信的"我"，去寻找幻影中的"丁香姑娘"，表达了诗人对美的追寻，和在追寻中无可依附的缥缈感情与理想幻灭时的那种难以名状的痛苦。"丁香"作为诗人情绪载体的另一象征性意象，她"忧愁"，"哀怨又彷徨"，像我一样在雨巷中"默默彳亍着"，"冷漠，凄清，又惆怅"。很显然，丁香在诗中成了诗人人生理想的象征。"姑娘"作为一个梦幻中的情人形象，在"我"的想象中，她美丽又有着"丁香一样的忧愁"，她"哀怨又彷徨"，像在雨巷中的我一样。实际上，她是诗人情绪的对象化，是诗人理想的知音。

《雨巷》成功地将象征主义与古典抒情方式融合。戴望舒有着我国古典诗词的功底和法国象征派诗歌的素养，这使他的诗歌喜欢用象征手法抒情，追求意象的朦胧。《雨巷》里的许多形象，就既有着丰富的象征意义，又富有凄婉迷茫的审美意蕴。就"丁香"这一意象而言，"丁香"出自中国古代诗词，李商隐的《代赠》中有："芭蕉不展丁香结，同向春风各自愁。"李璟的《摊破浣溪沙》（手卷真珠上玉钩）中有："青鸟不传云外信，丁香空结雨中愁。"在《雨巷》中，诗人既保留了古代诗人以丁香喻愁的特性，又采用象征手法突破了丁香的这一特性，将其转化成人生理想的象征，不仅抒发了自己丰富复杂的情感，而且还进一步扩展了诗的情绪空间与表现空间。

本诗极富音乐性。它音节优美，韵脚和谐，每节押韵两至三次，同时还以复沓、重复等手法来强化全诗的音乐感。叶圣陶在初次编发这首诗时就极为欣赏地夸赞它"替新诗的音节开了一个新的纪元"。

课后思考

1. 以戴望舒为代表的"现代派"诗歌在创作上有什么特点？

2. 如何理解《雨巷》中雨巷、油纸伞、篱墙、丁香、姑娘的意象？

荷塘月色

视频：荷塘月色

朱自清[1]

这几天心里颇不宁静。今晚在院子里坐着乘凉，忽然想起日日走过的荷塘，在这满月的月光里，总该另有一番样子吧。月亮渐渐地升高了，墙外马路上孩子们的欢笑，已经听不见了；妻在屋里拍着闰儿，迷迷糊糊地哼着眠歌。我悄悄地披了大衫，带上门出去。

沿着荷塘，是一条曲折的小煤屑路。这是一条幽僻的路；白天也少人走，夜晚更加寂寞。荷塘四面，长着许多树，蓊蓊郁郁的。路的一旁，是些杨柳，和一些不知道名字的树。没有月光的晚上，这路上阴森森的，有些怕人。今晚却很好，虽然月光也还是淡淡的。

路上只我一个人，背着手踱着。这一片天地好像是我的；我也像超出了平常的自己，到了另一世界里。我爱热闹，也爱冷静；爱群居，也爱独处。像今晚上，一个人在这苍茫的月下，什么都可以想，什么都可以不想，便觉是个自由的人。白天里一定要做的事，一定要说的话，现在都可不理。这是独处的妙处，我且受用这无边的荷香月色好了。

曲曲折折的荷塘上面，弥望的是田田的叶子。叶子出水很高，像亭亭的舞女的裙。层层的叶子中间，零星地点缀着些白花，有袅娜地开着的，有羞涩地打着朵儿的；正如一粒粒的明珠，又如碧天里的星星。微风过处，送来缕缕清香，仿佛远处高楼上渺茫的歌声似的。这时候叶子与花也有一丝的颤动，像闪电一般，霎时传过荷塘的那边去了。叶子本是肩并肩密密地挨着，这便宛然有了一道凝碧的波痕。叶子底下是脉脉的流水，遮住了，不能见一些颜色；而叶子却更见风致了。

月光如流水一般，静静地泻在这一片叶子和花上。薄薄的青雾浮起在荷塘里。叶子和花仿佛在牛乳中洗过一样；又像笼着轻纱的梦。虽然是满月，天上却有一层淡淡的云，所以不能朗照；但我以为这恰是到了好处——酣眠固不可少，小睡也别有风味的。月光是隔了树照过来的，高处丛生的灌木，落下参差的斑驳的黑影，峭楞楞如鬼一般；弯弯的杨柳的稀疏的倩影，却又像是画在荷叶上。塘中的月色并不均匀；但光与影有着和谐的旋律，如梵婀玲上奏着的名曲。

荷塘的四面，远远近近，高高低低都是树，而杨柳最多。这些树将一片荷塘重重围住；只在小路一旁，漏着几段空隙，像是特为月光留下的。树色一例是阴阴的，乍看像一团烟雾；但杨柳的丰姿，便在烟雾里也辨得出。树梢上隐隐约约的是一带远山，只有些大意罢了。树缝里也漏着一两点路灯光，没精打采的，是渴睡人的眼。这时候最热闹的，要数树上的蝉声与水里的蛙声；但热闹是它们的，我什么也没有。

忽然想起采莲的事情来了。采莲是江南的旧俗，似乎很早就有，而六朝时为盛；从诗歌里可以约略知道。采莲的是少年的女子，她们是荡着小船，唱着艳歌去的。采莲人不用说很多，还有看采莲的人。那是一个热闹的季节，也是一个风流的季节。梁元帝《采莲赋》里说得好：

于是妖童媛女，荡舟心许；鹢首徐回，兼传羽杯；櫂将移而藻挂，船欲动而萍开。尔其纤腰束素，迁延顾步；夏始春余，叶嫩花初，恐沾裳而浅笑，畏倾船而敛裾。

可见当时嬉游的光景了。这真是有趣的事，可惜我们现在早已无福消受了。

于是又记起，《西洲曲》里的句子：

采莲南塘秋，莲花过人头；低头弄莲子，莲子清如水。

今晚若有采莲人，这儿的莲花也算得"过人头"了；只不见一些流水的影子，是不行的。这令我到底惦着江南了。——这样想着，猛一抬头，不觉已是自己的门前；轻轻地推门进去，什么声息也没有，妻已睡熟好久了。

【注释】

①朱自清（1898—1948年），现代著名诗人、散文家、学者、民主战士。原名自华，字佩弦，号秋实，笔名余捷、知白等，原籍浙江绍兴，1898年11月22日生于江苏东海县。出身书香门第。其祖父朱则余，号菊坡，原籍绍兴，本姓余，因承继朱氏，遂姓朱。主要作品有《雪朝》《踪迹》《背影》《春》等。

【作品赏析】

《荷塘月色》之所以美，就在于作品营造出了一个深邃清幽的意境。散文的意境有三个必备的要素，即语言的真切，景物的真实，情感的真挚。本文正是以真切的语言描绘一幅真实的景物，抒发出了长期郁积于内心深处的真挚的情感。赏析本文也就必须从这"三真"入手，而在这"三真"中，对语言的真切的分析又当为揭示其他"二真"的必由门径。

一 以真言写真景

《荷塘月色》描写了哪些景物呢？文题标得明白：一是荷塘，一是月色。在历代诗文中写荷塘的不少，写月色的更多。但本文的"荷塘""月色"绝对区别于其他的"荷塘""月色"。这里的荷塘不会是"接天莲叶无穷碧，映日荷花别样红"；这里的月色也不能是"玉户帘中卷不去，捣衣砧上拂还来"。这里的荷塘是"月下的荷塘"，这里的月色是"荷塘的月色"。正因为作品鲜明地突出了景物的特色，生动真实地再现了特定环境下的特定景物，文章所要抒发的真挚感情才有可靠的寄托，才让读者感到真实亲切。

先看对荷叶的描写："叶子出水很高，像亭亭的舞女的裙。"如果我们抛开特定的环境，用"青翠的玉盘"来比喻荷叶行吗？当然行，而且表现力还相当强。这样的描写既绘出了荷叶的色，又表现了荷叶的质，还状摹了荷叶的形。然而这种比喻只好在朝霞、夕照里，或蒙蒙细雨中，绝不能在淡淡在月光下。夜不辨色，更难辨质，月色中所见的荷叶，主要是其自然舒展的形态，与裙十分相似。

写荷花，原文连用了三个比喻："层层的叶子中间，零星地点缀着些白花，有袅娜地开着的，有羞涩地打着朵儿的；正如一粒粒明珠，又如碧天里的星星，又如刚出浴的美人。"文章在收入教材时删去了最后一喻。这一喻有什么不妥呢？荷花娇艳华贵，堪以美人作比。宋代诗人杨成里的《莲花》诗中就有"恰如汉殿三千女，半是浓妆半淡妆"的句子。但在这里不行。朦胧的月色中把荷花看成美人，而且是刚出浴的，这样的感觉肯定不是真实的。相反，若不是在朦胧的月色中，而将荷花比作"明珠"和"星星"也有几分牵强。

文章这样描写荷香："微风过处，送来缕缕清香，仿佛远处高楼上渺茫的歌声似的。"这种断断续续，似有似无的感觉绝不会产生于书声琅琅的清晨，也不会产生于阳光刺目的中午，只能产生于"墙外马路上孩子们的欢笑，已经听不见了"的寂静的月夜。我们再看另一个写花香的句子："这里除了光彩，还有淡淡的清香，香气似乎也是淡紫色的，梦幻一般轻轻地笼罩着我。"（《紫藤萝瀑布》）这是灿烂阳光下的花香，紫色的花儿正"在和阳光互相挑逗"着，满目耀眼的紫色刺激得作者生出"香气也是淡紫色的"这样的感觉显得十分自然。

直接描写月光的只有一句，本文多是以影写月，这也是被历代文人所称道的表现技法。"高处丛生的灌木，落下参差的斑驳的黑影；弯弯的杨柳的倩影，却又像是画在荷叶上。塘中的月色并不均匀；但光与影有着和谐的旋律，如梵阿玲上奏着的名曲。"这里的黑影参差且斑驳，给人一种摇荡起伏的感觉。为什么？就因为它是落在荷塘里。荷塘里"微风过处……叶子与花也有一丝的颤动，像闪电般，霎时传过荷塘那边去了，叶子本是肩并肩密密地挨着，这便宛然有了一道凝碧的波痕"。黑影落在这波痕上面，当然更显参差和斑驳。也正因为荷塘处于这种动态，杨柳的倩影才象"画"而不是"印"在荷叶上。也正因为有了那道凝碧的波痕，光与影现出一条条五线谱似的曲线，让人联想到"梵阿玲上奏着的名曲"。

二 以真言抒真情

文坛许多作家为了写出不朽之作，都刻意追求作品能反映自己的真情实感，但文章写出来，又往往给人矫揉造作之嫌。其中的原因当然是多方面的，而一个重要的原因则是缺乏精深的语言功力，以至造成一字不稳，真情尽失的遗恨。《荷塘月色》一文则能以准确贴切的语言，抒发出作者因置身于良辰美景而生出的"淡淡的喜悦"，以及社会带来的又终究难以排遣的"淡淡的哀愁"。

荷塘月色是美妙温馨的，这样的景色当然能给人以喜悦。本文少有直接抒情的句子，但透过写景的词语便不难体察作者当时喜悦的心情。叶子像裙，裙又是"亭亭的舞女的"；花是"袅娜"地开着，"羞涩"地打着朵儿；花香似"歌声"，光与影如"名曲"。这些词语哪个不饱含喜悦色彩？但这种喜悦毕竟是"淡淡的"，没有激动和狂喜。上节提到的删去的"刚出浴的美人"一喻，除了它有悖于特定的环境外，也与"淡淡的喜悦"这一特定的情感不谐。试想，面前立一群"刚出水的美人"，表现出的喜悦还能是"淡淡的"吗？

在整个写景过程中一直充溢着这种"淡淡的喜悦"，但原文在"落下参差的斑驳的黑影"后还有一句"峭楞楞如鬼一般"；仅此一句，就足以搅扰了温馨的美景，破坏了喜悦的心情。峭楞楞的鬼影带给人的只有恐怖，没有喜悦，就连那"淡淡的哀愁"也不会由此产生，更不会生出"梵阿玲上奏着的名曲"如此美妙的联想。

尽管身处良辰美景，到底无法排遣"淡淡的哀愁"。"一个人在苍茫的月光下，什么都可以想，什么都可以不想，便觉是个自由的人。"语中置一"觉"字，文章便增添了无穷意味；少这一字，则真成了自由的人，那就只有喜悦，没了哀愁。还有，"白天一定要做的事，一定要说的话，现在都可以不理"中的两个"一定"，更能表现出作者内心深处难言的苦衷。

在对美景的描写过程中应该尽是喜悦了吧？也不尽然。看这句："树缝里也漏着一两点路灯的光，没精打彩的，是渴睡人的眼。"描写路灯，尽选消极的词语和事物，而且句式舒缓，语调低沉，读者从字里行间似乎能听到作者无可奈何的叹息声。同是写灯，《我的空中楼阁》是这样的语言："山下的灯把黑暗照亮了，山上的灯把黑暗照淡了，淡如烟，淡如雾，山也虚无，树也缥缈。"句式整齐，节奏明快，在这如歌的行板中洋溢着作者按捺不住的喜悦。以上两段描写，词语当然不能互换，就连句式也绝不能互调。

课后思考 ▶▶▶▶▶

1. 作者写荷塘边的小路，着重描写了它怎样的特点？
2. "没有月光的晚上，这路阴森森的，有些怕人。"为什么作者说"今晚却很好，虽然月光也还是淡淡的"？
3. 说说作者领略到的"独处的妙处"指什么？

福 贵

赵树理

福贵这个人，在村里比狗屎还臭。村里人说他第一个大毛病是手不稳：比方他走到谁院里，院里的人总要眼巴巴看着他走出大门才放心，他打谁地里走过，地里的人就得注意一下地头堰边放的烟袋衣服；谁家丢了东西，总要到他家里闲转一趟；谁家丢了牲口，总要先看看他在家不在……不过有些事大家又觉着非福贵不行：谁家死了人，要叫他去穿穿衣裳；死了小孩，也得叫他给送送；遇上埋殡死人，抬棺打墓也都离不了他。

说到庄稼活，福贵也是各路精通，一个人能抵一个半，只是没人能用得住他——身上有两毛钱就要去赌博，有时候谁家的地堰塌了大壑，任凭出双工钱，也要请他去领几天工——经他补过的壑，很不容易再塌了。可是就在用他的时候，也常常留心怕他顺便偷了什么家具。

后来因为他当了吹鼓手，他的老家长王老万要活埋他，他就偷跑了，直到去年敌人投降以后，八路军开到他村一个多月他才回来。我们的区干部初到他村里，见他很穷，想叫他找一找穷根子，可是一打听村里人，都一致说他是个招惹不得的坏家伙，直到好多的受苦受难的正派人翻身以后，区干部才慢慢打听出他的详细来历。

一

福贵长到十二岁，他爹就死了，他娘是个把家成人的人，纺花织布来养活福贵。福贵是好孩子，精干、漂亮，十二三岁就学得锄苗，十六七岁做手头活就能抵住一个大人，只是担挑上还差一点。就在这时候，他娘又给他订了个九岁的媳妇。这闺女叫银花，娘家也很穷，爹娘早就死了，哥嫂养活不了她，一订好便送过来作童养媳。不过银花进门以后却没有受折磨——福贵娘是个明白人，又没有生过闺女，因此把媳妇当闺女看待。

村里有自乐班，福贵也学会了唱戏——从小当小军，长大了唱正生，唱得很好。银花来了第二年正月十五去看戏，看到福贵出来，别的孩子们就围住她说："银花！看！你女婿出来了!”说得她怪不好意思,后来惯了,也就不说那个了。

银花头几年看戏,只是小孩子看热闹;后来大了几岁,慢慢看出点意思来——倒不是懂得戏,是看见自己的男人打扮起来比谁都漂亮——每逢庙里唱自己村里的自乐班,不论怎样忙,总想去看看,嫌怕娘说,只看到福贵下了台就回来了。有一次福贵一直唱到末一场,她回来误了做饭,娘骂了一顿,她背地里只是笑。别人不留意,福贵在台上却看出她的心事来,因此误了饭也不怪她,只悄悄地笑着跟她说一句“不能早些回来”?

<h2 style="text-align:center">二</h2>

福贵长到二十三,他娘得了病,吃上东西光吐。她自己也知道好不了,东屋婶也说该早点准备,福贵也请万应堂药店的医生给看了几次,吃了几服药也不见效。

一天,福贵娘跟东屋婶说:“我看我这病也算现成了。人常说:‘吃秋不吃夏,吃夏不吃秋’,如今是七月天,秋快吃得了,恐怕今年冬天就过不去。”东屋婶截住她的话道:“嫂!不要胡思乱想吧!哪个人吃了五谷能不生灾?”福贵娘说:“我自己的病自己明白。死我倒不怕!活了五六十岁了还死不得啦?我就只有一件心事不了:给福贵童养了个媳妇在半坡上滚,不成一家人。这闺女也十五了,我想趁我还睁着眼给她上上头,不论好坏也就算把我这点心尽到了。只是咱这小家人,少人没手的,麻烦你到那时候给我招呼招呼!”东屋婶满口称赞,又问了日期,答应给她尽量帮办。

七月二十六是福贵与银花结婚的日子,银花娘家哥哥也来送女。银花借东屋婶家里梳装上轿,抬在村里转了一圈,又抬回本院,下了轿往西屋去,堂屋里坐着送女客,请老家长王老万来陪。福贵娘嫌豆腐粉条不好,特别杀了一只鸡,做了个火锅四碗。

不论好坏吧,事情总算办过了。福贵和银花是从小就混熟了的,两个人很合得来,福贵娘觉着满高兴。

不过仍不出福贵娘所料,收过了秋,天气一凉病就重起来——九月里穿起棉袄,还是顶不住寒气,肚子里一吃东西就痛,一痛就吐,眼窝也成黑的了,颧骨也露出来了。东屋婶跟福贵说:“看你娘那病恐怕不中了,你也该准备一下了。”福贵也早看出来,就去寻王老万。

王老万说:“什么都现成。”王老万的“万应堂”是药铺带杂货,还存着几口听缺的杨木棺材。可是不论你用什么,等到积成一个数目,就得给他写文书。王老万常教训他自己的孩子说:“光生意一年能见几个钱?全要靠放债,钱赚钱比人赚钱快得多。”

将就收罢秋,穰草还没有铡,福贵娘就死了。银花是小孩子,没有经过事,光会哭。福贵也才二十三岁,比银花稍强一点,可是只顾央人抬棺木,请阴阳,顾不得照顾家里。幸亏有个东屋婶,帮着银花缝缝孝帽,挂挂白鞋,坐坐锅,赶赶面,才算把一场丧事忙乱过去。连娶媳妇带出丧,布匹杂货钱短下王老万十几块,连棺木一共算了三十块钱,给王老万写了一张文书。

<h2 style="text-align:center">三</h2>

小家人一共四亩地,没有别的指望,怕还不了老万的钱,来年就给老万住了半个长工。银花从两条小胳膊探不着纺花车时候就学纺花,如今虽然不过十六岁,却已学成了纺织好手。小两口子每天早上起来,谁也不用催谁,就各干各的去了。

老万一共雇了四个种地伙计,老领工伙计说还数福贵,什么活一说就通。老领工前十来年是好把式，如今老了，做起吃力活来抵不住福贵，不过人家可真是通家，福贵跟人家学了好多本领。

不幸因为上一年福贵办了婚丧大事，把家里的粮食用完了，这一年一上工就借粮，一直借到割麦。十月下工的时候，老万按春天的粮价一算，工钱就完了，净欠那三十块钱的利钱十块零八毛。三十块钱的文书倒成四十块，老万念其一来是本家，二来是东家伙计，让了八毛利。

福贵从此好像两腿插进沙窝里，越圪弹越深，第四年便滚到九十多块钱了。十月里算账，连工钱带自己四亩地余下的粮食一同抵给老万还不够。

这年正月初十，银花生了头一个孩子。银花娘家只有个嫂，正月天要在家招呼客人，不能来，福贵只好在家给她熬米汤。

粮食已经给老万顶了利，过了年就没吃的。银花才生了孩子，一顿米汤只用一把米，福贵自己不能跟她吃一锅饭，又不敢把熬米汤的升把米做稠饭吃，只好把银花米汤锅里剩下的米渣子喝两口算一顿。银花见他两天没吃饭，只喝一点米渣子，心疼得很，拉住他的胳膊直哭。

四

十四那一天，自乐班要在庙里唱戏，打发人来叫福贵。福贵这时候正饿得心慌，只好推辞道："小孩子才三四天，家里离不了人照应。"白天对付过去了，晚上非他不行，打发人叫了几次没有叫来，叫别人顶他的角，台底下不要。有些人说："本村唱个戏他就拿这么大的架子！抬也得把他抬来！"

东屋婶在厢房楼上听见这话，连忙喊道："你们都不知道！不是人家孩子的架子大！人家家里没吃的。三四天没有吃饭，只喝人家媳妇点米渣渣，哪能给咱们唱？"东屋婶这么一喊叫，台上台下都乱说："他早不说？正月天谁还不能给他拿个馍？"东屋婶说："这孩子脸皮薄，该不是不想说那丢人话啦？我给人家送个馍人家还嫌不好意思啦！"老万在社房里说："再去叫吧！跟他说明，来了叫他到饭棚底吃几个油糕，社里出钱！"问题是算解决了，社里也出几个钱，唱戏的朋友们也给他送几个馍，才供着他唱了这三天戏。社里还有个规矩：每正月唱过戏，还给唱戏的人一些小费，不过也不多，一个人不过分上一两毛钱，福贵是个大把式，分给他三毛。

那时候还是旧社会，正月天村里断不了赌博。十七这一天前响，他才从庙里分了三毛钱出来，一伙爱赌博的青年孩子们把他拦住，要跟他耍耍钱。他心里不净，急着要回去招呼银花，这些年轻人偏偏要留住他，有的说他撇不下老婆，有的说他舍不得三毛钱——话都说得不好听："三毛钱是你命？""不能给人家老婆攒体己？"说得他也不好意思走开，就跟大家跌起钱来。他是个巧人，忖得住手劲，当小孩子时候，到正月天也常跟别的孩子们耍，这几年日子过得不趁心才不耍了。他跟这些年轻人跌了一会，就把他们赢干了，数了数赢够一块多钱。

五

回到家，银花说："老领工刚才来找你上工。他说正月十五也过了，今年春浅，掌柜说叫早些上工啦！"福贵说："住不住吧不是白受啦！咱给人家住半个，一月赚人家一块半；咱欠人家九十块，人家一月赚咱三块六，除给人家受了苦，见一月还得贴两块多。几时能贴到头？"银花说："不住不是贴得越多吗？"福贵说："省下些工担担挑挑还能寻个活钱。"银花说："寻来活钱不还是给人家寻吗？这日子真不能过了呀？"福贵说："早就不能过了，你才知道？"

他想住也是不能过，不住也是不能过，一样不能过，为什么一个活人叫他拴住？"且不给他住，先去籴二斗米再说！"主意一定，向银花说明，背了个口袋便往往集上去。

打村头起一个光棍家门口过，听见有人跌钱，拐进去一看，还是昨天那些青年。有一人跑来拦住他道："你这人赌博真不老实！昨天为什么赢了就走，真不算人！"福贵说："你输干了，叫我跟你赌嘴？"说着就回头要走，这青年死不放，一手拉着他，一手拍着自己口袋里的铜元道："骗不了你！只要你有本事，还是你赢的！"

福贵走不了，就又跟他们跌了一会，也没有什么大输赢。这时候，外边来了个大光棍。挤到场上下了一块现洋的注，小青年谁也不敢叫他这一注，慢慢都抽了腿，只剩下四五个人。福贵正预备抽身走，刚才拉他那个青年又在他背后道："福贵！你只能捉弄我，碰上一个大把式就把你的戏煞了！"福贵最怕人说他做什么不如人，怄着气跌了一把，恰恰跌红了，杀过一块场洋来。那人又从大兜肚里掏出两块来下在注上叫他复。他又不好意思说注太大，硬着头皮复了一把，又杀了。那人起了火，又下了五块，他战战兢兢又跌了一把，跌了两个红一个皮，码钱转到别人手里。这时候，老领工又寻他上工，他说："迟迟再说吧！我还不定住不住啦！"那个青年站在福贵背后向老领工道："你不看这是什么时候？赢一把抵住受几个月，输一把抵住歇几个月，哪里还能看起那一月一块半工钱来？"老领工没有说什么走了。

隔了不大一会，一个小孩从门外跑进来叫道："快！老村长来抓赌来了！"一句话说得全场的人，不论赌的看的，五零四散跑了个光，赶老万走到院里，一个人也不见了。

晚上，福贵买米回来，老万打发领工叫他到家，好好教训了他一番，仍叫他给自己住。他说："住也可以，只要能借一年粮。"老万合算了一下："四亩地打下的粮不够给自己上利，再借下粮指什么还？不合算，不如另雇个人。"这样一算，便说："那就算了，不过去年的利还短七块，要不住就得拿出来！"福贵说："四亩地干脆缴你吧！我种反正也打得不够给你！"就这么简单。迟了一两天，老万便叫伙计往这地里担粪。

福贵这几年才把地堰叠得齐齐整整的，如今给人家种上了，不看见不生气，再也不愿到地里去。可是地很近，一出门总要看见，因此常钻在赌场不出来，赌不赌总要去散散心。这样一来二去，赌场也离不了福贵，手不够就要来叫他配一配。

六

福贵从此以后，在外多在家少，起先还只在村子里混，后来别的光棍也常叫上他到外村去，有时候走得远了，三月两月不回来。东屋婶跟银花说："他再回来劝一劝他吧！人漂流的时候长了，就不能受苦了！"银花有一回真来劝他，他说："受不受都一样，反正是个光！"他有了钱也常买些好东西给银花跟孩子吃，输了钱任凭饿几天也不回来剥削银花。他常说他干的不是正事，不愿叫老婆孩子跟他受累。银花也知道他心上不痛快，见他回来常是顺着他；也知道靠他养活靠不住，只能靠自己的两只手养活自己和小孩。自己纺织没钱买棉花，只好给别人做，赚个手工钱。

有一年冬天，银花快要生第二个小孩，给人家纺织赚了一匹布。自己舍不得用，省下叫换米熬米汤，恰巧这时候福贵回来。他在外边输了钱，把棉衣也输了，十冬腊月穿件破衣衫，银花实在过意不去，把布给他穿了。

腊月二十银花又生了个孩子，还跟第一次一样，家里没有一颗粮，自己没米熬米汤，大孩子四岁了，一直叫肚饿，福贵也饿得肚里呱呱叫。银花说："你拿上个升，到前院堂屋支他一升米，就说我迟两天给他纺花！"福贵去了，因为这几年混得招牌不正，人家怕他是捣鬼，推说没有碾出来。听着西屋的媳妇哭，她婆婆揭起帘低低叫道："福贵！来！"福贵走到跟前，那老婆婆说："有点小事叫你办办吧，可不知道你愿意不愿意？"福贵问她是什么事，她才说是她的小孙女死了，叫福贵去送葬。福贵可还没有干过这一手，猛一听了觉着这老婆太欺负人，"这些事怎么也敢叫我干？"他想这么顶回去，可是又没说出口。那老婆见他迟疑就又追道："去不去？去吧！这怕甚啦？不比你去借米强？"他又想想倒也对：自己混得连一升米也不值了，还说什么面子？他没有答话，走进西屋里，一会就挟了个破席片卷子出去了。他找着背道走，生怕碰上人。在村里没有碰着谁，走出村来，偷偷往回看了一下，村边有几个人一边望着他一边咕咕呱呱谈论着。他没有看清楚是谁，也没有听清楚是说什么，只听着福贵长福贵短。这时候，他躲也没处躲，席卷也没处藏，半路又不能扔了，只有快快跑。

这次赚了二升米，可是自这次也做成了门市，谁家死了孩子也去叫他，青年们互相骂着玩，也好说："你不行了，叫福贵挟出去吧！"来年正月里唱戏，人家也不要他了，都嫌跟他在一块丢人，另换了个新把式。人混得没了脸，遇事也就不很讲究了：秋头夏季饿得没了法，偷谁个南瓜找谁个萝卜，有人碰上了，骂几句板着脸受，打几下抱着头挨，不管脸不脸，能吃上就算。

有一年秋后，老万的亲家来了，说福贵偷了他村里人的胡萝卜，罚了二十块钱，扣在他村村公所。消息传到银花耳朵里，银花去求老万说情。其实老万的亲家就是来打听福贵家里还有产业没有，有就叫老万给他答应住这笔账，没有就准备把他送到县里去。老万觉着他的四亩地虽交给了自己，究竟还没有倒成死契，况且还有两座房，二十块钱还不成问题，这闲事还可以管管，便刘银花说："你回去吧！家倒累家，户倒累户，逢上这些子弟，有什么办法？"钱也答应住了，人也放回来了，四亩地和三间堂房，死契写给了老万。写过了契，老万和本家一商量，要教训这个败家子。晚上王家户下来了二十多个人，把福贵绑在门外的槐树上，老万发命令："打！"水蘸麻绳打了福贵满身红龙。福贵像杀猪一样干叫喊，银花跪在老万面前死祷告。

福贵挨了这顿打，养了一月伤，把银花半年来省下的二斗多米也吃完了。

七

伤养好了，银花说："以后不要到外面跑吧！你看怕不怕？"他说："不跑吃什么！"银花也想不出办法，没说的，只能流两眼泪。这年冬天他又出去了。这次不论比哪一次也强，不上一个月工夫，回来衣裳也换了，又给银花送回五块钱来。银花问他怎样弄来的，他说："这你不用问！"银花也就不问了，把这几块钱，买了些米，又给孩子换换季。村里的人见福贵的孩子换了新衣裳，见银花一向不到别人家里支米，断定福贵一定是做了大案。丢了银钱的，失了牲口的，都猜疑是他。

来年正月，城里一位大士绅出殡，给王老万发了一张讣闻。老万去城里吊丧，听吹鼓手们唱侍宴戏，声音好像福贵。酒席快完，两个吹鼓手来谢宾，老万看见有一个是福贵，福贵也看见席上有老万。赶紧把脸扭过一边。丧事完了，老万和福贵各自回家。福贵除分了几块钱，并不觉得自己做了什么坏事，老万觉着这福贵却非除去不可。

这天晚上，老万召集起王家户下有点面子的人来道："福贵这东西真是活够了！竟敢在城里当起吹鼓手来！叫人家知道了，咱王家户下的人哪还有脸见人呀？一坟一祖的，这堆狗屎涂到咱姓王的头上，谁也洗不清！你们大家想想这这这叫怎么办啦？"这地方人，最讲究门第清，叫吹鼓手是"忘八""龟孙子"，因此一听这句话，都起了火，有的喊"打死"，有的喊"活埋"。人多了做事不密，东屋婶不知道怎么打听着了，悄悄告诉了银花，银花跟福贵一说，福贵连夜偷跑了。

自那次走后，七八年没音信，银花只守着两个孩子过。大孩子十五了，给邻家放牛，别的孩子们常骂他是小忘八羔子。福贵走后不到一年日本人就把这地方占了。有人劝银花说："不如再找个主吧！盼福贵还有什么盼头？"银花不肯。有人说："世界上再没有人了，你一定要守个忘八贼汉赌博光棍啦！"银花说："是你们不摸内情，俺那个汉不是坏人！"区干部打听清楚福贵的来历，便同村农会主席和他去谈话。农会主席说："老万的账已经算过了，凡是霸占人家的东西都给人家退了，可是你也是个受剥削的，没有翻了身。我们村干部昨天跟区上的同志商量了一下，打算把咱村里庙产给你拨几亩叫你种，你看好不好？"福贵跳起来道："那些都是小事！我不要求别的。要求跟我老万家长对着大众表诉表诉，出出这一肚子忘八气！"区干部和农会主席都答应了。

晚上，借冬学的时间，农会主席报告了开会的意义，有些古脑筋的人们很不高兴，不愿意跟忘八在一个会上开会。福贵不管这些人愿意不愿意，就发起言来："众位老爷们：我回来半个月了，很想找个人谈谈话，可是大家都怕沾上我这忘八气——只要我跟哪里一站，别的人就都躲开了。对不住！今天晚上我要跟我老万家长领领教，请大家从旁听一听。不用怕！解放区早就没有忘八制度了，咱这里虽是新解放区，将来也一样。老万爷！我仍要叫你'爷'！逢着这种忘八子弟你就得受点累！咱爷们这账很清楚：我欠你的是三十块钱，两石多谷；我给你的，是三间房、四亩地、还给你住过五年长工。不过你不要怕！我不是跟你算这个！我是想叫你说说我究竟是好人呀是坏人？"

老万闷了一会，看看大家，又看看福贵道："这都是气话，你跟我有什么过不去可以直说！我从前剥削过人家的都包赔过了，只剩你这一户了，还不能清理清理？你不要看我没地了，大家还给我留着大铺子啦！"福贵道："老家长！我不是说气话！我不要你包赔我什么，只要你说，我是什么人！你不说我自己说：我从小不能算坏孩子！一直长到二十八岁，没有干过一点胡事！"许多老人都说："对！实话！"福贵接着说："后来坏了！赌博、偷人、当忘八……什么丢人事我都干！我知道我的错，这不是什么光荣事！我已经在别处反省过了。可是照你当日说的那种好人我实在不能当！照你给我作的计划，每年给你住上半个长工，再种上我的四亩地，到年头算账，把我的工钱和地里打的粮食都给你顶了利，叫我的老婆孩子饿肚。一年又一年，到死为止。你想想我为什么要当这样好人啦？我赌博因为饿肚，我做贼也是因为饿肚，我当忘八还是因为饿肚！我饿肚是为什么啦？因为我娘使了你一口棺材，十来块钱杂货，怕还不了你，给你住了五年长工，没有抵得了这笔账，结果把四亩地缴给你，我才饿起肚来！我从二十九岁坏起，坏了六年，挨的打、受的气、流的泪、饿的肚，谁数得清呀？直到今年，大家还说我是坏人，躲着我走，叫我的孩子是'忘八羔子'，这都是你老人家的恩典呀！幸而没有叫你把我活埋了，我跑到辽县去讨饭，在那里仍是赌博、偷人，只是因为日本人打进来了，大家顾不上取乐，才算没有再当忘八！后来那地方成了八路军的抗日根据地，抗日政府在那里改造流氓、懒汉、小偷，把我组织到难民组里到山里去开地。从这时起，我又有地种了、有房住了、有饭吃了，只是不敢回来看我那受苦受难的孩子老婆！这七八年来，虽然也没有攒下什么家当，也买了一头牛，攒下一窑谷，一大窑子山药蛋。我这次回来，原是来搬我的孩子老婆，本没有心事来和你算账，可是回来以后，看见大家也不知道怕我偷他们，也不知道是怕沾上我这个忘八气，总是不敢跟我说句话。我想就这样不明不白走了，我这个坏蛋名字，还不知道要传流到几时，因此我想请你老人家向大家解释解释，看我究竟算一种什么人！看这个坏蛋责任应该谁负？"

一九四六年八月三十一日

【作者介绍】

赵树理（1906—1970 年），原名赵树礼，山西晋城市沁水县尉迟村人，现代小说家、人民艺术家，山药蛋派创始人。曾任《曲艺》《人民文学》编委、中国共产党第八次代表大会代表，全国人民代表大会第一、二、三届代表。1906 年 9 月 24 日出生在山西省晋城市沁水县的一个贫苦农民家庭，1925 年夏考入山西省立长治第四师范，开始写新诗和小说。1937 年加入中国共产党，投身革命。解放后先后在《工人日报》《说说唱唱》《曲艺》《人民文学》等刊物工作，1964 年回山西晋城工作。"文革"期间遭到残酷迫害，于 1970 年 9 月 23 日含冤去世。他的小说多以华北农村为背景，反映农村社会的变迁和存在其间的矛盾斗争，塑造农村各式人物的形象，开创的文学"山药蛋派"，成为新中国文学史上最重要、最有影响的文学流派之一。

【作品赏析】

《福贵》描写主人公福贵为"活着"做的事情：小偷小摸、赌博、埋死去的孩子、在葬礼上做吹鼓手……在村人、族人本家那里被视作"忘八"行径，是福贵被人抽打、被认为（也自认为）低人一等的原因。但是，埋葬死去的孩子赚钱以及在葬礼上做吹鼓手并不和赌博、偷盗属于同一性质。此间的"善恶"实在需要辨析。因而，小说最后福贵的质问中，使人变成"坏蛋"的责任不能由一个人来负——使福贵变成"忘八"的因素既包括高利贷的压迫，也应该包括村人和族人的愚昧与守旧。

作者曾强调书写《福贵》的反封建立场："那时，我们有些基层干部，尚有些残存的封建观念，对一些过去极端贫穷、做过一些被地主阶级认为是下等事的人（如送过死孩子、当过吹鼓手、抬过轿等），不但不尊重，而且有点怕玷污自己的身份，所以写这一篇，以打通其思想。"但小说文本中，福贵没有像小说作者赵树理那样把目标指向当时的封建观念，相反，人物福贵的"控诉"声音强大到把叙述人的声音"掩盖"了。在控诉非人际遇时，福贵将旧有道德的迫害作为了对老万控诉的"理所当然"的一部分，叙述人对此也给予默认。"封建观念"是复杂的，风俗的形成，有地主阶级的原因，也以普通农民和大众的共同认识为基础。面对村子里弥漫的封建思想，干部的思想需要打通，作家的创作意图和小说中福贵对地主的声讨出现了"不和谐"，这使叙述人在文本中的态度变得犹疑。

茅盾说，"作者是站在人民立场写这题材的，他的爱憎分明，情绪热烈，他是人民中的一员而不是旁观者……"周扬则说，"他没有站在斗争之外，而是站在斗争之中，站在斗争的一方面，农民的方面，他是他们中间的一员。……因为农民是主体，所以在描写人物，叙述事件的时候，都是以农民直接的感受，印象和判断为基础的"。

赵树理的小说之所以受到广大农民欢迎的原因，正是这种把"自己"放置于"我们村"中的书写，成就了一种融入群众的叙述风格和一种"我们"的叙述策略。此中的"我们"，具体而言不是赵树理在创作谈中指的"我们有些基层干部"中的"我们"，更确切地是指那些喜欢阅读/倾听赵树理小说的农民们。赵树理以使"我"融入"他们"的方式创造了"我们"，进而，"赵树理小说创造了一种更能为农民接受的阅读方式和调动其'共同体'想象的文化接受方式"。使农民接受和认同，意味着对大多数群众的认识、看法与观念要有所迁就。

课后思考

1. 通过主人公福贵的语言和行为，分析福贵的人物形象。
2. 查阅资料，分析赵树理小说的语言风格。

第六单元　外国文学欣赏

视频：我有一个梦想

我有一个梦想①

[美国]　马丁·路德·金②

　　一百年前，一位伟大的美国人签署了《解放黑奴宣言》，今天我们就是在他的雕像前集会。这一庄严宣言犹如灯塔的光芒，给千百万在那摧残生命的不义之火中受煎熬的黑奴带来了希望。它之到来犹如欢乐的黎明，结束了束缚黑人的漫长之夜。

　　然而一百年后的今天，我们必须正视黑人还没有得到自由这一悲惨的事实。一百年后的今天，在种族隔离的镣铐和种族歧视的枷锁下，黑人的生活备受压榨；一百年后的今天，黑人仍生活在物质充裕的海洋中一个穷困的孤岛上；一百年后的今天，黑人仍然萎缩在美国社会的角落里，并且，意识到自己是故土家园中的流亡者。今天我们在这里集会，就是要把这种骇人听闻的情况公之于众。

　　就某种意义而言，今天我们是为了要求兑现诺言而汇集到我们国家的首都来的。我们共和国的缔造者草拟宪法和独立宣言时，曾以气壮山河的词句向每一个美国人许下了诺言，他们承诺给予所有的人以不可剥夺的生存、自由和追求幸福的权利。

　　就有色公民而论，美国显然没有实践她的诺言。美国没有履行这项神圣的义务，只是给黑人开了一张空头支票，支票上盖上"资金不足"的戳子后便退了回来。但是我们不相信正义的银行已经破产，我们不相信，在这个国家巨大的机会之库里已没有足够的储备。因此今天我们要求将支票兑现，这张支票——将给予我们宝贵的自由和正义的保障。

　　我们来到这个圣地也是为了提醒美国，现在是非常急迫的时刻。现在决非侈谈冷静下来或服用渐进主义的镇静剂的时候，现在是实现民主的诺言的时候，现在是从种族隔离的荒凉阴暗的深谷攀登种族平等的光明大道的时候，现在是向上帝所有的儿女开放机会之门的时候。

　　如果美国忽视时间的迫切性和低估黑人的决心，那么，这对美国来说，将是致命伤。自由和平等的爽朗秋天如不到来，黑人义愤填膺的酷暑就不会过去。1963年并不意味着斗争的结束，而是开始。有人希望，黑人只要撒撒气就会满足；如果国家安之若素，毫无反应，这些人必会大失所望的。黑人得不到公民的权利，美国就不可能有安宁或平静；正义的光明的一天不到来，叛乱的旋风就将继续动摇这个国家的基础。

　　但是对于等候在正义之宫门口的心急如焚的人们，有些话我是必须说的。在争取合法地位的过程中，我们不要采取错误的做法。我们不要为了满足对自由的渴望而抱着敌对和仇恨之杯痛饮。我们斗争时必须永远举止得体，纪律严明。我们不能容许我们的具有崭新内容的抗议蜕变为暴力行动。我们要不断地升华到以精神力量对付物质力量的崇高境界中去。

现在黑人社会充满着了不起的新的战斗精神，但是我们却不能因此而不信任所有的白人。因为我们的许多白人兄弟已经认识到，他们的命运与我们的命运是紧密相连的，他们今天参加游行集会就是明证；他们的自由与我们的自由是息息相关的。我们不能单独行动。

当我们行动时，我们必须保证向前进。我们不能倒退。现在有人问热心民权运动的人，"你们什么时候才能满足？"

只要黑人仍然遭受警察难以形容的野蛮迫害，我们就绝不会满足。

只要我们在外奔波而疲乏的身躯不能在公路旁的汽车旅馆和城里的旅馆找到住宿之所，我们就绝不会满足。

只要黑人的基本活动范围只是从少数民族聚居的小贫民区转移到大贫民区，我们就绝不会满足。

只要密西西比仍然有一个黑人不能参加选举，只要纽约有一个黑人认为他投票无济于事，我们就绝不会满足。

不！我们现在并不满足，我们将来也不满足，除非正义和公正犹如江海之波涛，汹涌澎湃，滚滚而来。

我并非没有注意到，参加今天集会的人中，有些受尽苦难和折磨；有些刚刚走出窄小的牢房，有些由于寻求自由，曾在居住地惨遭疯狂迫害的打击，并在警察暴行的旋风中摇摇欲坠。你们是人为痛苦的长期受难者。坚持下去吧，要坚决相信，忍受不应得的痛苦是一种赎罪。

让我们回到密西西比去，回到阿拉巴马去，回到南卡罗来纳去，回到佐治亚去，回到路易斯安那去，回到我们北方城市中的贫民区和少数民族居住区去，要心中有数，这种状况是能够也必将改变的。我们不要陷入绝望而不可自拔。

朋友们，今天我对你们说，在现在和未来，我们虽然遭受种种困难和挫折，我仍然有一个梦想。这个梦想是深深扎根于美国的梦想中的。

我梦想有一天，这个国家会站立起来，真正实现其信条的真谛："我们认为这些真理是不言而喻的——人人生而平等。"

我梦想有一天，在佐治亚的红山上，昔日奴隶的儿子将能够和昔日奴隶主的儿子坐在一起，共叙兄弟情谊。

我梦想有一天，甚至连密西西比州这个正义匿迹、压迫成风的地方，也将变成自由和正义的绿洲。

我梦想有一天，我的四个孩子将在一个不是以他们的肤色，而是以他们的品格优劣来评价他们的国度里生活。

我今天有一个梦想。

我梦想有一天，亚拉巴马州能够有所转变，尽管该州州长现在仍然满口异议，反对联邦法令，但有朝一日，那里的黑人男孩和女孩将能与白人男孩和女孩情同骨肉，携手并进。

我今天有一个梦想。

我梦想有一天，幽谷上升，高山下降，坎坷曲折之路成坦途，圣光披露，满照人间。

这就是我们的希望。我怀着这种信念回到南方。有了这个信念，我们将能从绝望之巅劈出一块希望之石。有了这个信念，我们将能把这个国家刺耳争吵的声，改变成为一支洋溢手足之情的优美交响曲。

有了这个信念，我们将能一起工作，一起祈祷，一起斗争，一起坐牢，一起维护自由；因为我们知道，终有一天，我们是会自由的。

在自由到来的那一天，上帝的所有儿女们将以新的含义高唱这支歌："我的祖国，美丽的自由之乡，我为您歌唱。您是父辈逝去的地方，您是最初移民的骄傲，让自由之声响彻每个山冈。"

如果美国要成为一个伟大的国家，这个梦想必须实现。让自由之声从新罕布什尔州的巍峨峰巅响起来！让自由之声从纽约州的崇山峻岭响起来！让自由之声从宾夕法尼亚州阿勒格尼山的顶峰响起来！

（许立中译，有改动）

【注释】

①《我有一个梦想》（*I have a dream*）是美国黑人民权运动领袖马丁·路德·金于1963年8月28日在华盛顿林肯纪念堂发表的纪念性演讲。在美国黑人受种族歧视和迫害由来已久的背景下，为了推动美国国内黑人争取民权的斗争进一步发展而进行的演说。

②马丁·路德·金（Martin Luther King, Jr, 1929—1968 年），美国牧师、社会运动者、人权主义者和非裔美国人民权运动领袖，也是1964年诺贝尔和平奖得主。他主张以非暴力的公民抗命方法争取非裔美国人的基本权利，而成为美国进步主义的象征。1968年4月4日，马丁·路德·金在田纳西州一家汽车旅馆遇刺。从1986年起，美国政府将每年1月的第三个星期一，定为马丁·路德·金全国纪念日。

【作品赏析】

1783年，美国的建国者决定废除奴隶贸易，南北战争胜利之后，当时的总统林肯签署了《解放黑奴宣言》，黑人终于在法律上获得自由。但直到20世纪五、六十年代，《解放黑奴宣言》签署100多年之后，美国的种族歧视和种族压迫仍然十分严重，黑人仍然是美国社会的二等公民。他们挣扎在社会的底层，生活贫困，受不到良好的教育，不能进入各级各类高层机构，不能参加投票和选举，不能像白人一样享有人格自由和活动自由。尤其在南方诸州，黑人不能在白人开的餐馆就餐，许多公共场所挂着仅供白人使用的牌子，甚至在公共汽车上，黑人也只能坐在后车厢，车的中部虽然允许黑人坐，但有白人上车，黑人必须给白人让座。在这种情形下，美国黑人以争取平等自由为目标，发起了声势浩大的民权运动。马丁·路德·金就是其中最杰出的领袖。他曾在南方21个城市组织集会，发动黑人争取公民权利。1963年8月28日，在华盛顿特区一次25万人的集会上，他发表了这篇举世闻名的演说。

演讲一开始，马丁·路德·金就以形象生动的语言阐述了此次集会的起因和目的。他从一百年前林肯签署解放黑奴宣言讲起，自然而然地过渡到黑人生活的现状。这里连用排比和大量形象的比喻，把黑人不公正的现实处境揭示在世人面前，现状与当初共和国的缔造者承诺给予所有的人以生存、自由和追求幸福的不可剥夺的权利的诺言形成了鲜明的对比。

另一方面，作者也反过来提醒自己的黑人同胞，一定要注意斗争的方式和策略。主张用和平的方式争取正当的权利，反对以暴易暴，提出不要为了满足对自由的渴望而抱着敌对和仇恨之杯痛饮，而应当用包容、忍耐和博爱来对抗仇恨。

接下来的几段，马丁·路德·金用一系列气势磅礴的排比句——四个"只要"清晰而生动地表明了黑人民权运动的目标，那就是斗争一定要彻底，每个人都要有顽强的斗争精神和韧劲，无论在怎样艰难的环境和痛苦的遭遇中都要坚持下去。

文章的最后一部分是全文的高潮。作者连用六个"我梦想有一天"，以诗一样的语言和酣畅淋漓的排比句，正面表达了对自由和平等的渴望，抒发了他作为一个黑人内心最热烈的梦想。他呼吁种族平等、人格尊严和兄弟般的情谊能早日到来！他呼吁自由与平等在美国的各个角落都能得到实现！这几段文字情感充沛，文采斐然，具有极强的感染力。

课后思考

1. 这篇演讲为什么能激动人心？
2. 本文在艺术上有什么特点？

绳子的故事

视频：莫泊桑介绍

[法国] 莫泊桑

这是个赶集的日子。戈德维尔的集市广场上，人群和牲畜混在一起，黑压压一片。整个集市都带着牛栏、牛奶、牛粪、干草和汗臭的味道，散发着种田人所特有的那种难闻的人和牲畜的酸臭气。

布雷村奥士纳大爷正在向集市广场走来。突然他发现地下有一小段绳子，奥士纳大爷具有诺曼底人的勤俭精神，他弯下身去，从地上捡起了那段细绳子。这时他发现自己的冤家对头马具商马朗丹大爷在自家门口瞅着他，颇感丢脸。他立即将绳头藏进罩衫，接着又藏入裤子口袋，然后很快便消失在赶集的人群中去了。

教堂敲响了午祷的钟声，集市的人群渐渐散去。朱尔丹掌柜的店堂里，坐满了顾客。突然，客店前面的大院里响起了一阵鼓声，传达通知的乡丁拉开嗓门背诵起来："今天早晨，九、十点钟之间，有人在勃兹维尔大路上遗失黑皮夹子一只。内装法郎五百，单据若干。请拾到者立即交到乡政府，或者曼纳村乌勒大爷家。送还者得酬金法郎二十。"

午饭已经用毕，这时，宪兵大队长突然出现在店堂门口。他问道："奥士纳大爷在这儿吗？"坐在餐桌尽头的奥士纳大爷回答说："在。"于是宪兵大队长又说："奥士纳大爷，请跟我到乡政府走一趟。乡长有话要对您说。"

乡长坐在扶手椅里等着他。"奥士纳大爷，"他说，"有人看见您今早捡到了乌勒大爷遗失的皮夹子。马具商马朗丹先生，他看见您捡到了啦。"

老人明白了，气得满脸通红。"啊！这个乡巴佬！他看见我捡起的是这根绳子，您瞧！"他在口袋里摸了摸，掏出了那一小段绳子。但是乡长摇摇脑袋，不肯相信。

他和马朗丹先生当面对了质，后者再次一口咬定他是亲眼看见的。根据奥士纳大爷的请求，大家抄了他的身，但什么也没抄着。最后，乡长不知如何处理，便叫他先回去，同时告诉奥士纳大爷，他将报告检察院，并请求指示。

消息传开了。老人一走出乡政府就有人围拢来问长问短，于是老人讲起绳子的故事来。他讲的，大家听了不信，一味地笑。他走着走着，凡是碰着的人都拦住他问，他也拦住熟人，不厌其烦地重复他的故事，把只只口袋都翻转来给大家看。他生气，着急，由于别人不相信他而恼火，痛苦，不知怎么办，总是向别人重复绳子的故事。

第二天，午后一时左右，依莫村的长工马利，把皮夹子和里面的钞票、单据一并送还给了曼纳村的乌勒大爷。这位长工声称确是在路上捡着了皮夹子，但他不识字，所以就带回家去交给了东家。

消息传到了四乡。奥士纳大爷得到消息后立即四处游说，叙述起他那有了结局的故事来。他整天讲他的遭遇，在路上、在酒馆里、在教堂门口讲。不相识的人，他也拦住讲给人家听。现在他心里坦然了，不过，他觉得有某种东西使他感到不自在。人家在听他讲故事时，脸上带着嘲弄的神气，看来人家并不信服。他好像觉得别人在他背后指指戳戳。

下一个星期二，他纯粹出于讲自己遭遇的欲望，又到戈德维尔来赶集。他朝一位庄稼汉走过去。这位老农民没有让他把话说完，在他胸口推了一把，冲着他大声说："老滑头，滚开！"然后扭转身就走。奥士纳大爷目瞪口呆，越来越感到不安。他终于明白了，人家指责他是叫一个同伙，一个同谋，把皮夹子送回去的。

他想抗议。满座的人都笑了起来，他午饭没能吃完便在一片嘲笑声中走了。他回到家里，又羞又恼。愤怒和羞耻使他痛苦到了极点。他遭到无端的怀疑，因而伤透了心。于是，他重新向人讲述自己的遭遇，有了更加有力的抗议，更加庄严的发誓。然而他的辩解越是复杂，理由越是多，人家越不相信他。他眼看着消瘦下去。将近年底时候，他卧病不起。年初，他含冤死去。临终昏迷时，他还在证明自己是清白无辜的，一再说："一根细绳……乡长先生，您瞧，绳子在这儿。"

【作品简介】

莫泊桑，全名居伊·德·莫泊桑（Guy de Maupassant 1850—1893 年），19 世纪后半期法国优秀的批判现实主义作家。一生创作了 6 部长篇小说和 350 多篇中短篇小说，他的文学成就以短篇小说最为突出，是与契诃夫和欧·亨利并列的世界三大短篇小说巨匠之一，对后世产生极大影响。他擅长从平凡琐屑的事物中截取富有典型意义的片段，以小见大地概括出生活的真实。他的短篇小说构思别具匠心，情节变化多端，描写生动细致，刻画人情世态惟妙惟肖，令人读后回味无穷。

莫泊桑以《羊脂球》入选《梅塘晚会》短篇小说集，一跃登上法国文坛，其创作盛期是 19 世纪 80 年代。10 年间，他创作了 6 部长篇小说《一生》（1883）、《漂亮朋友》（1885）、《温泉》（1886）、《皮埃尔和若望》（1887）、《像死一般坚强》（1889）、《我们的心》（1890）。这些作品揭露了第三共和国的黑暗内幕：内阁要员从金融巨头的利益出发，欺骗议会和民众，发动掠夺非洲殖民地摩洛哥的帝国主义战争；抨击了统治集团的腐朽、贪婪、尔虞我诈的荒淫无耻。莫泊桑还创作了350多部中短篇小说，在揭露上层统治者及其毒化下的社会风气的同时，对被侮辱被损害的小人物寄予深切同情。

短篇的主题大致可归纳为三个方面：第一是讽刺虚荣心和拜金主义，如《项链》《我的叔叔于勒》；第二是描写劳动人民的悲惨遭遇，赞颂其正直、淳朴、宽厚的品格，如《归来》；第三是描写普法战争，反映法国人民的爱国情绪，如《羊脂球》。莫泊桑短篇小说布局结构的精巧、典型细节的选用、叙事抒情的手法以及行云流水般的自然文笔，都堪称后世作家的楷模。

【作品赏析】

莫泊桑的作品，常常通过选取日常生活中极其平凡、极其普通的故事来揭示深刻的社会。他善于掘取滔天巨浪中的一朵普通的小浪花，以小见大，以一当十，从滴水中窥见太阳的光芒。《绳子的故事》就是这样一类作品。在这篇短篇小说中，展现在我们面前的既不是金融界、商业界巨头之间的相互倾轧，也没有轰轰烈烈、波澜壮阔的历史场面，而只是通过描写一个故事：法国北方诺曼底地区一个城市的农民，在赶集路上捡到一段绳子，因而被冤家诬告，又受到众人奚落，以至忧郁而死，深刻地揭示了19世纪后期法国社会的一个极其重大的问题，即社会道德问题。

《绳子的故事》发表于1883年。19世纪后期的法国资本主义，已经从自由竞争走向垄断阶段。普法战争以后，统治阶级更加反动，对内镇压人民，对外发动侵略，扩张殖民地。大资产阶级之间互相倾轧，大鱼吃小鱼现象日益严重。随之而来的是社会道德败坏：尔虞我诈和相互欺骗司空见惯，损人利己和暗箭伤人习以为常。人们视这种现象为天经地义，反而把诚实厚道、纯朴善良看作反常。《绳子的故事》就是解释这样一种变态的心理状态和反常的社会道德观念，以及它所造成的毒害。城市的农民奥士纳大爷的死，明确地告诉我们，这种荒唐的道德观念在当时已经形成一种习惯势力，筑成了一个无形的包围圈，向那些诚实善良的人们发起攻势，并把他们活活困死。

《绳子的故事》讲述的是一件小事，但其结局是令人心酸的。奥士纳大爷在戈德维尔这一小镇的集市上赶集。他看见地上有一段绳子，出于节俭，便想捡回家用，刚巧被他的仇人马具商马朗丹瞧见了。正好有个商人在集市上丢了一只皮包，马朗丹便放出谣言说是奥士纳大爷捡到的。人们都在指责奥士纳捡到皮包不归还主人，而他自己却有口难辩。即使后来真相大白后还有谣言说奥士纳和捡到皮包的人是同伙的。他极力向每个人辩解，结果没有人相信他。最后他为此事闹得精神衰退，死了。

开头的环境描写展示了莫泊桑作为资本主义社会风俗画家的卓越才能，这段描写为绳子的故事的发生提供了典型环境，又为主人公性格的发展提供了行动依据，集市上人多嘴杂，奥士纳忍受不了强力的舆论诬陷，从而四处辩说，最后一病不起，导致一场悲剧，集市气氛描写，还增强了作品的乡土气息，使作品更具有艺术感染力。小说的艺术特色有：善于通过细节描写和富有特征的外貌动作、语言描写来刻画人物性格。艺术构思上匠心独到，为突出奥士纳命运的悲剧性，作者先写他的顺境（高高兴兴去赶集），再写他的逆境（被人诬陷捡了皮夹子，结果皮夹子有人交还失主），最后写他陷入更深的逆境（他仍然不能被人们所理解，受到奚落，嘲笑而含冤死去），情节有波澜，有起伏，使小说具有更强烈的艺术表现。

课后思考

1. 小说中置奥士纳大爷于死地的力量有哪些？请简要分析。
2. 小说是如何塑造奥士纳大爷这一主要人物形象的？请简要分析。
3. 小说的题目是"绳子的故事"，但主要内容是围绕一个老实人而展开的，如果以"老实人的故事"为题，你认为是否合适？请谈谈你的观点和理由。

麦琪的礼物

视频：欧亨利介绍

［美国］欧·亨利

一元八角七。全都在这儿了，其中六角是一分一分的铜板。这些分分钱是杂货店老板、菜贩子和肉店老板那儿软硬兼施地一分两分地扣下来，直弄得自己羞愧难当，深感这种掂斤播两的交易实在丢人现眼。德拉反复数了三次，还是一元八角七，而第二天就是圣诞节了。

除了扑倒在那破旧的小睡椅上哭号之外，显然别无他途。

德拉这样做了，可精神上的感慨油然而生，生活就是哭泣、抽噎和微笑，尤以抽噎占统治地位。

当这位家庭主妇逐渐平静下来之际，让我们看看这个家吧。一套带家具的公寓房子，每周房租八美元。尽管难以用笔墨形容，可它真真够得上乞丐帮这个词儿。

楼下的门道里有个信箱，可从来没有装过信，还有一个电钮，也从没有人的手指按响过电铃。而且，那儿还有一张名片，上写着"詹姆斯·迪林厄姆·杨先生"。

"迪林厄姆"这个名号是主人先前春风得意之际，一时兴起加上去的，那时候他每星期挣三十美元。现在，他的收入缩减到二十美元，"迪林厄姆"的字母也显得模糊不清，似乎它们正严肃地思忖着是否缩写成谦逊而又讲求实际的字母 D。不过，每当詹姆斯·迪林厄姆·杨回家，走进楼上的房间时，詹姆斯·迪林厄姆·杨太太，就是刚介绍给诸位的德拉，总是把他称作"吉姆"，而且热烈地拥抱他。那当然是再好不过的了。

德拉哭完之后，往面颊上抹了抹粉，她站在窗前，痴痴地瞅着灰蒙蒙的后院里一只灰白色的猫正行走在灰白色的篱笆上。明天就是圣诞节，她只有一元八角七给吉姆买一份礼物。她花去好几个月的时间，用了最大的努力一分一分地攒积下来，才得了这样一个结果。一周二十美元实在经不起花，支出大于预算，总是如此。只有一元八角七给吉姆买礼物，她的吉姆啊。她花费了多少幸福的时日筹划着要送他一件可心的礼物，一件精致、珍奇、贵重的礼物——至少应有点儿配得上吉姆所有的东西才成啊。

房间的两扇窗子之间有一面壁镜。也许你见过每周房租八美元的公寓壁镜吧。一个非常瘦小而灵巧的人，从观察自己在一连串的纵条影像中，可能会对自己的容貌得到一个大致精确的概念。德拉身材苗条，已精通了这门子艺术。

突然，她从窗口旋风般地转过身来，站在壁镜前面。她两眼晶莹透亮，但二十秒钟之内她的面色失去了光彩。她急速地拆散头发，使之完全披散开来。

现在，詹姆斯·迪林厄姆·杨夫妇俩各有一件特别引以自豪的东西。一件是吉姆的金表，是他祖父传给父亲，父亲又传给他的传家宝；另一件则是德拉的秀发。如果示巴女王也住在天井对面的公寓里，总有一天德拉会把头发披散下来，露出窗外晾干，使那女王的珍珠宝贝黯然失色；如果地下室堆满金银财宝、所罗门王又是守门人的话，每当吉姆路过那儿，准会摸出金表，好让那所罗门王忌妒得吹胡子瞪眼睛。

此时此刻，德拉的秀发泼撒在她的周围，微波起伏，闪耀光芒，有如那褐色的瀑布。她的美发长及膝下，仿佛是她的一件长袍。接着，她又神经质地赶紧把头发梳好。踌躇了一分钟，一动不动地立在那儿，破旧的红地毯上溅落了一两滴眼泪。

她穿上那件褐色的旧外衣，戴上褐色的旧帽子，眼睛里残留着晶莹的泪花，裙子一摆，便飘出房门，下楼来到街上。

她走到一块招牌前停下来，上写着："索弗罗妮夫人——专营各式头发"。德拉奔上楼梯，气喘吁吁地定了定神。那位夫人身躯肥大，过于苍白，冷若冰霜，同"索弗罗妮"的雅号简直牛头不对马嘴。

"你要买我的头发吗？"德拉问。

"我买头发，"夫人说。"揭掉帽子，让我看看发样。"

那褐色的瀑布泼撒了下来。

"二十美元。"夫人一边说，一边内行地抓起头发。

"快给我钱。"德拉说。

呵，接着而至的两个小时犹如长了翅膀，愉快地飞掠而过。请不用理会这胡诌的比喻。她正在彻底搜寻各家店铺，为吉姆买礼物。

她终于找到了，那准是专为吉姆特制的，决非为别人。她找遍了各家商店，哪儿也没有这样的东西，一条朴素的白金表链，镂刻着花纹。正如一切优质东西那样，它只以货色论长短，不以装潢来炫耀。而且它正配得上那只金表。她一见这条表链，就知道一定属于吉姆所有。它就像吉姆本人，文静而有价值——这一形容对两者都恰如其分。她花去二十一美元买下了，匆匆赶回家，只剩下八角七分钱。金表匹配这条链子，无论在任何场合，吉姆都可以毫无愧色地看时间了。

尽管这只表华丽珍贵，因为用的是旧皮带取代表链，他有时只偷偷地瞥上一眼。

德拉回家之后，她的狂喜有点儿变得审慎和理智了。她找出烫发铁钳，点燃煤气，着手修补因爱情加慷慨所造成的破坏，这永远是件极其艰巨的任务，亲爱的朋友们——简直是件了不起的任务呵。

不出四十分钟，她的头上布满了紧贴头皮的一绺绺小卷发，使她活像个逃学的小男孩。她在镜子里老盯着自己瞧，小心地、苛刻地照来照去。

"假如吉姆看我一眼不把我宰掉的话，"她自言自语，"他定会说我像个科尼岛上合唱队的卖唱姑娘。但是我能怎么办呢——唉，只有一元八角七，我能干什么呢？"

七点钟，她煮好了咖啡，把煎锅置于热炉上，随时都可做肉排。

吉姆一贯准时回家。德拉将表链对叠握在手心，坐在离他一贯进门最近的桌子角上。接着，她听见下面楼梯上响起了他的脚步声，她紧张得脸色失去了一会儿血色。她习惯于为了最简单的日常事物而默默祈祷，此刻，她悄声道："求求上帝，让他觉得我还是漂亮的吧。"

门开了，吉姆步入，随手关上了门。他显得瘦削而又非常严肃。可怜的人儿，他才二十二岁，就挑起了家庭重担！他需要买件新大衣，连手套也没有呀。

吉姆站在屋里的门口边，纹丝不动地好像猎犬嗅到了鹌鹑的气味似的。他的两眼固定在德拉身上，其神情使她无法理解，令她毛骨悚然。既不是愤怒，也不是惊讶，又不是不满，更不是嫌恶，根本不是她所预料的任何一种神情。他仅仅是面带这种神情死死地盯着德拉。

德拉一扭腰，从桌上跳了下来，向他走过去。

"吉姆，亲爱的，"她喊道，"别那样盯着我。我把头发剪掉卖了，因为不送你一件礼物，我无法过圣诞节。头发会再长起来——你不会介意，是吗？我非这么做不可。我的头发长得快极了。说'恭贺圣诞'吧！吉姆，让我们快快乐乐的。你肯定猜不着我给你买了一件多么好的——多么美丽精致的礼物啊！"

"你已经把头发剪掉了？"吉姆吃力地问道，似乎他绞尽脑汁也没弄明白这明摆着的事实。

"剪掉卖了，"德拉说。"不管怎么说，你不也同样喜欢我吗？没了长发，我还是我嘛，对吗？"

吉姆古怪地四下望望这房间。

"你说你的头发没有了吗？"他差不多是白痴似的问道。

"别找啦，"德拉说。"告诉你，我已经卖了——卖掉了，没有啦。这是圣诞前夜，好人儿。好好待我，这是为了你呀。也许我的头发数得清，"突然她特别温柔地接下去，"可谁也数不清我对你的恩爱啊。我做肉排吗，吉姆？"

吉姆好像从恍惚之中醒来，把德拉紧紧地搂在怀里。现在，别着急，先让我们花个十秒钟从另一角度审慎地思索一下某些无关紧要的事。房租每周八美元，或者一百万美元——那有什么差别呢？数学家或才子会给你错误的答案。麦琪带来了宝贵的礼物，但就是缺少了那件东西。这句晦涩的话，下文将有所交待。

吉姆从大衣口袋里掏出一个小包，扔在桌上。

"别对我产生误会，德尔，"他说道，"无论剪发、修面，还是洗头，我以为世上没有什么东西能减低一点点我对妻子的爱情。不过，你只要打开那包东西，就会明白刚才为什么使我愣头愣脑了。"

白皙的手指灵巧地解开绳子，打开纸包。紧接着是欣喜若狂的尖叫，哎呀！突然变成了女性神经质的泪水和哭泣，急需男主人千方百计的慰藉。

这是因为摆在桌上的梳子——全套梳子，包括两鬓用的，后面的，样样俱全。那是很久以前德拉在百老汇的一个橱窗里见过并羡慕得要死的东西。这些美妙的发梳，纯玳瑁做的，边上镶着珠宝——其色彩正好同她失去的美发相匹配。她明白，这套梳子实在太昂贵了，对此，她仅仅是羡慕渴望，但从未想到过据为己有。现在，这一切居然属于她了，可惜那有资格佩戴这垂涎已久的装饰品的美丽长发已无影无踪了。

不过，她依然把发梳搂在胸前，过了好一阵子才抬起泪水迷蒙的双眼，微笑着说："我的头发长得飞快，吉姆！"

随后，德拉活像一只被烫伤的小猫跳了起来，叫道，"喔！喔！"

吉姆还没有瞧见他的美丽的礼物哩。她急不可耐地把手掌摊开，伸到他面前，那没有知觉的贵重金属似乎闪现着她的欢快和热忱。

"漂亮吗，吉姆？我搜遍了全城才找到了它。现在，你每天可以看一百次时间了。把表给我，我要看看它配在表上的样子。"

吉姆非但不按她的吩咐行事，反而倒在睡椅上，两手枕在头下，微微发笑。

"德尔，"他说，"让我们把圣诞礼物放在一边，保存一会儿吧。它们实在太好了，目前尚不宜用。我卖掉金表，换钱为你买了发梳。现在，你做肉排吧。"

正如诸位所知，麦琪是聪明人，聪明绝顶的人，他们把礼物带来送给出生在马槽里的耶稣。他们发明送圣诞礼物这玩艺儿。由于他们是聪明人，毫无疑问，他们的礼物也是聪明的礼物，如果碰上两样东西完全一样，可能还具有交换的权利。在这儿，我已经笨拙地给你们介绍了住公寓套间的两个傻孩子不足为奇的平淡故事，他们极不明智地为了对方而牺牲了他们家最最宝贵的东西。不过，让我们对现今的聪明人说最后一句话，在一切馈赠礼品的人当中，那两个人是最聪明的。在一切馈赠又接收礼品的人当中，像他们两个这样的人也是最聪明的。无论在任何地方，他们都是最聪明的人。

他们就是麦琪。

【作者简介】

欧·亨利（O.Henry），美国著名作家，一生创作了300篇短篇小说，代表作有《警察与赞美诗》《最后的藤叶》等等。《麦琪的礼物》是其代表作。欧·亨利是其笔名，他是一位深受美国和世界读者喜欢的伟大小说家，并且在百年之后仍然保持着长久的影响和魅力。

欧·亨利出生于美国的一个医生家庭，幼年丧母，在其少年时期，家道没落，15岁的他开始进入社会谋生，独自承担起生活的重任。他做过药房学徒，当过牧羊工，在银行做过出纳和会计的工作，在土地局当过办事员。不同的工作经历和生活体验以及独自一人在社会中闯荡的经历使年幼的欧·亨利过早地体会到了生活的不易与艰辛。在底层社会生活的他不仅要为生活琐事操心，上层社会的剥夺与压榨更让他的生活苦不堪言。

生活在社会底层的欧·亨利自觉为小人物立言，自命是纽约四百多万贫民的代表。作者的生存环境与所处的阶层在《麦琪的礼物》这篇小说中都有所体现，主人公所处的社会阶级以及生活的艰苦与辛酸也是欧·亨利的个人写照。

19世纪，美国资本主义垄断急剧发展，企业和工厂的资本家为了获得更高的利润加大了对工人的压榨，社会的贫富悬殊越来越严重，作家欧·亨利的妻子正是在这一时期去世的。经济能力较差的欧·亨利与妻子艾斯蒂斯相识于一次舞会并相爱，但是艾斯蒂斯的家人十分反对，艾斯蒂斯最终不顾家人的意见与欧·亨利结为了夫妻，尽管日子艰辛但却幸福甜蜜。后期欧·亨利由于被怀疑拖欠银行一笔钱而离开病重的妻子，到乡下避难，直至妻子去世都没有见到最后一面，《麦琪的礼物》也是对妻子的愧疚与思念的见证。

【作品赏析】

麦琪，是圣子耶稣诞生时前来送礼的三位智慧的贤人。他们首创了圣诞节馈赠礼物的风俗。在西方人看来，圣诞礼物是最可珍贵的，因而也希望自己获得的礼物是最有价值的"麦琪的礼物"。

美国著名作家欧·亨利在《麦琪的礼物》这篇小说中，用幽默又带有淡淡哀伤的艺术语言讲述了一个没有曲折、不足为奇的故事。以圣诞前夜馈赠礼物如此平常的题材创构的小说在西方文坛并非罕见，其中也不乏精心之作，而欧·亨利的《麦琪的礼物》独树一帜，成为这类题材的杰作，确实是令人深思的。

作者以简单的故事情节表达了两位主人公之间纯洁的爱情，它代表了美国下层人物的悲喜，也包含了作者要表达的"人性美"中最重要的一个方面——"爱的无私奉献"。

在《麦琪的礼物》中，欧·亨利以广大下层人民群众困苦生活中的美好爱情为主题，对当时金钱至上的资本主义社会进行了尖锐和辛辣的讽刺，对广大人民群众悲苦人生挣扎中的互相关心和自我牺牲精神以及患难之中见真情的美好爱情加以了赞颂。它生生不息的艺术魅力就在于作者把人物的性格特征放在情节中展示，注重故事中人物的行动，从而揭示出主人公勇于奉献的性格特征和他们之间可歌可泣的纯朴爱情。

吉姆和德拉，即使只是生活在社会底层的小人物，却拥有着对生活的热情和对对方的深爱，在这些温暖的感情面前，贫困可以变得微不足道。虽然最终彼此的礼物对于对方而言已失去使用价值，但是德拉和吉姆却得到了人世间比礼物更宝贵的东西，那就是无价的爱。

一般说来，短篇小说因其篇幅短小，要求作家以"少少许"胜"多多许"，就必须简练，刻画人物风姿只能抓住一两个侧面去做速写勾勒。其难度在某种程度上未必比中、长篇小。欧·亨利的短篇常以他独具风格的感伤笔调和诙谐轻快的笔锋，去刻画人物和铺展情节，使笔下的形象富有立体感，并给人以不尽的余韵。《麦琪的礼物》正是这个艺术特色的代表作。裁剪精到的构思，对话般亲切的语言，微带忧郁的情调，使这个短篇在情感的光束中显露出丰厚的内涵，激发读者对爱情、金钱的价值思考。作者细致地描写德拉无钱为丈夫买礼物的焦灼心情，写德拉的美发，甚至写德拉上街卖发和买表链的全过程，却惜墨如金地避开了吉姆卖金表买发梳的经过。作家可以细致地描写吉姆回家，德拉担心失去美发会伤害吉姆的感情所做的一连串解释，却在吉姆讲完卖金表事之后戛然止住全文。这种寄实于虚并兼用暗示和明写的手法，是《麦琪的礼物》所独具的。

课后思考 »»»»»

1. 本篇小说在结构上构筑了明暗两条线索，请说说它们分别是什么，这样的结构有什么作用？

2. 作者为什么说"在一切馈赠又接收礼品的人当中，像他们两个这样的人也是最聪明的"？

应用文写作

第七单元　应用文写作概述

　　应用文是人们在长期的社会实践活动中形成的一种文体，是传递信息、处理事务、交流感情的工具。有的应用文还用来作为凭证和依据。随着社会的发展，人们在工作和生活中的交往越来越频繁，事情也越来越复杂，因此应用文的功能也就越来越多了。

第一节　应用文的含义、特点、作用和分类

▶ 一、应用文的含义

　　应用文是指国家机关、企事业单位、社会团体及人民群众在日常工作、生活中办理公务和个人事务时经常使用的、具有特定格式的文书，主要是为了处理公务和私人事务而写，是一种最直接、最有效地表达思维、交流思想、传播信息、解决问题、为社会服务的实用性文体。

▶ 二、应用文的特点

　　在各类文体中，每一类文体既有一般文章的共同属性和特点，也都有其各自的"个性"特征，应用文也有其突出的特点。

（一）目的的实用性

　　实用是应用文的最显著和最基本的特点，也是应用文写作应遵循的首要原则。其实用性可直接从它的写作效用上体现出来。如命令、决定、通知等可用来发布党和国家的政策，意见、通知等可用来传达上级意图或布置某项具体工作，条据合同等可以处理日常事务，请柬、感谢信等是用于礼仪交往。因此，应用文是依据公务活动或办理私事的实际需要，为处理工作中和生活中的实际问题、为达到某一具体目的而撰写的，具有直接参与组织、指导管理工作的作用，是实现有效管理的手段和组成部分。

（二）对象的明确性

　　应用文往往有明确的受文对象或特定的读者，对象十分明确和具体。如公文依据行文方向，对读者有明确的限定，不是谁都可以读、可以看的。上行公文是写给上级部门的领导看的，如请示、报告；下行公文是写给下级部门人员看的，如通知、通报；平行公文是写给同级机关或不相隶属单位的人员看的，如公函。因此，写作应用文时，一定要充分考虑读者，做到心中有明确的读者对象，按照不同对象选择合适的用语和语气。

（三）内容的真实性

应用文无论处理公务或私务，都要讲求实事求是，决不能弄虚作假、虚构编造，否则信息就会失真，价值就会丧失，甚至会给社会造成损害。真实是应用文的生命，因此，写作应用文一定要坚持实事求是的原则，要严格忠实地反映客观事物的本来面貌，做到观点正确、情况鲜明、数据、细节都必须真实准确，一是一，二是二。

（四）明确的工具性

应用文是信息传递的一种重要载体和基本工具，在社会政治、经济、文化、科技乃至日常生活各方面发挥工具性作用。尤其是公文，它是各级各类党政机关、社会团体、企事业单位等行使管理职能和业务职能的重要工具，是为国家政务、社会公务和公众事务服务的。

（五）应用的时效性

应用文一般都是针对某一具体事项或具体问题而写作的，时间规定很严格也很具体，即只在一定时期内产生效用，超过时限便失去作用，原有文本将变成档案材料。应用文的时效性主要表现在三方面：快写、快发、快办。有些应用文正是由发文日期来表示它的生效期限或正式执行的日期，有的应用文还明确规定了有效期限。

（六）格式的规范性

应用文在长期的使用过程中，经过人们的不断改进与完善，逐步形成了相对固定的文本格式和语言表达方式。它们有大体相同或相近的体式，有约定俗成的语言句式、词语，有规范化的行文格式。因此，写作应用文时，必须遵循惯用的格式；公文写作必须遵循国家标准，做到规范化、制度化、标准化。

▶ 三、应用文的作用

随着社会经济、科学的高速发展，信息资源愈来愈丰富，信息传递、交流愈来愈受重视，应用文作为管理国家、处理政务、传达信息、组织策划、推广成果、发展科学，以及人们在思想交流中使用的重要工具，已成为信息时代不可替代的重要传播手段和工具。它在不同的历史时期起着不同的作用。任何一个国家，任何一个政党，任何一个部门或组织，要使其行政、组织机构正常运作，要使其不断发展、壮大，都离不开应用文这一载体。

（一）宣传和教育作用

应用文在生活和工作中起到了广泛的宣传和教育作用。应用文中有不少文件，如决定、通知、通报、规定，有的用来宣传党和国家的方针政策以及表彰先进、推广成功经验，有的批评错误、不良现象和丑恶行为，端正和统一人们的思想认识，规范人们的行为，增强人们的法制观念和工作责任感，从而保障社会的稳定，不断地推动社会的发展和进步。

（二）管理和指导作用

在贯彻党的方针、政策，进行有效管理时，发公文、规章制度等应用文是经常采用的方式。尤其是应用文中的下行公文，大都具有行政指导和行政管理的作用。如上级机关对下级机关发布的"通知""批复"等公文。

（三）联系和交流作用

古今中外大量的事实证明，应用文有着重要的沟通和交流作用。在国家与国家之间、党派与党派之间、国家与国际组织之间、个人与个人之间经常通过应用文进行交流沟通，达到互相了解、理解、信任，实现相互合作、共同发展的目的。

（四）依据和凭证作用

应用文是管理国家、处理政务、交流信息的一种文字载体，它不仅起着行政领导、工作指导、规范人们行为等作用，也是执行公务、安排工作、解决问题、办文办事的依据和凭证。譬如上级下达的文件、党和政府颁布的法规、有关方面出台的规章制度，都可作为开展工作和检查工作的依据；而一些条据、合同文本、公证材料等，也是经济业务中的凭证。一旦出现问题、纠纷，依靠这些凭证，可通过法律追究对方责任，维护自身利益。

▶ 四、应用文的分类

（一）依据使用者和用途划分

依据使用者和用途来划分，可将应用文分为公务应用文和私人应用文。党政机关、社会团体、企事业单位用来处理公务的文书就是公务应用文，也就是公务文书，例如通知、通报、请示。个人、家庭用来处理私事的文书就是私人应用文，也就是私人文书，例如遗嘱、自传、日记。

（二）依据形成和使用领域划分

依据形成和使用的公务活动领域划分，可将公务应用文分为通用公务文书和专用公务文书。通用公务文书是指各级各类党政机关、社会团体、企事业单位在公务活动中普遍使用的公务文书。专用公务文书是指一定行业的业务机关、专门的职能机关或组织在业务范围内，依据特殊需要专门使用的公务文书，又被称为专业文书。

（三）依据管理工作性质和公务活动内容划分

依据管理工作的性质和公务活动的内容，可将通用公务文书分为通用法定公文和通用事务文书。通用法定公文是指《党政机关公文处理工作条例》中规定的党政机关公文，共有 15 种，即决议、决定、命令（令）、公报、公告、通告、意见、通知、通报、报告、请示、批复、议案、函、纪要。通用事务文书是指各行业管理和处理日常事务普遍使用的文书。例如计划、总结和简报等。

【拓展延伸】

应用文的产生与发展

应用文作为管理国家、处理公私事务、传递信息的一种文字载体，它的产生过程与所有作品的产生一样，经历了二次转化。第一次是客观事物进入人的大脑中，人脑对事物的感知转化为思维；第二次是由思维转化为创作，形成作品，最终直接作用于社会生活。

应用文由来已久，在我国已有几千年的历史了。回顾漫长的历史，应用文的产生与发展有着清晰的脉络和鲜明的特色。依据有关典籍和当今研究成果，可看出其中重要的标志性阶段。

一、应用文的孕育时期——原始社会

从古籍研究发现，"结绳记事"应是应用文的"始形态"。人们借助结绳来对生产劳动进行管理，而且绳结的大小能够标示记载不同的内容，用这种简单的方法帮助记忆，达到应用的目的。由此可见，祖先们为了记载生产与生活事项创造了"结绳记事"，应用文就有了原始形态。

二、应用文的雏形时期——商周时期

随着文字的产生、国家的建立，统治阶级为了更好地加强管理，应用文逐渐突破了象征性记事的原始形态，有了较为具体的形式。

据考古发掘和文史界定，我国最古老的应用文，是距今五千多年前殷墟出土的甲骨"卜辞"，主要是用来占卦的，考古学家称之为"甲骨文"，这些卜辞可以看作殷代王室的档案材料，是我国有实物可考的最早的文书。我国现存最早的一部历史文献汇编是《尚书》，又称《书经》，它收录夏、商、周各代的"典、谟、训、诰、誓、命"，均为春秋以前历代史官收藏的政府重要文件和政治论文。虽然只是记言，但已初具应用文的体式，可以视为我国古代应用文形成的标志，是我们研究古代应用文起源的宝贵资源。《尚书》应该是我国第一部以应用文为主体的文集。

三、应用文的发展时期——秦汉时期

秦统一中国后，进行了政治、经济、文化上的一系列改革，如"书同文、车同轨"。应用文受此影响，日趋规范化。如秦初并天下，首改政令，确定"命"为"制"，"令"为"诏"，天子自称为"朕"，首开公务应用文体裁规范化的先河。汉承秦制，应用文有了进一步发展，较之秦代分类更细，体式更规范，有了上行文和下行文的区别，具体表现在体裁上。东汉蔡邕在《独断》中说："其命令，一曰策书，二曰制书，三曰诏书，四曰戒书。"又云："凡群臣上书天子者有四名：一曰章，二曰奏，三曰表，四曰驳议。"由此可看出"策、制、诏、戒"是下行文；"章、奏、表、驳议"是上行文。

四、应用文的成熟时期——魏晋南北朝时期

魏晋南北朝是我国文学创作走向自觉的时代，文学创作的发展也促进了应用文写作的发展。应用文较之秦汉时期文体也略有增加，各种公、私应用文的体裁特点明显形成，古代应用文写作理论基本形成。

汉以后的魏晋南北朝时期，应用文无论从写作实践上还是从理论上看，都有明显的发展进步。文体上，三国之后，增加了一种平行文"移"。应用文写作理论的建立则是这一时期发展的重要标志。魏文帝曹丕在《典论·论文》中将当时各类文章归为八体。南朝齐、梁时期文学理论批评家刘勰的《文心雕龙》，对历代各种应用文体裁的功用、特点、写作规律进行了全面深入、系统的分析研究。

五、应用文发展的高峰时期——隋、唐、宋时期

隋唐以后，随着统治阶级管理政事的需要，及社会各方面交流的扩大，应用写作有了

更进一步的发展，应用文受唐宋诗词文的影响，各种体裁的名篇云集，出现了前所未有的高峰期。体现在以下两方面：

一是应用文文体分类更详，写作格式更规范，出现了一些新的文体。如唐代皇帝下行的应用文称作册、制、敕。册、制、敕用法各有不同，敕又分为发敕、敕旨、论事敕、敕牒等。二是从事应用文写作的人数增多，水平提高。如唐代的魏征、韩愈，宋代的欧阳修、王安石既是当朝的大文学家，也是应用文写作高手。这一时期应用文受唐宋诗词文的影响，各种体裁的名篇云集，各种应用文文体完备。

六、应用文发展的稳定时期——明清时期

明清时期应用文的发展趋于稳定，这是相对于唐、宋应用文高峰时期而言的。明清时期应用文的体裁也有所变化，如明代的上行文就有题、奏、启、表、笺、讲章、书状、册文、揭帖等，而经常使用的也只有题、奏、启、揭帖等几种，下行文种类也很多，到明清时有近二十个种类。但在明代没有出现类似于唐宋八大家那样杰出的作家，应用文也无崛起之势；在清代，文章虽有发展，但应用文也不如唐宋时期那样"丰盛"。

七、应用文的变革时期——辛亥革命至今

辛亥革命以后，中国社会开始发生巨大的变革，伴随着社会的发展，应用文体也在不断变革，不仅完成了从古体到新体的转变，也越来越符合时代的需要。

南京临时政府颁布了新的文种和公文程式，实现了应用文由古体到新体的变革，历代使用的制、诏、敕、奏等均予废止，体裁变得相当简要。而且由于社会需要产生了新的应用文体裁，也使原有的某些体裁有所变革。

五四运动前夕至当代是应用文重大变革时期。一方面，应用文在表达上发生了重大变化，白话文逐步替代文言文成为应用文的主要特征；另一方面，应用文的体裁发生了重大变化。中国共产党在1931年制定了第一个《文件处置办法》；1942年，陕甘宁边区政府颁布了《陕甘宁边区政府新公文程式》；1951年中央人民政府颁布了《公文处理暂行办法》，之后历经1981年、1987年、1993年、2000年、2012年的五次修订，各种公文体裁的用途或使用范围日益规范化。随着经济生活的不断发展与变迁，出现了众多的经济和法律文书，如广告、经济合同、鉴定书、起诉状等，这些类别都是为了适应人们的种种需要而产生的，并随着社会发展而不断演进。

第二节 应用文的内容要素

应用文与其他写作文体一样，都是由主旨、材料、结构、语言四大要素构成。其中，主旨和材料属于内容要素，结构和语言属于形式要素。另外还有一个不可忽视的要素就是表达方式。这些要素相互作用，使应用文形成一个有机的整体。

▶ 一、应用文的主旨

大多数应用文是以传递作者办事意图为主要目的的，它有着自己的内涵和特点，在写

作时应根据应用文的撰写目的确定主旨，再搜集、占有和选择材料，进而形成确定的文章。确定主旨必须是第一步要做的事情。

主旨要集中，重点要突出。要围绕一个中心思想把问题说深说透，不能试图在一篇文章中表述许多意图，也不能在一篇文章中使用许多与主旨无关的材料，使主旨分散、零乱、不突出。有些综合性的应用文，虽然要写几件事情，但也要抓住主要事物的主要矛盾，做到重点突出，主旨集中。

主旨要揭示事物的内在联系。即揭示其本质及其内部规律，提出推进事物发展的有益见解。要善于抓住事物的主要矛盾，发掘具有实质性和倾向性的问题，提炼出规律性的客观认识和行之有效的工作措施。

主旨要明确。支持什么，反对什么，态度要鲜明，表述要清楚、明白，决不能模棱两可、含糊其词。

▶ 二、应用文的材料

应用文的材料是用来说明主旨的客观事实与事理。材料的选择是围绕主旨的特点进行的，有什么样的主旨，就选择适合主旨的材料进行说明。材料可分为事实材料和事理材料。事实材料即客观现实中存在的人物、事件、名称、数据等；事理材料即党和政府的方针、政策、法规、规定、名言、上级领导讲话等。选择材料的原则如下：

（一）紧扣主旨选材

这是选材的首要原则。主旨确立以后，就成为选材的依据。应以主旨为统帅，以能表现并突出主旨为标准，来决定用哪些材料，舍哪些材料。凡是不能很好地表现主旨的材料，哪怕极为新颖生动，也要毫不犹豫地舍弃。那种马虎草率、任意拼凑材料的写作方法，不仅无助于主旨的表现，甚至会歪曲主旨。初学写作应用文的人往往误以为文本中所用材料越多，主旨便越突出，因而把自己花大力气搜集来的材料，尤其是孤立地看来还比较新鲜、生动的材料尽量塞入文本中，致使文本显得臃肿繁杂，结果淹没了主旨，这是要引以为戒的。

（二）选材务求真实

应用文所选用的材料必须真实确凿。应用文写作的材料必须源自实存的客观事实，不允许虚构、想象，不能对材料任意夸大或缩小。例如表彰先进人物，姓氏、籍贯、模范事迹要准确；叙事则时间、地点、人物及因果要交代准确；引用别人的话或摘引有关政策、法规等依据，要明白无误，哪怕是一个数据、一个标点也不能掉以轻心，马虎了事。这就要求作者必须具有科学、求实的作风，同时又要具备严肃、认真的态度。

（三）选择典型材料

所谓典型材料，是指能够深刻揭示事物的本质和规律、体现同一类事物的普遍意义、具有鲜明独特个性的材料。要从材料的全部总和与联系中去选择能反映客观事物本质的材料，不能选用那些孤立的、偶然的、个别的材料。那些偶然的、个别的材料，虽然不失为真实材料，但因为不具有代表性，不能反映事物的真实全貌，因而是不可取的。而典型材料虽然是个别的、特殊的，却能反映事物的共性，揭示某些本质的东西，这样的材料有时即使只有一个，也可将问题说得清清楚楚，使文本有"以一当十"的说服力。

（四）选择新颖材料

这是指要注意选择那些新近发生的、有时代特征的材料。这类材料有特色，有魅力，给人以新鲜感，让人耳目一新，能吸引人，说服人。要避免使用陈旧的、时过境迁而又缺乏说服力的材料。当前各方面改革逐步深化，各种新事物、新情况不断出现，新经验、新问题不断产生，写作者必须不断地去调查、发掘、研究、总结。新生事物一开始往往是极少的，不要因其少而误认为是偶然的、暂时的现象，以至失之交臂。新鲜生动的材料能吸引读者去认识事物、接受信息、处理问题，这也正是应用文写作所要求的。

▶ 三、应用文的结构

应用文的结构指应用文的内部构造组织，是运用材料以表现文章主旨的有序安排。具体而言，就是指文章的谋篇布局的框架、网络。文章的结构大多数由标题、开头、主体、结尾四个部分组成。这就是文章结构的基本形式，也是应用文结构的基本形式。

（一）标题

应用文标题一般包括四大类：

①公文式标题。这类标题由文章制发者、主要内容（事由事项）、文种名称三大部分构成，在制发者与主要内容之间常以"关于"这一介词连接。公文及一部分事务文书如调查报告等常用此类标题，例如《国务院办公厅关于进一步完善国有企业法人治理结构的指导意见》。法规规章文书和事务文书中的计划、总结的标题亦用此类标题，例如《中国共产党机关公文处理条例》《重庆大学科研工作"十四五"规划》。

②论文式标题。此类标题一般包括以论题为标题和以论点为标题两种情况，学术论文和部分调查报告常用此种标题。

③新闻式标题。新闻式标题的核心标志是标题的一部分，必然涉及主要事实。简报、部分调查报告等事务文书一般使用新闻式标题。新闻式标题包括消息类和通讯类两种情况：消息类标题的主要部分直接陈述主要事实，例如《渝万高铁建成通车》；通讯类标题一般包括正副题两部分，正题点明主旨揭示意义、烘托气氛，副题标明内容、范围和文种，或做补充说明，或陈述事实，例如《扎根第二故乡创业致富——万州三峡库区移民新村调查》《开放是关键，开发是重点，生态平衡是根本——关于乌江流域经济发展的调查报告》。

④文种式标题。以文种名称为标题，诉状类文书、合同、启事、部分礼仪文书等常用此种标题，例如《刑事自诉状》《房屋租赁合同》《招聘启事》《感谢信》等。

（二）开头

开头是一篇文章正文的起笔，对于全篇文章起着至关重要的作用。在应用文中，开头常被称为导言、导语、前言、引言、缘由等。常见的应用文开头包括：

（1）缘由式

即以交代写作行文的缘由作为开头，这是应用文最常见的开头方式。具体而言，主要有以下四种模式：

①原因式。开篇交代事项缘由、写作起因等，以"由于……""因为……""鉴于……"等句式表达。

②目的式。说明事项或要求的目的、意义等，使用"为了……""为……"等句式领起。

③依据式。交代事项或要求的根据，使用"依据……""根据……""经……研究决定""遵照……"等句式。

④合并式。将上述三种形式结合使用，即为"原因、目的、依据式"开头，可以使行文理由更为充分。

（2）引据式

亦称引述式，通过引述来文来函关键内容（一般是引述标题、来文时间、发文字号等），表明写作意图。

（3）情况概述式

简要叙述对象的基本情况，以使读者建立起整体印象。部分调查报告，大多数通报采用此种开头方式。

（4）结论式

针对文章涉及的问题与事实发表意见，做出评价，提出总体看法。

（5）问候祝贺式

社交礼仪文书常用此开头。

（6）背景交代式

总结常用此种开头方式，交代工作进行或活动开展的条件、背景情况等。

以上列举的开头模式中，前两种为公文所常用，后面的几种则相对灵活地为各类事务文书所采用。它们虽然是应用文开头写作的常见模式，但仍不宜机械照搬，在具体的写作实践中，应具体问题具体分析，选用最恰当的开头形式。

（三）主体

主体部分是应用文的核心，它把有关内容和经济信息聚合到一起，根据不同的行文目的，紧扣主题有序展开。主体部分的层次安排，有以下几种常用的基本模式：

①纵式结构，按照安排层次的方式，或以时间先后为序，或以事情的发生、发展、结果为序，或以逐步深入的逻辑推理为序。

②横式结构，按照横向的并列方式层次之间表现为平行关系，把相同性质的材料归纳到一个层次中，或将文章主旨分解为平行并列的几个方面。

③复合式结构，这是一种纵式与横式相结合的结构模式。主体部分或以纵式为主，其中某个部分是横式结构；或以横式为主，其中某个部分是纵式结构。这种结构模式适用于内容较为复杂、材料较为丰富、篇幅较长的财经应用文章，如市场预测报告、市场调查报告等。

主体部分的写作应根据实际需要来安排层次结构，不能拘泥于某种结构模式。

④祈请企盼式。一般用于公文的上行文、平行文中，表示请求批准、指示，为了层次分明、条理清楚，每层可以加小标题，或用序号标明。

（四）结尾

应用文的结尾应力求明快简洁，对主体起强调和补充作用。常见形式有：

①执行要求式。公文中的下行文往往采用这种结尾形式，作者在结尾处向下级提出贯彻执行要求，如"请认真贯彻执行"。决定、指示、通知等常用这种结尾方式。

②模式套语式。应用文常用一些模式化的惯用语作结，它们语义明确、用法固定，能使读者准确把握其意图。如通知、通告、批复常用"特此"模式套语强调其内容。

③予支持、帮助的意愿。如发函的"盼复""希给予大力支持"，请示的"当否，请指示"等结语。

④结论建议式。常用"综上所述……""鉴此……"之类词语引出具体的结论或建议。调查报告、述职报告等文种一般采用此种结尾形式。

⑤希望号召式。即在结尾部分向受文者发出号召提出希望，通报、会议纪要、贺信等较多采用此种形式。

▶ 四、应用文的语言

（一）应用文的语言特点

①准确。即选用最恰当的词语，表达最确切的含义；辨别词义，根据表达需要选择表示感情色彩、范围和程度的词语；造句要合乎语法规范，注意结构完整，避免出现成分残缺、搭配不当等语病现象；语言表达合乎逻辑，恰当得体。

②简洁。即简洁明了，力求简短扼要。根据表达需要，选择意义通俗、明了的词语，多使用习惯用语及经常使用的缩略语，杜绝啰唆重复或可有可无的表达。

③质朴。质朴就是用朴素的语言，真实、自然、贴切地表达出深刻、充实的内容。应用文语言不同于文学语言，不必运用描写、抒情的表现手法，不必曲折、设置波澜，更不要刻意追求华丽的辞藻。应用文写作应以达意为主，"有真意，去粉饰，少做作，勿卖弄"，用平实的语言实事求是地叙述过程，恰当地说明事物，严谨地阐明道理。

④庄重。应用文写作不宜使用文学语言，也不宜使用口语、方言、不规范的简称等词语，要使用应用文专门用语。此外，多用陈述句和祈使句，少用或不用感叹句和疑问句。

（二）模式化用语

学习应用文写作，须掌握一些模式化语词和句式，尤其是那些模式化的介词、介词结构的句式，它们常用于应用文结构的关键部位。

这类语言主要有以下六种：

①领起语。常用于应用文的开端或段落起首部位。常见的领起语模式有"由于（鉴于）……""为了……""根据（依据）……""遵照（按照）……""兹有……"等。

②承启衔接语。这是段落层次之间承上启下的过渡语。在开头部分（发文缘由）与主体部分（内容事项）之间起承接作用的承启衔接语主要有："为此……""特此……""现就（现将）……如下""有鉴于此……"等。综述性的承启衔接语有："综上所述……"

"总之……"等。

③结尾用语。是各类应用文尤其是公文结尾时表收束、表祈请、表指示、表感谢、表企盼、表强调的语言，主要有："当否，请指示""以上意见如无不妥，请批转有关单位""特此（通告、通知、报告、函达）""函复为盼"等。

④引据用语。如"兹就……""……悉（收悉）""欣闻（悉）……""惊悉（闻）……"等。

⑤称谓用语。第一人称用语："我（我们）""本"；第二人称用语："贵""你（你们）"；第三人称用语："该""他（他们）"。

⑥表态用语。如"不得""禁止""同意""原则同意""暂缓施行"等。

（三）合理运用书面辅助语言

由于应用文写作具有实用性、行业性等特点，因此在其语言体系中，经常使用书面辅助语言，以替代、补充文字语言，从而使应用文的表述更为直观、简明。图形、表格、符号、公式等是应用文中最常见的书面辅助语言。

▶ 五、应用文的表达方式

（一）记叙

记叙是以记述人物或事件的发展过程、变化过程来表达思想的一种表达方式。撰写应用文，常用的叙述种类有顺叙、倒叙和夹叙夹议等。

（二）说明

说明，就是简明扼要地把事物的形状、性质、特征、成因、关系、功能等解说清楚，把人物的经历、特点等表述明白的一种表达方式。说明在应用文写作中有着广泛的用途，常用的说明方法有定义说明、分类说明、举例说明、比较说明、数字说明、引用说明、图表说明等。

（三）议论

议论就是说理和评判，是作者通过事实材料及逻辑推理来明辨是非、阐发道理、表明见解的一种表达方法。一般来说，议论是由论点、论据和论证三个要素构成。

思考与练习 ▶▶▶▶▶▶ ▶▶▶▶▶▶

一、多项选择题

1. 应用文的特点主要有（　　）。

A. 实用性　　　　　　B. 政治性　　　　　C. 时效性　　　　　　D. 规范性

E. 平实性

2. 应用文的作用主要有（　　）。

A. 明法传令，处理事务　　　　　　B. 实施管理，维护秩序

C. 方便群众，便于联系　　　　　　D. 协调沟通，促进交流

E. 凭证依据，文献参考

3. 应用文文本的四大要素（　　　）。

A. 语言　　　　　　　B. 结构　　　　　　C. 材料　　　　　　D. 主旨

E. 丰富

二、判断题

1. 应用文常使用书面辅助语言，如图形、表格、符号、动作等，以替代、补充文字语言。　　　　　　　　　　　　　　　　　　　　　　　　　　　　　（　　　）

2. "着令""如期""谢忱""鉴于""贵单位"都是应用文中尚保留的文言词汇。

（　　　）

3. 应用文语言运用的基本要求是准确、简洁、生动、鲜明。　　（　　　）

第八单元 公文写作基础知识

第一节 党政机关公文概述

▶ 一、公文的含义

公文有广义和狭义之分。广义的公文即公务文书，是指党政机关、社会团体、企事业单位等社会合法组织在处理公文时形成和使用的各类文书。狭义的公文即法定公文，主要指《党政机关公文处理工作条例》中颁布的15种党政公文。

本书采用的是狭义的公文概念，即党政机关公文是党政机关实施领导、履行职能、处理公务的具有特定效力和规范体式的文书，是传达贯彻党和国家的方针政策，公布法规和规章，指导、布置和商洽工作，请示和答复问题，报告、通报和交流情况等的重要工具。

▶ 二、公文的特点

（一）法定性

公文的法定性主要体现为四个方面：

1. 公文作者的法定性

公文的作者必须是依照法律和有关规定及一定的组织程序成立并具有法定职权的社会合法组织——党政机关、企事业单位、社会团体。非社会合法组织或个人无权制发公文。公文作者的法定性受到国家法律的保护。

2. 公文内容的合法性

任何机关制发公文都必须符合国家法律和党的路线方针政策，并同现行的有关公文相衔接。

3. 公文效用的法定性

社会合法组织均拥有法定的职能和权限范围，在此职权范围内制发的公文，其效用具有同该组织职权一致的法定性。这种法定性具体体现为权威性，即公文在法定的时间、空间范围对于受文对象具有强制力和约束力（强制阅读、强制办理或强制答复）等执行效力。受文对象如果不接受其强制和约束，就可能是失职、渎职甚或违纪、违法，须承担一定的不利后果。这种法定性同时也规定了公文不能越权制发，越权行文是无效行文，或是违纪或非法行文。

4. 公文制发程序的法定性

公文的制发与行文必须履行法定程序才能生效，比如依据《党政机关公文处理工作条例》等法规性文件的规定，一般公文须经审核、签发、用印等程序；联合行文须履行会签手续；法规性公文（如条例、规定）和重要的指挥指导性公文（如决议、决定），均应按法定程序经有关会议通过或有关组织批准。

（二）工具性

凡是应用文都具有工具性，因为它们都是应实践活动的需要而产生，对实践活动的进行发挥实际效用的文本，这种"应实而生，生而实用"的属性，正是应用文的工具性或实用性特点。公文是应用文的一种，当然具有此特点。需要注意的是，不宜泛义地理解公文的工具性，公文是"进行公务活动的工具"，是应公务活动的需要和进行而产生并发挥实际效用的应用文，其用途仅限于公务活动，因此，公文的工具性是一种特殊的公务工具性。

（三）规范性

规范性既是公文的内容特点，也是其形式特点。

从内容方面看，它指的是：公文的内容必须符合党和国家的法律、法规，方针、政策及有关规定。

从形式方面看，它指的是：公文的格式、行文程序等均须遵循《党政机关公文处理工作条例》《党政机关公文格式》的统一规定和要求，不能轻易变更和突破。一般文章在形式（体裁、格式等）上也有规定，但与公文相比，却是比较灵活、多样的，而公文形式的规范性要求则达到了模式化程度——《党政机关公文处理工作条例》规定党政公文文种为15种。各种社会组织行文，原则上不能超出这些文种而自制新的文种。

（四）时效性

公文活动是处于一定时段或时期内的事件过程，因而处理实际工作的公文的效用必受到一定的时间限制，具有突出的时效性。也就是说，公文的效用受公文的生效时间、执行时间的制约。具体而言，公文的时效性主要体现在三个方面：一是时代性，公文的作者和公文的制作应紧密联系社会现实和形势发展，顺应时代变化契合时代要求。二是及时性，公文要写得及时，发得及时，办得及时，如有拖延则难以发挥应有作用甚而耽误工作。三是时限性，公文只在一定的时间内具有直接效用，在此之前或之后都没有直接效用。

▶ 三、公务文体的种类

①根据文件的来源来划分。公文可以分为对外文件、收来文件和内部文件三种。

②根据发文的传递方向来划分。一个机关的对外文件可以按照它们的传递方向分为上行文、平行文和下行文三种。

③根据文件的秘密程度来划分。为了确保党和国家秘密的安全，加强对秘密文件的管理，根据文件内容涉及党和国家的秘密程度可分为秘密、机密、绝密三种，通称"三密"文件。

④根据制发文件的机关和作用来划分。根据制发文件的机关和作用可将文件分为法规文件、行政文件和党务文件三种。

⑤根据公文的作用划分。国家行政机关的公文从解放初期的7类12种发展到现在的15类，即决议、命令（令）、决定、公报、公告、通告、通知、通报、议案、报告、请示、

批复、意见、函、会议纪要。

▶ 四、公文规范

所谓规范是指约定俗成的惯例和明文规定的标准。具体而言，公文规范就是指《党政机关公文处理工作条例》和《党政机关公文格式》中的有关规定和有关标准，以及人们在长期公文实践中总结出的一些已被公认的原则，它是我国现行公文处理工作应遵循的准则。

（一）公文文种规范

1. 文种选用原则

（1）按组织系统的职能范围选用文种

党的机关与行政机关各有其职能、分工范围，因而在公文文种选用上亦有一定的区分。根据《党政机关公文处理工作条例》规定，党政 15 个公文中议案这一个文种仅限于行政机关制发，其他 14 个文种党政系统均可使用。

（2）按组织的级别权限选用文种

15 种党政公文并非各级组织均可选用，其中大部分公文可通用（如通知、通报、请示、报告等），有的却只能是一定级别的机关才可选用。如命令、公报、议案、公告等，常常是较高级别的机关才能制发。

（3）按组织之间的工作关系选用文种

组织之间的工作关系主要有隶属（上下级）关系和不相隶属关系两大类型，隶属关系的组织之间行文，应选用上行文（下级向上级行文）和下行文（上级向下级行文），不相隶属关系的组织之间行文，应选用平行文。

（4）按公文的适用范围选用文种

15 种党政公文各有其适用范围即具体用途，行文者必须以《党政机关公文处理工作条例》关于公文种类的阐述为依据，掌握各文种具体个别的用途，选择不同用途的文种办理不同事由的公务。例如向上级机关汇报工作、反映情况选用报告行文，提出见解和处理办法则选用意见行文。

2. 应避免的文种混乱现象

（1）混用公文文种

混用文种的现象之一，是不了解或不熟悉《党政机关公文处理工作条例》中关于各种公文的适用范围，不辨相近文种的区别而在行文时混同使用。这种现象常常表现为公告与通告、决议与决定、请示与报告、通知与通报、请示与函等几组相近文种混用。以公告与通告为例：不少单位无权发布公告，却在应该使用通告以周知有关事项时使用公告。再如请示和函的混用：不分行文对象是上级机关或不相隶属机关，凡是有所请求均使用请示。

混用文种的现象之二，是将不同文种"混合"联用。最常见的是将报告和请示两个文种合二而一，并称"请示报告"，在向上汇报工作、反映情况的同时提出请示事项。

（2）生造公文文种

生造文种是指不按《党政机关公文处理工作条例》规定选用党政公文，随心所欲生造文种并按正式公文行文的现象。常见的生造文种有《关于××的思路》《关于××的请求》《关于××的吹风》，另外还有"汇报""构想""思考""框架结构"等生造文种也常被一些单位作为党政公文使用。

（3）误用公文文种

误用公文文种是指将其他应用文，特别是将事务文书中的文种误用为党政公文文种。主要表现在本应使用决定、意见、报告、通知、通报等公文，却使用计划类、总结类、简报类事务文书，以"要点""打算""安排""小结""体会""设想"等形式行文，如《中共××省委 2021 年工作要点》《××县人民政府关于 2020 年二季度的工作安排》，就是明显的误用文种。

（二）公文行文规范

在《党政机关公文处理工作条例》第四章就党政公文的行文规则做了规定，即有五大规则：

1. 行文实效性的规则

"行文应当确有必要，讲求实效，注重针对性和可操作性"。

2. 按权限行文的规则

"行文关系根据隶属关系和职权范围确定。一般不得越级行文，特殊情况需要越级行文的，应当同时抄送被越过的机关"。

3. 向上级机关行文的规则

《党政机关公文处理工作条例》中对此明确规定为 6 条细则：

（1）原则上单一主送

"原则上主送一个上级机关，根据需要同时抄送相关上级机关和同级机关，不抄送下级机关"。

（2）本级部门根据授权及权限向上级主管部门行文

"党委、政府的部门向上级主管部门请示、报告重大事项，应当经本级党委、政府同意或者授权；属于部门职权范围内的事项应当直接报送上级主管部门"。

（3）不得向上级机关原文转报下级请示事项

"下级机关的请示事项，如需以本机关名义向上级机关请示，应当提出倾向性意见后上报，不得原文转报上级机关"。

（4）请示与报告相区别

"请示应当一文一事。不得在报告等非请示性公文中夹带请示事项"。

（5）要以本机关名义向上级机关报送公文

"除上级机关负责人直接交办事项外，不得以本机关名义向上级机关负责人报送公文，不得以本机关负责人名义向上级机关报送公文"。

（6）受双重领导者向上行文可抄送另一上级机关

"受双重领导的机关向一个上级机关行文，必要时抄送另一个上级机关"。

4. 向下级机关行文的规则

《党政机关公文处理工作条例》中对此明确规定为 5 条细则：

（1）抄送的规则

"主送受理机关，根据需要抄送相关机关。重要行文应当同时抄送发文机关的直接上级机关"。

（2）上级机关办公厅（室）向下级机关行文的规则

"党委、政府的办公厅（室）根据本级党委、政府授权，可以向下级党委、政府行文，其他部门和单位不得向下级党委、政府发布指令性公文或者在公文中向下级党委、政府提出指令性要求。需经政府审批的具体事项，经政府同意后可以由政府职能部门行文，文中须注明已经政府同意"。

（3）上级部门向下级部门行文的规则

"党委、政府的部门在各自职权范围内可以向下级党委、政府的相关部门行文"。

（4）行文事关多部门须协商一致的规则

"涉及多个部门职权范围内的事务，部门之间未协商一致的，不得向下行文；擅自行文的，上级机关应当责令其纠正或者撤销"。

（5）向受双重领导的机关行文的抄送规则

"上级机关向受双重领导的下级机关行文，必要时抄送该下级机关的另一个上级机关"。

5. 同级机关行文的规则

"同级党政机关、党政机关与其他同级机关必要时可以联合行文。属于党委、政府各自职权范围内的工作，不得联合行文。党委、政府的部门依据职权可以相互行文。部门内设机构除办公厅（室）外不得对外正式行文"。

（三）公文语言规范

1. 准确

准确是公文语言的本质特点、要求，它是公文语言其他特点的前提和条件。为使公文用语准确，要注意以下几点：

（1）精选同义词准确达意

汉语拥有的词汇浩如烟海，词汇的丰富为达意的准确提供了条件，同时也增加了选词的难度。汉语词汇量之大，原因之一在于同义词甚多，一个基本意思的表达，可以选用的同义词有若干，但其中必有一个是最恰当的。同义词在词义轻重、褒贬意义、语体风格、范围大小、程度深浅等诸多方面有细微区别，写作者应当善于加以辨析，从中精选出最恰当的一个来准确地表达意思。公文写作对于同义词选用的要求尤其严格。

（2）巧用附加语限定语意

选准了中心词有时还不能十分准确地达意，某些概念的内涵可能较为丰富，或外延较为宽泛，为了把握程度、范围性质等方面的分寸，往往要在中心词的前面加上附加语，对中心词加以修饰和限制，这样才能把意思表达得更为准确。如"精神文明建设要切实加强，政治体制改革要继续深入"，其中"切实""继续"就是使语意更为准确的附加语。

（3）善用关联词彰显文脉

为达意的准确、脉络的清晰、结构的严谨，公文中常常需使用多种关联词语，特别是在公文的缘由部分（或称开头、导言部分）为了把发文的原因、根据、目的、经过等恰当地表达出来，公文中常常选用"由于……""根据……""为了……""关于……""经研究……""鉴于……"等关联词语。

（4）适用模糊语勾勒概略

当公文要表达概略情况或反映本身就具有模糊性的事物时，可适当使用模糊语言。所谓模糊语言，是指内涵与外延具有不确定性的语言，适当使用这种语言，非但不会有损公文的准确性，反而能使意思表达得更为准确而得体。公文中常用的模糊语有"近来""有关方面（单位、人士、地区）""各地""大部分""屡屡""约""酌情""基本"等等。

2. 简明

所谓简明即简洁、明了。语言欲求简明，应注意以下几点：

（1）遣词用其基本义

公文的用词力求语义明确、单一，一般不用容易产生歧义或造成误解的词语。在此基础上，对词汇的使用还要注重用其基本义。大多数汉语词汇，在其基本意义之外还有若干引申意义和比喻意义，而公文遣词造句时，一般都应当用其基本意义。如在开展造林绿化、保护生态环境的公文中，常常要求人们要爱护身边的"花草树木"，这里的花草即是用的词的本意；这与我们指责某些作风不正的人老爱"拈花惹草"的"花草"的意思就大相径庭了。

（2）组句酌用文言词

文言词汇多为单音节词（单字词），在形式上就自有其简短特点，而且不少文言词在当代仍富有生命力和表现力，因此在各类现代文体写作中仍被人们采用。公文所采用的文言词即属此类，但在选用时更强调其词义的稳定、单一，以确保表意的明确和简洁。有不少文言词语已成为公文常用的"模式语"，用以表达相当固定的意思，例如"悉（收悉、惊悉、欣悉）""当（当否、不当）""妥（妥否、如无不妥）""顷（顷接、顷奉）""务（务希、务求）""毋（毋庸、毋须）""亟（亟待、亟须）""经（业经、兹经）""均""系""兹""该"等等。

（3）求简常用缩略语

缩略语是以"节缩"修辞法对字数较多的短句、词语予以简化后生成的字数较少的语词。使用缩略语，是使公文语言简明的有效方法。除了直接沿用已经约定俗成的缩略语如"八荣八耻""三个代表""互联网""四化"等之外，在公文写作中也可自行构建缩略语，但需要注意以下两点：

①力求规范。缩略语应保留原词语、词组的结构关系，同时应确保得体和避免产生歧义。如"重庆师范大学"简缩为"重庆师大"，"政治协商会议"简化为"政协"，就是符合规范的。而把"市场管理委员会"缩略为"市委"，则有歧义，把"上海测量仪器研究所"缩略为"上测所"，则很不得体。

②先全后简。首次使用某缩略语时，应当先使用完整形态的原词语，然后注明"以下简称×××"，便可将缩略语在本篇公文中使用了。

3. 朴实

所谓朴实即质朴、平实、浅近而不雕琢、夸张、古奥。应注意以下两点：

（1）切忌雕琢堆砌

公文语言与文学语言迥然相异，公文语言的第一要义是准确达意，因而应力求明白、直接，绝不刻意求生动、形象，更忌浮华艳丽、辞藻堆砌。所以公文应用修辞手段、使用形容词时必须十分慎重、节制。

（2）言说直陈其意

公文在运用语言表达意思时应开门见山：直陈事实而不多做刻画和渲染，直提意见、要求而不曲折委婉，浅显说明而不晦涩艰深，不宜采用夸张、婉曲、双关、反语等修辞手段，更要力戒假话、大话、空话。

4. 庄重

公文的特点和作用决定了其用语必须庄重即郑重、严肃，一般不宜生动、活泼，不用口语、俚语、方言，更不追求诙谐与幽默。应注意以下几点：

（1）冷静、客观的文风

公文不是个性化的写作，字里行间不能带有任何个人的偏好和感情色彩，应以一种实事求是的态度和公正公允的视角，对有关事物、事务、事项进行叙述、议论和说明，体现出一种冷静、客观的文风。

（2）使用具有普适性的书面语

公文的用语应通俗易懂，因而须追求语言的普适性、大众化，但又不能因此而大量使用生活化的口语、俗语，那将使公文有失庄重。所以，公文的语言应采用明白晓畅的书面语，既有规范性又有普适性，才能使公文平易而不失庄重。

（3）使用规范化、模式化词语

人们在长期的应用文写作实践中，锤炼和积淀了一系列含义稳定、明确，形式稳固、精练的词语，它们已成为应用文尤其是公文大量沿用的规范化、模式化语言，有些词语甚至已成为公文的专用语言，使用时有严格、固定的要求和适用范围。

（四）公文其他规范

公文的其他规范尚有不少，在此主要介绍以下 3 个方面的内容：

1. 公文文字排列规范

"公文使用的汉字、数字、外文字符、计量单位和标点符号等，按照有关国家标准和规定执行。民族自治地方的公文，可以并用汉字和当地通用的少数民族文字"。

2. 公文用纸规范

"公文用纸幅面采用国际标准 A4 型（$210\text{mm} \times 297\text{mm}$）。特殊形式的公文用纸幅面，根据实际需要确定"。

3. 公文格式规范

公文的拟写和制作，有严格的格式规范，必须按照《党政机关公文处理工作条例》和《党政机关公文格式》的规定进行处理。

▶ 五、公文格式

（一）公文格式的含义和作用

1. 公文格式的含义

公文格式是公文的表现形式，是公文规范化、标准化的要求和体现，也是其法定权威性和约束力在形式上的表现。

2. 公文格式的作用

公文格式的作用在于保证公文的完整性、正确性和有效性，并能给日后的公文处理工作和档案工作提供条件和方便。

（二）公文格式各要素

《党政机关公文格式》将版心内的公文格式各要素划分为版头、主体、版记三部分。

版头是公文首页红色分隔线以上的部分，由份号、密级和保密期限、紧急程度、发文机关标志、发文字号、签发人6项格式组成；主体是公文首页红色分隔线（不含）以下、公文末页首条分隔线（不含）以上的部分，由标题、主送机关、正文、附件说明、发文机关署名、成文日期、印章、附注、附件9项格式组成；版记是公文末页首条分隔线以下、末条分隔线以上的部分，由抄送机关、印发机关和印发日期2项格式组成。

以下即按此三部分对公文格式分述之。

1. 版头部分的格式要素

（1）份号

公文印制份数的顺序号。涉密公文应当标注份号。《党政机关公文格式》规定公文"如需标注份号，一般用6位3号阿拉伯数字，顶格编排在版心左上角第一行"。

（2）密级和保密期限

公文的秘密等级和保密的期限。涉密公文应当根据涉密程度分别标注"绝密""机密""秘密"和保密期限。《党政机关公文格式》规定"如需标注密级和保密期限，一般用3号黑体字，顶格编排在版心左上角第二行；保密期限中的数字用阿拉伯数字标注"。

（3）紧急程度

这是对公文送达和办理的时限要求。根据紧急程度，紧急公文应当分别标注"特急""加急"，电报应当分别标注"特提""特急""加急""平急"。《党政机关公文格式》规定"如需标注紧急程度，一般用3号黑体字，顶格编排在版心左上角；如需同时标注份号、密级和保密期限、紧急程度，按照份号、密级和保密期限、紧急程度的顺序自上而下分行排列"。

（4）发文机关标志

由发文机关全称或者规范化简称加"文件"二字组成，也可以使用发文机关全称或者规范化简称。联合行文时，发文机关标志可以并用联合发文机关名称，也可以单独用主办机关名称。《党政机关公文格式》规定："发文机关标志居中排布，上边缘至版心上边缘为35mm，推荐使用小标宋体字，颜色为红色，以醒目、美观、庄重为原则。联合行文时，如需同时标注联署发文机关名称，一般应当将主办机关名称排列在前；如有'文件'二字，应当置于发文机关名称右侧，以联署发文机关名称为准上下居中排布。"

（5）发文字号

由发文机关代字、年份、发文顺序号组成。联合行文时，使用主办机关的发文字号。《党政机关公文格式》规定发文字号编排在发文机关标志下空二行位置，居中排布。年份、发文顺序号用阿拉伯数字标注；年份应标全称，用六角括号"〔〕"括入；发文顺序号不加"第"字，不编虚位（即1不编为01），在阿拉伯数字后加"号"字。

上行文的发文字号居左空一字编排，与最后一个签发人姓名处在同一行。

（6）签发人

上行文应当标注签发人姓名。《党政机关公文格式》规定该项目由"签发人"三字加全角冒号和签发人姓名组成，居右空一字，编排在发文机关标志下空二行位置。"签发人"三字用3号仿宋体字，签发人姓名用3号楷体字。

如有多个签发人，签发人姓名按照发文机关的排列顺序从左到右、自上而下依次均匀编排，一般每行排两个姓名，回行时与上一行第一个签发人姓名对齐。

2. 主体部分的格式要素

（1）标题

由发文机关名称、事由和文种组成。《党政机关公文格式》规定公文标题"一般用2号小标宋体字，编排于红色分隔线下空二行位置，分一行或多行居中排布；回行时，要做到词意完整，排列对称，长短适宜，间距恰当，标题排列应当使用梯形或菱形"。

（2）主送机关

公文的主要受理机关，应当使用机关全称、规范化简称或者同类型机关统称。《党政机关公文格式》规定"主送机关编排于标题下空一行位置，居左顶格，回行时仍顶格，最后一个机关名称后标全角冒号"。

（3）正文

公文的主体，用来表述公文的内容。《党政机关公文格式》规定公文首页必须显示正文。一般用3号仿宋体字，编排于主送机关名称下一行，每个自然段左空二字，回行顶格。文中结构层次序数依次可以用"一、""（一）""1.""（1）"标注；一般第一层用黑体字、第二层用楷体字、第三层和第四层用仿宋体字标注。"当公文正文排版后所剩空白处不能容下印章或签发人签名章、成文日期时，可以采取调整行距、字距的措施解决"。

（4）附件说明

公文附件的顺序号和名称。《党政机关公文格式》规定"如有附件，在正文下空一行左空二字编排'附件'二字，后标全角冒号和附件名称。如有多个附件，使用阿拉伯数字标注附件顺序号（如"附件：1. ××"）附件名称后不加标点符号。附件名称较长需回行时，应当与上一行附件名称的首字对齐"。

（5）发文机关署名

署发文机关全称或者规范化简称。《党政机关公文格式》规定"单一机关行文时，一般在成文日期之上、以成文日期为准居中编排发文机关署名；联合行文时，应当先编排主办机关署名，其余发文机关署名依次向下编排"。

（6）成文日期

署会议通过或者发文机关负责人签发的日期。联合行文时，署最后签发机关负责人签发的日期。《党政机关公文格式》规定"成文日期用阿拉伯数字将年、月、日标全，年份应标全称，月、日不编虚位（即1不编为01）"。

（7）印章

公文中有发文机关署名的，应当加盖发文机关印章，并与署名机关相符。有特定发文机关标志的普发性公文和电报可以不加盖印章。《党政机关公文格式》规定"单一机关行文时，一般在成文日期之上、以成文日期为准居中编排发文机关署名，印章端正、居中下压发文机关署名和成文日期，使发文机关署名和成文日期居印章中心偏下位置，印章顶端应当上距正文（或附件说明）一行之内。

"联合行文时，一般将各发文机关署名按照发文机关顺序整齐排列在相应位置，并将印章一一对应、端正、居中下压发文机关署名，最后一个印章端正、居中下压发文机关署名和成文日期，印章之间排列整齐、不相交或相切，每排印章两端不得超出版心，首排印章顶端应当上距正文（或附件说明）一行之内"。

（8）附注

公文印发传达范围等需要说明的事项。《党政机关公文格式》规定正文"如有附注，居左空二字加圆括号编排在成文日期下一行"。

（9）附件

公文正文的说明、补充或者参考资料。《党政机关公文格式》规定附件应当另面编排，并在版记之前，与公文正文一起装订。"附件"二字及附件顺序号用3号黑体字顶格编排在版心左上角第一行。附件标题居中编排在版心第三行。附件顺序号和附件标题应当与附件说明的表述一致。附件格式要求同正文。

如附件与正文不能一起装订，应当在附件左上角第一行顶格编排公文的发文字号并在其后标注"附件"二字及附件顺序号。

3. 版记部分的格式要素

（1）抄送机关

除主送机关外需要执行或者知晓公文内容的其他机关，应当使用机关全称、规范化简称或者同类型机关统称。《党政机关公文格式》规定"如有抄送机关，一般用4号仿宋体字，在印发机关和印发日期之上行左右各空一字编排。"抄送"二字后加全角冒号和抄送机关名称，回行时与冒号后的首字对齐，最后一个抄送机关名称后标句号。

如需把主送机关移至版记，除将"抄送"二字改为"主送"外，编排方法同抄送机关。既有主送机关又有抄送机关时，应当将主送机关置于抄送机关之上一行，之间不加分隔线。

（2）印发机关和印发日期

公文的送印机关和送印日期。《党政机关公文格式》规定印发机关和印发日期一般用4号仿宋体字，编排在末条分隔线之上，印发机关左空一字，印发日期右空一字，用阿拉伯数字将年、月、日标全，年份应标全称，月、日不编虚位（即1不编为01），后加"印发"二字。

版记中如有其他要素，应当将其与印发机关和印发日期用一条细分隔线隔开。

（三）公文的特定格式

1. 信函式格式

发文机关标志使用发文机关全称或者规范化简称，居中排布，推荐使用红色小标宋体字。联合行文时，使用主办机关标志。

发文机关标志下4毫米处印一条红色双线（上粗下细），距下页边20毫米处印一条红色双线（上细下粗），线长均为170毫米，居中排布。

如需标注份号、密级和保密期限、紧急程度，应当顶格居版心左边缘编排在第一条红色双线下，按照份号、密级和保密期限、紧急程度的顺序自上而下分行排列。

发文字号顶格居版心右边缘编排在第一条红色双线下。

标题居中编排，与其上最后一个要素相距二行。

首页不显示页码。

版记不加印发机关和印发日期、分隔线，位于公文最后一面版心内最下方。

2. 命令（令）格式

发文机关标志由发文机关全称加"命令"或"令"字组成，居中排布，推荐使用红色小标宋体字。

发文机关标志下空二行居中编排令号，令号下空二行编排正文。

签发人职务、签名章和成文日期的编排按《党政机关公文格式》相关规定执行。

3. 纪要格式

纪要标志由"××××纪要"组成，居中排布，推荐使用红色小标宋体字。

纪要格式可以根据实际制定。

第二节 命令（令）、决定、决议、意见和议案

▶ 一、命令（令）的写作

（一）命令（令）的含义

命令（令）是国家机关及其领导人发布行政法规和规章、宣布施行重大强制性行政措施、批准授予和晋升衔接、嘉奖有关单位和人员的下行公文。

（二）命令（令）的特点

①权威性。

②严肃性。

③法定性。

④指挥性。

（三）命令（令）的种类

命令（令）按发布单位分类，可分为国家权力机关发布命令（令）、国家行政机关发布命令（令）、领导人发布命令（令）。

按其具体用途分类，可分为发布令、行政令、任免令、嘉奖令、赦免令、通缉令等。

（四）命令（令）的写法

结构	写作内容
标题	完整式标题：发文机关＋（关于）事由＋（的）命令 省略式标题：1.（关于）事由＋（的）命令 2. 发文机关或人员＋令

续表

结构		写作内容
编号		第＋流水号＋号
正文	主送机关	主送机关全称、规范性简称或省略主送机关
	主体	命令的缘由、命令的事项和执行要求
	结束用语	发布令公文："现予发布，自公布之日起施行。" 行政令公文："以上各项，希遵照执行。"
落款		发文机关署名或发文领导人的职务和姓名、成文日期

1. 标题

标题有两种形式：

①完整式标题，如《中华人民共和国国务院关于发行新版人民币的命令》。

②省略式标题，省略发文机关，如《任免令》。或省略事由，如《中华人民共和国国务院令》。

2. 编号

编号位于标题正下方，表明国家领导人任职以来发布命令的流水号，至任职期满换下一届新的领导人为止。如政府换届但领导人连任，则不换令号。

3. 主送机关

顶格写明主送机关全称或规范性简称，若受文对象是普发性机关，则可以省略主送机关。

4. 正文

命令（令）的正文写法比较简单，通常一文一事，篇幅短小。一般可由命令的缘由、命令的事项、执行要求三部分组成。

①命令的缘由，即说明发布命令的依据。一般用"为此，发布命令如下"，或"根据……，为……，特发布此令"，引出下文。

②命令的事项，指为实现命令的目的所采取的相应措施。不同类型的命令其事项内容也不同，若内容较多，可分条列项陈述。

③执行要求，即在执行命令过程中需遵守的相关规定。

5. 落款

发文机关署名或发文领导人的职务和姓名、成文日期。

（五）命令（令）的写作要求

①发布者必须有制发命令（令）的权力，不得越权。

②命令（令）的内容需清楚明确，不能模棱两可，也不能朝令夕改。

③命令（令）的写作风格需庄重严肃，语言简明精练，语气坚定有力。

（六）例文

南昌市人民政府关于对南昌市史志办公室的嘉奖令

各县（区）人民政府、开发区管委会，市政府各部门：

2020年，经中国地方志指导小组评审，南昌市史志办公室编纂出版的《南昌年鉴

（2019）》荣获第七届全国地方志优秀成果（年鉴类）市级综合年鉴特等年鉴，这是全国年鉴评比最高荣誉。近年来，南昌市史志办公室紧紧围绕"打造精品、争创一流"目标，秉承"求真求实、创新创优"理念，倾力编纂出我市精品志鉴的典范之作，对促进南昌文化事业发展、助力南昌文化强市建设具有重要意义。

为鼓励先进，经研究，决定对南昌市史志办公室予以通令嘉奖。希望南昌市史志办公室以此为动力，继续保持良好工作势头，勇立潮头，再创佳绩。

各地、各部门要认真学习先进、勇闯新路、积极作为，聚焦"作示范、勇争先"的目标定位，对标"彰显省会担当"的更高要求，扎实推进"五城"建设，为在描绘新时代江西改革发展新画卷中展现南昌作为做出更大贡献。

南昌市人民政府

2021 年 1 月 22 日

评析：

这是一份嘉奖令，标题由发文机关＋事由＋文种组成。正文先陈述南昌市史志办公室的事迹并给予评价，再写明奖励决定和提出希望，最后号召各地、各部门向其学习。全文庄重严肃，结构清晰，语言简洁凝练。

▶ 二、决定的写作

（一）决定的含义

决定是一种用于对重要事项做出决策和部署、奖惩有关单位和人员、变更或撤销下级机关不适当的决定事项的公文。它所做出的安排要求各受文单位必须遵守，是一种带有制约、规范、指导作用的下行公文。

（二）决定的特点

①指令性。

②广泛性。

③规范性。

（三）决定的种类

根据内容和作用的不同，可以分为部署指挥性决定、决策知照性决定、奖惩性决定、任免性决定。

（四）决定的写法

结构		写作内容
标题		完整式标题：发文机关＋（关于）事由＋（的）决定 省略式标题：（关于）事由＋（的）决定
正文	主送机关	主送机关全称、规范性简称或省略主送机关
	主体	开头、主体、结尾
	结束用语	"特此决定""本决定自×××年×月×日起生效"
落款		发文机关署名和成文日期

1. 标题

（1）完整式标题，如《中共中央关于全面深化改革若干重大问题的决定》《中共中央关于追授黄大年同志"全国优秀共产党员"称号的决定》。

（2）省略式标题，如《关于李××、蔡××同志任（免）职决定》《关于表彰先进集体和先进个人的决定》。

2. 主送机关

顶格注明主送机关全称或规范性简称，若受文对象是普发性机关，则可以省略主送机关。

3. 正文

决定的正文一般由开头、主体、结尾三部分组成。

（1）开头

简要介绍决定的缘由、根据。如"为了……，根据……"，"根据××会议研究"等作为开头语。奖惩性决定在开头应写明奖惩对象的基本情况。

（2）主体

此部分应分条列项地写明决定的具体事项。要求内容具体明白，层次清楚，便于有关部门执行。

（3）结尾

提出希望、要求或执行说明。若主体部分已言尽其意，可不做专门的结尾。

4. 落款

在正文右下方注明发文机关和成文日期。若需要突出通过决定的会议及时间，则可在标题的正下方标明"某年某月某日某会议通过"的字样，并用圆括号括起来。

（五）决定的写作要求

①决定的内容必须是对重要事项的决策和部署，不能随便什么问题都使用决定。

②行文需慎重，其内容要符合党和国家的政策和精神。

③观点、态度要明确，用语、结论要准确，以便相关单位或人员执行。

（六）例文

中共江苏省委江苏省人民政府
关于表彰劳动模范和先进工作者的决定

（2021 年 4 月 30 日）

2016 年以来特别是党的十九大以来，在党中央、国务院的坚强领导下，省委、省政府团结带领全省人民围绕统筹推进"五位一体"总体布局、协调推进"四个全面"战略布局，坚定不移贯彻新发展理念，团结一心、攻坚克难、开拓进取、奋发作为，决胜全面建成小康社会取得决定性成就，新冠肺炎疫情防控取得重大战略成果，"十三五"发展目标任务如期顺利完成，全省经济、政治、文化、社会、生态文明建设和党的建设取得显著成绩。在建设"强富美高"新江苏生动实践中，全省各行各业涌现出一大批爱岗敬业、锐意创新、勇于担当、无私奉献的先进模范人物，他们以模范行动和崇高品格，充分彰显了以爱国主义为核心的民族精神和以改革创新为核心的时代精神。为表彰他们的突出贡献，在全社会营造劳动光荣、知识崇高、人才宝贵、创造伟大的社会风尚，鼓舞激励全省人民在现代化建设新征程上继续拼搏奋斗、争创一流、勇攀高峰，省委、省政府决定，授予凌小舟等675人江苏省劳动模范荣誉称号，授予郭继臣等325人江苏省先进工作者荣誉称号。

希望获得省劳动模范和先进工作者称号的同志，不忘初心、牢记使命，砥砺奋进、不负韶华，珍惜荣誉、永葆本色，以实际行动诠释伟大创造精神、伟大奋斗精神、伟大团结精神、伟大梦想精神，在实施"十四五"规划、全面建设社会主义现代化国家中再立新功、再创佳绩。

全省上下要坚持以习近平新时代中国特色社会主义思想为指导，更加紧密地团结在以习近平同志为核心的党中央周围，增强"四个意识"、坚定"四个自信"、做到"两个维护"，全面贯彻党的十九大和十九届二中、三中、四中、五中全会精神，履行好"在改革创新、推动高质量发展上争当表率，在服务全国构建新发展格局上争做示范，在率先实现社会主义现代化上走在前列"的重大使命，以劳动模范和先进工作者为榜样，自觉践行社会主义核心价值观，大力弘扬劳模精神、劳动精神、工匠精神，通过诚实劳动、勤勉工作创造更加幸福美好的生活，为谱写好"强富美高"新江苏现代化篇章而不懈奋斗！

附件：2021年江苏省劳动模范和先进工作者名单（共1000名）（略）

评析：

这是一份表彰性决定。正文首先概括叙述了党的十九大以来，全省经济、政治等方面建设取得显著成绩，涌现了一批先进模范人物并写明了他们所表现出的优秀品质；其次写明了表彰的缘由和表彰的具体事项；最后提出希望和号召全省人民向先进学习。本文是标准的三段式决定写法，内容完善，结构清晰，语言凝练。

▶ 三、决议的写作

（一）决议的含义

决议是党政领导机关针对重大问题，经会议讨论通过所做出的决策，并要求相关单位贯彻执行的下行公文。

（二）决议的特点

①权威性。
②指导性。
③程序性。
④稳定性。

（三）决议的种类

根据内容和性质的不同，可分为三类：决策性决议、论断性决议、审批性决议。

（四）决议的写法

结构		写作内容
标题		完整式标题：发文机关（或会议名称）＋（关于）事由＋（的）决议 省略式标题：（关于）事由＋（的）决议
题注		（××会议××××年××月××日通过）或（××××年××月××日通过）
正文	开头	决议的缘由
	主体	决议的事项
	结尾	提出希望、号召和执行要求
落款		发文机关署名和成文日期

1. 标题

完整式标题，如《中国共产党第十九次全国代表大会关于十八届中央委员会报告的决议》《全国人民代表大会常务委员会关于批准 2018 年中央决算的决议》。

省略式标题，如《关于建国以来党的若干历史问题的决议》。

2. 题注

在标题下方用圆括号注明决议正式通过会议名称和日期，如标题中已有会议名称，则写明通过的时间即可。

3. 正文

由开头、主体、结尾三部分组成。

（1）开头

叙述决议的缘由。一般会简要说明会议的背景和基本情况，陈述本决议的目的、根据或意义。

（2）主体

叙述决议的事项。写明会议通过的决议事项或对相关工作做出的部署安排和要求、措施。

（3）结尾

叙述决议的号召。此部分一般是提出希望、号召和执行要求。有的决议不再拟定专门的结尾。

4. 落款

一般写明发文机关和成文日期。有时也可不写。

（五）决议的写作要求

①决议适用于重大事项，而不是一般问题。

②决议是经会议讨论通过形成的，对会议的中心内容要领会正确。

③注意要评价得当，切忌面面俱到，要叙议结合，富有逻辑性。

④结构严谨，层次清楚，语言简明扼要，语气坚决有力。

（六）决议和决定的区别

决议和决定都是对重要事项做出决策的下行公文。二者的区别如下：

1. 形成程序不同

决议必须经过法定会议对某一问题进行集体讨论，由参会者多数表决通过形成，并以会议的名义发布，而决定不一定经过法定会议讨论通过的程序。它可以是采用会议的方式但可不经表决通过，也可由机关、组织或领导人按相应的职权制作并发布。

2. 涉及内容不同

决议仅适用于会议讨论通过的重大决策事项。决定适用于对重要事项做出决策和部署、奖惩有关单位和人员、变更或撤销下级机关不适当的决定事项。

都经会议讨论通过，若只是简单地表示肯定或否定的意见，履行法律程序，指导有关部门遵照办理的，用决议。若做出了具体的规定和要求，履行法定的权力，强制有关部门执行的，用决定。

3. 作用不同

决议都要求下级机关必须执行。而部署指挥性决定、奖励性决定、任免性决定等需要下级机关执行，决策知照性决定只起到了知照作用。

4. 写法不同

决议需写得概括，其要求多为原则性、宏观性的要求。下级机关在贯彻执行时，多数还需根据决议的要求制定相应的具体办法或实施措施。

决定需写得明确、具体，提出的措施、要求具有可操作性，下级机关可以直接遵照执行。

（七）例文

中山市人民代表大会常务委员会
关于加快推进我市生态宜居美丽乡村建设议案实施方案的决议

（2021 年 5 月 31 日中山市第十五届人民代表大会常务委员会第四十三次会议通过）

中山市第十五届人民代表大会常务委员会第四十三次会议听取和审议了市人民政府《关于提请审议加快推进我市生态宜居美丽乡村建设议案实施方案的报告》。会议原则同意市人民政府的报告，同意市人大常委会农村农业工作委员会的初审报告。

会议认为，建设生态宜居美丽乡村是实施乡村振兴战略的一项重要任务，市十五届人大八次会议上将该项工作作为 2021 年市人大 1 号议案重点加快推进，是深入落实党的十九届五中全会和中央农村工作会议精神，对标实现省委关于建设粤港澳大湾区美丽乡村工作要求的重要举措。市政府高度重视办理工作，议案的实施方案工作思路清晰、职责分工具体、保障措施有力，符合议案办理要求，会议同意该议案的实施方案。

会议要求，市人民政府在实施议案过程中，要从实际出发，加强议案办理的组织领导，调配精干的工作团队，完善村庄和项目规划，及时协调解决好议案办理遇到的困难和问题，着力打造特色精品示范村，发挥示范引领作用。要加强统筹协调，督促各有关部门及各镇街按照议案实施方案的目标要求，细化项目推进计划，强化工作职责，保障资金投入，完善跟踪检查和督办通报工作机制，提高议案办理质效。要强化宣传引导，加强沟通协作，发动村民群众积极参与，形成推动工作的强大合力，营造共建共享的浓厚氛围，紧扣目标、综合施策、久久为功，加快推进我市生态宜居美丽乡村建设，全面提升广大农村居民的获得感和幸福感。在议案办理期间，市议案办理工作领导小组办公室每月向市人大常委会报告议案办理进展情况。

评析：

该决议由标题、题注和正文组成。正文写明了三个内容：第一是审议对象和表明审议态度，即同意；第二是叙述决议的缘由；第三是提出要求。全文层次清晰严密，语言简明扼要，具有很强的权威性和号召力。

▶ 四、意见的写作

（一）意见的含义

意见是对重要问题提出见解和处理办法的公文。它在实际工作中使用广泛。

（二）意见的特点

①行文的多向性。
②用途的多样性。
③效力的灵活性。

（三）意见的种类

①按行文方向分类，可分为上行意见、下行意见和平行意见。
②按行文内容分类，可分为请批性意见、指示性意见、建议性意见。

（四）意见的写法

结构		写作内容
标题		完整式标题：发文机关 + （关于）事由 + （的）意见 省略式标题：（关于）事由 + （的）意见
主送机关		主送机关全称、规范性简称或省略主送机关
正文	开头	意见的缘由
	主体	意见的内容
	结尾	"以上意见如无不妥，请批转有关部门执行""以上意见，请予考虑""以上意见仅供参考"
落款		发文机关署名、成文日期和公章

1. 标题

完整式标题，如《国务院关于进一步深化预算管理制度改革的意见》《北京市海淀区教育委员会关于2021年义务教育阶段入学工作的实施意见》。

省略式标题，如《关于本市"十四五"加快推进新城规划建设工作的实施意见》。

2. 主送机关

标题下方顶格写明主送机关全称或规范性简称，上级机关下行的普发性意见可省略主送机关。

3. 正文

意见的正文部分由开头、主体、结尾组成。

（1）开头

叙述意见的缘由。写明提出意见的目的、原因、依据等。

（2）主体

叙述意见的内容。写明提出的具体意见，若内容较多，可采用条列式写法，分条列项地逐一阐述各项意见，以便接收者能理解和办理。

（3）结尾

一般的意见无特殊结尾。根据意见的行文方向、行文内容，不同的意见也可在结尾另起一行以惯用语作结，如"以上意见，请结合实际情况贯彻执行"等。

4. 落款

写明发文机关名称和成文日期，最后加盖公章。若标题中已有发文机关，可只加盖公章。

（五）意见的写作要求

①意见的行文具有多向性，因此根据行文目的需选择正确的行文方向。

②不同类型的意见，行文语气不同，写作内容的重点也不同。指示性意见的用语应是指令性的下行文语气，其内容理论色彩更浓。建议性意见的用语应是平和、客观、商讨式的语气，其内容要具有可操作性。请批性意见因行文目的是请上级批转给有关方面贯彻执行，因而其具体意见部分不能用祈请语气，其内容要切实可行。

（六）例文

××市人民政府关于推动生态旅游业高质量发展的若干意见

各县（市、区）人民政府，市政府直属各单位：

为全面推进我市生态旅游业高质量发展，不断提升旅游业现代化、集约化、品质化、国际化水平，充分发挥旅游业在扩内需、稳增长、惠民生中的积极作用，更好满足人民日益增长的美好生活需要，结合××实际，特提出如下意见：

一、牢固树立全域旅游理念，推进旅游业高质量发展

（一）总体要求。对标"高水平建设和高质量发展重要窗口"和全市旅游业发展大会精神，以"××之赞"为引领和动力，以"××之干"加快旅游综合改革先行先试，深化旅游结构性改革，打造"旅游规划建设升级版、旅游产品供给升级版、旅游区域协作升级版、旅游机制改革升级版、旅游服务功能升级版"。

（二）主要目标。坚定"诗画浙江"鲜活样板、中国一线休闲度假城市和世界一流生态旅游目的地的定位；着力加快瓯江山水诗路文化旅游带建设；全力推进千亿大投资、全

域大创建、景区大提升、度假区大建设、品牌大培育等"五大工程"建设。到 2025 年，旅游产业增加值达到 220 亿元，旅游产业增加值占 GDP 比重达到 10%，创成国家全域旅游示范市，新创成国家 5A 级旅游景区 1 个、国家级旅游度假区 1 个，旅游业成为人民群众满意的幸福产业。

二、立足于诗路统领，推进旅游规划建设升级

（三）加快瓯江山水诗路文化旅游带建设。充分挖掘保护瓯江山水诗路遗存，围绕诗词、山水、民俗、佛道四大文化主题，擦亮古城名镇名村、高等级景区、名山公园、遗址公园、产业平台、人文水脉、森林古道、革命旧址八类诗路"珍珠"，并串"珠"成"链"，设计精品游线，开展形象演绎，打响瓯江行旅图、处州风华录、江南秘境乡三大品牌，形成海丝瓯江源、十里云和湖、丽水山居图、青田时尚汇等四大产业集聚组团和好溪诗路带、松阴风光带、小溪风情带等三个产业集聚廊道，打造中国山水诗实景地、中国山水诗研学圣地、"诗画浙江"最佳旅游目的地。

（四）完善旅游发展规划体系。（略）

（五）明确旅游空间布局。（略）

三、立足于品质提升，促进旅游产品供给升级

（六）推进千亿大投资工程。加大招商引资工作力度，力争"十四五"招商引资签订正式协议投资 500 亿元以上，确保"十四五"完成文旅项目投资 1 200 亿元以上。重点推进 10 个重点旅游项目，即丽水山居图、百山祖国家公园、瓯江国家级生态旅游度假区、海丝之路文化旅游项目、缙云城市滨江休闲综合体、千峡湖旅游度假区、遂昌天工之城、云和梯田国家 5A 级旅游景区创建、松阳国家级传统村落文化体验区、畲族风情旅游度假区。

（七）推进全域大创建工程。（略）

（八）推进景区大提升工程。（略）

（九）推进度假区大建设工程。（略）

（十）推进品牌大培育工程。（略）

（十一）推动旅游融合发展。（略）

四、立足于市场开拓，推动旅游区域协作升级

（十二）合力共拓旅游市场。（略）

（十三）多元促销旅游品牌。（略）

五、立足于要素配套，加快旅游服务功能升级

（十四）完善旅游综合执法机制。（略）

（十五）构建"快进慢游"旅游基础设施。（略）

（十六）提升旅游服务品质。（略）

（十七）发展智慧旅游。（略）

六、立足于政策保障，实现旅游机制改革升级

（十八）强化旅游发展统筹协调。（略）

（十九）强化财政投入支持。（略）

（二十）强化旅游用地保障。（略）

（二十一）强化旅游人才队伍建设。（略）

本意见自 2021 年 3 月 1 日起施行，已有规定和本意见不一致的，按本意见执行。

××市人民政府
2021 年 1 月 18 日

评析：

这是一份指示性意见。正文首段的"为全面推进我市生态旅游业高质量发展，不断提升旅游业现代化、集约化、品质化、国际化水平，充分发挥旅游业在扩内需、稳增长、惠民生中的积极作用，更好满足人民日益增长的美好生活需要，结合××实际，特提出如下意见"，阐明了意见的缘由，简明扼要地写明了提出意见的原因、目的。接着写明了意见的具体内容，包括总体要求、主要目标、具体做法等。全文内容全面，行文语气有力，逻辑清晰。

▶ 五、议案的写作

（一）议案的含义

议案是各级人民政府按照法律程序向同级人民代表大会或者人民代表大会常务委员会提请审议事项时使用的公文。

（二）议案的特点

①行文作者的法定性。

②行文对象的特定性。

③行文内容的规定性。

④受理程序的法定性。

⑤提交审议的时限性。

（三）议案的种类

按制作主体分类，可分为政府议案、人大组织议案、人大代表议案、其他机构议案。

按内容分类，可分为立法案、重大事项案、建撤案（建立或撤销有关机构）、辞职案、任免案、建议案等。

（四）议案的写法

结构	写作内容
标题	完整式标题：发文机关＋（关于）事由＋（的）议案 省略式标题：（关于）事由＋（的）议案
发文字号	发文机关代字＋函＋〔年份〕＋发文顺序号
主送机关	主送机关全称或规范性简称

续表

结构		写作内容
正文	开头	案据
	主体	方案
	结尾	"请审议""现提请审议""请审议决定"等
落款		签署和日期

1. 标题

完整式标题，如《国务院关于提请审议国务院机构改革方案的议案》《国务院关于提请审议〈中华人民共和国商标法修正案〉的议案》。

省略式标题，如《关于加快推进我市生态宜居美丽乡村建设的议案》。

2. 发文字号

在标题的正下方写明发文字号，如"国函〔2018〕53号"。有的可不写发文字号。

3. 主送机关

议案的主送机关只能是同级人民代表大会或其常务委员会，可写全称或简称。

4. 正文

议案的正文由开头、主体、结尾三部分组成。

（1）开头

案据，即写明提出该议案的原因、根据、意义等。在此部分，应将相关事实、情况做简明扼要的阐述。

（2）主体

方案，即提请审议的具体内容。若提请审议的是对领导人的任免，则要说明被任免人姓名、职务；若提请审议的是重要工作、重要行动，则要提出相应的解决途径和办法；若要制定、修订法律、法规、条例等，应提交草案作为附件。

（3）结尾

议案的结尾常以惯用语来表达程式化的呈请要求。

5. 落款

包括签署和成文日期。国务院向全国人民代表大会或者全国人民代表大会常务委员会提出的议案，应由国务院总理签署；地方各级人民政府议案应由地方政府首长签署。

（五）议案的写作要求

①要以党和国家的方针、政策与法律、法规为依据，要形成符合实际、切实可行的议案。

②所提议案不能超出提出议案的行政机关的职权范围，也不能超出负责审议议案的国家机关的职权。

③立法议案需在该法的名称后面加上"草案"二字，并用圆括号括起来。

④在一个议案中不能出现多个事项，以免造成国家权力机关在审议时的困难。

⑤语言庄重得体、简洁凝练、结构条理清晰。

（六）例文

关于批准公司《董事会议事规则》的议案

各位董事：

为规范×××公司董事会议事及决策规则、程序，依照《中华人民共和国公司法》、我国相关法律法规以及《×××公司章程》的规定，将制定本公司《董事会议事规则》。现将×××公司《董事会议事规则》提请公司董事会审议。

×××公司

20××年×月×日

评析：

此议案篇幅短小，结构完整，写明了提请议案的原因、事项，语言庄重凝练。

思考与练习 》》》》》 》》》》》

1. 适用于会议讨论通过的重大决策事项的文种是（　　）。

A. 决定　　　　　　B. 意见　　　　　C. 决议　　　　　D. 议案

2. 以下不属于意见的特点的是（　　）。

A. 行文的多向性　　　　　　B. 用途的多样性

C. 效力的灵活性　　　　　　D. 时效的规定性

3. 简述命令（令）的适用范围、特点和写作注意事项。

第三节　公告、通告和公报

▶ 一、公告

（一）公告的含义

公告通常是国家中央机关向国内外宣布重要事项或者法定事项时使用的公文。国家一般的行政机关或社会团体把某项工作的结果、新的规定宣告给人民群众知晓，也可用公告。公告是下行文或泛行文。

（二）公告的特点

①重大性。

②公开性。

③权威性。

（三）公告的种类

按其用途划分，可以分为两种：

宣布重大事项的公告：这类公告主要公布国内外周知的或在国内外有重大影响的事项。

宣布法定事项的公告：这类公告用于公布各级立法机关颁布的法律、法令、法规，郑重宣布涉及国内外有关方面的重要规定与重大行动。

（四）公告的写法

结构		写作内容
标题		完整式标题：发文机关 +（关于）事由 +（的）公告
		省略式标题：公告
正文	公告依据	写明发布公告事项的依据或缘由
	公告事项	要求直陈其事，交代清楚重大事项或法定事项的具体内容
	结语	通常用"现予公告""特此公告"等惯用语作为结语
落款		发文单位署名、成文日期、印章

1. 标题

标题写法有多种。

（1）完整式标题，由发文机关、事由和文种组成。如《中国侨联 2021 年招录机关人员面试公告》。

（2）省略式标题，如省略发文机关，有的省略事由，如《新华社公告》；也有省略发文机关和事由，只有文种"公告"二字。

2. 主送机关

公告为普发性公文，一般不标注主送机关。（按：普发性公文、文告类公文，通常省略主送机关）。

3. 正文

正文一般包括依据、事项、结语三个部分。

①依据，写明发布公告事项的依据或缘由。如《邓小平同志治丧委员会公告》的开头："鉴于邓小平同志在党和国家历史发展中的特殊功绩，以及全党全军全国各族人民的共同愿望，现决定：……"有的公告不写公告缘由，开篇即为公告事项。

②事项。要求直陈其事，交代清楚重大事项或法定事项的具体内容。公告事项多的，采用分条列项的写法；事项单一的，则采用段落式（极简者甚至独段成文，即与缘由部分合为一个自然段完成全文）。事项部分应准确、概括，语言简洁、庄重、严谨。

③结语。通常用"现予公告""特此公告"等惯用语作为结语。如果事项部分已表意完整，也可省去专门的结语。

4. 落款

正文之下方居右标明发文机关、成文日期并加盖印章。也可在标题下用题注标明成文日期。

（五）公告的写作要求

①内容要求是庄重、严肃的重大事项。按内容分为两大类：一类是关于人的公告，如

领导人任职、升迁或病情的公告；一类是关于事的公告，如政治公告、经济公告等。另外司法部门或税务机关、海关也可以用公告公布有关法定事项。

②语言要求简短精确。由于公告多是立即下达或紧急发布的重要事项，要求写得简明扼要，高度概括，直陈其事。所用语言也要精练、准确、庄严、质朴。

（六）例文

中国人民银行公告

〔2021〕第 3 号

为维护贷款市场竞争秩序，保护金融消费者合法权益，所有贷款产品均应明示贷款年化利率，现就有关事宜公告如下：

一、所有从事贷款业务的机构，在网站、移动端应用程序、宣传海报等渠道进行营销时，应当以明显的方式向借款人展示年化利率，并在签订贷款合同时载明，也可根据需要同时展示日利率、月利率等信息，但不应比年化利率更明显。

二、从事贷款业务的机构包括但不限于存款类金融机构、汽车金融公司、消费金融公司、小额贷款公司以及为贷款业务提供广告或展示平台的互联网平台等。

三、贷款年化利率应以对借款人收取的所有贷款成本与其实际占用的贷款本金的比例计算，并折算为年化形式。其中，贷款成本应包括利息及与贷款直接相关的各类费用。贷款本金应在贷款合同或其他债权凭证中载明。若采用分期偿还本金方式，则应以每期还款后剩余本金计算实际占用的贷款本金。

四、贷款年化利率可采用复利或单利方法计算。复利计算方法即内部收益率法，具体示例见附件。采用单利计算方法的，应说明是单利。

五、鼓励民间借贷参照本公告执行。

附件：采用内部收益率法计算贷款年化利率示例.pdf（略）

中国人民银行
2021 年 3 月 12 日

评析：

公告属于告知性的下行公文，写法上和用语上都要求简明扼要，通俗易懂。国家权力机关（如外交部）、国家授权涉外部门、新闻机构（如新华社授权公告），某些法定机关，如税务局、海关、铁路局、人民银行、检察院、法院等，才有制发公告的权力。公告的对象很广，不仅向国内宣布，有的还常常向国外宣布，中国人民银行这则公告就是向国内外宣布的事项。

二、通告

（一）通告的含义

通告适用于在一定范围内公布应当遵守或者周知的事项，是一种使用频率高、用途非常广泛的普发性、文告类公文，属于下行文或泛行文。通告既可以用来公布重大的事项，也可以用来公布一般事项，可以关涉国家大事，也可以是较小范围的具体事务。一般采用张贴、登报、广播、电视等形式公开发布，也可以用文件的形式下发。

（二）通告的特点

①周知性。

②约束性。

③普适性。

（三）通告的种类

通告按其性质分，可以划分为以下两种：

①规定性通告。这是公布在一定范围内要求有关单位和个人应当遵守有关事项的通告。

②周知性通告。这是在一定范围内公布的要求在这一范围内的人们普遍知晓有关事项的通告。

（四）通告的写法

结构		写作内容
标题		完整式标题：发文机关＋（关于）事由＋（的）通告
		省略式标题：通告
正文	通告缘由	简明扼要地写明发布通告的目的、原因和意义
	通告事项	具体写明应当遵守或周知的事项
	通告结语	主要写明执行时间、执行范围和有效期；写明执行通告事项的要求或发出号召。可用"特此通告"
落款		标题中有发文机关的，落款不再写发文机关，只写发文日期，然后在发文日期上盖上公章即可；有的通告在标题下边已经写上了发文时间，落款就不再写发文时间

通告的写作一般由标题和正文两部分组成，一般不标注主送机关。

1. 标题

可以采用完整式，有的也可以用省略式，也可以只写"通告"两字。总之视内容而定。

2. 主送机关

公告为普发性公文，一般不标注主送机关。

3. 正文

由通告缘由、通告事项和通告结语组成。

①通告缘由。简明扼要地写明发布通告的目的、原因和意义，之后用"现通告如下""特通告如下"等转接语过渡到事项部分。

②通告事项。这是通告的主要部分即主要内容，具体写明应当遵守或周知的事项，内容较多时一般可以采用分条、列项的表达方式来写。

③通告结语。主要写明执行时间、执行范围和有效期；写明执行通告事项的要求或发出号召。有的通告没有专门的结语，只用"特此通告"结束全文。

4. 落款

标题中有发文机关的，落款不再写发文机关，只写发文日期，然后在发文日期上盖上公章即可；有的通告在标题下边已经写上了发文时间，落款就不再写发文时间。

（五）通告的写作要求

①内容单一，简明扼要。

②语言通俗、易懂。

③少用专业性术语。

④告知事项具有严肃性。

（六）通告与公告的区别

①发布的机关不同。通告是各级领导机关及其所属业务部门发布的。公告是党和国家向国内外公布重大事件或法定事项的公文。

②告知的对象不同。通告的对象限在一定范围内的机关团体和居住群众。公告的对象具有广泛性。

③告知的内容不同。通告告知的有政治方面的、经济方面的、文化方面的，均要求遵守、执行，具有法规性，也有告知具体业务方面的内容，具有专业性，也有的局限于一个行业、一个部门或一个区域。公告所涉及的事项都是需要向国内外宣布的重要事项。

④表达方式不同。通告语言要求通俗易懂，便于群众领会理解。公告是一种很庄重、很严肃的文件，语言要特别注意凝练、简明、严谨。

（七）例文

关于 2020 重庆国际马拉松赛期间对南滨路和巴滨路部分路段实施交通限制的通告

2020 重庆国际马拉松赛将于 2020 年 11 月 15 日 07：00 至 14：45 在南岸区南滨路和巴南区巴滨路举行。为确保活动顺利进行，保障活动期间道路交通安全、畅通、有序，根据《中华人民共和国道路交通安全法》及相关法律规定，公安机关交通管理部门决定在活动期间对马拉松赛沿线道路分时段、路段实施交通限制。现将有关事宜通告如下：

一、交通限制时段

2020 年 11 月 14 日 22：00 至 11 月 15 日 15：00。

二、交通限制区域

南岸区南滨路腾滨路下段路口至巴南区巴滨路融汇江山路口段；烟雨路海棠溪立交桥下口至烟雨公园路口路段。

三、交通限制措施

交通限制时段内，除执行特殊任务的特种车辆和持有"2020 长安汽车重庆马拉松赛车辆通行证"的车辆外，禁止所有车辆在限制路段内通行。

四、交通绕行线路

（一）在限制时段内，南岸区需通行限制区域的车辆，可以绕行：

1. 洋人街—腾滨路—腾龙大道—南弹路—南坪环道—四公里—海峡路—渝南大道一线

往返通行；

2. 洋人街—腾黄路—盘龙立交—城市快速路—四公里立交一线往返通行；

3. 巴南区、南岸区需要通过巴滨路往返的车辆，可以改道龙州大道—渝南大道—四公里一线往返通行。

（二）在交通限制时段内，119 路、375 路、338 路、373 路、353 路、398 路、872 路、394 路、305 路、115 路、334 路、123 路、324 路、322 路公交车将改道行驶，不在限制区域内停靠（340 路不停运，只是缩短运行路线）；特需公交观光线 T026 路（T040 路、T072 路、T073 路）将暂时停运。

五、其他事项

（一）交通限制期间，请广大交通参与者自觉遵守道路交通安全法律法规和本通告规定，自觉服从现场交通巡逻警察及交通协管人员的指挥。违反本通告规定的，按照相关法律法规处理。

（二）在交通限制时段内，请限制区域（码头、工地、停车库、住宅小区等）内的市民提前做好出行安排。

（三）为保证活动顺利进行，交通限制给广大市民带来的不便，深表歉意，敬请市民支持和谅解。

重庆市南岸区人民政府　重庆市巴南区人民政府

2020 年 11 月 15 日

评析：

此通告内容丰富，分类列项，层次清楚，中心突出，是一篇优秀的公文。

▶ 三、公报

（一）公报的适用范围

公报属于泛行文，适用于公布重要决定或者重大事项。

（二）公报的特点

①政治性与庄重性。公报主要由政党、政府以及国家职能机关发布，制发者的级别一般比较高或者是相关法定组织机构。其内容往往具有很强的政治性、政策性，是国内外普遍关注的"重要决定或者重大事项"，一般的决定和工作事项不能用公报发布。由于事项重要、重大，因而其发布形式、语言和文风都要求庄重严肃。

②公开性与新闻性。公报是宣示性公文，面向国内外公开发布，内容信息透明度高，周知范围广。主要通过报纸、电视台、广播电台刊登和播发，发布及时，传递迅速，加之发布机关具有权威性，发布内容重要、重大，为人们普遍关注，因而有很强的新闻价值和新闻特征。

（三）公报的种类

①会议公报。是用以报道重要会议或会谈的决定和情况的公报。

②事项公报。党和国家高级领导机关或职能部门用以发布重大情况、重要事项的公报。

③联合公报。这是一种特殊用途的公报，用以发布国家之间、政党之间、团体之间经过会谈达成的某种协议，如《中华人民共和国和巴西联邦共和国关于进一步加强中巴战略伙伴关系的联合公报》。

此外，"公报"还有另一个含义，指国家权力机关、行政机关或司法机关编印的专门登载业已制发的法律、法令、决议、命令、条约、协定和其他文件的公开发行的刊物。如《中华人民共和国国务院公报》《重庆市人民政府公报》以及《最高人民法院公报》等。这类公报是刊物的名称，而不是公文名称，须注意区别。

（四）公报的写法

以会议公报为例：

结构		写作内容
标题		一般由会议名称和文种组成
题注		在标题正下方标注成文日期或会议通过的日期
正文	会议概况	会议名称，开会时间及地点，出席者、列席者和主持者，会议议程等
	会议主要内容	会议以何种形式讨论研究了哪些问题，提出的任务及要求，通过的决议或决定，会议取得的成果对会议的评价等
	结语	多为向有关方面提出要求、希望或发出号召
落款		

公报由标题、题注或签署、正文三部分构成。

（一）标题

会议公报的标题，一般由会议名称和文种组成，如《中国共产党第十八届中央委员第六次全体会议公报》。事项性公报的标题多采用公文标题的一般模式，由发文机关、内容、文种组成，如《重庆市统计局关于2021年国民经济和社会发展的统计公报》。

（二）题注或签署

公报通常采用题注形式，在标题正下方标注成文日期或会议通过的日期。联合（会谈）公报采用文末签署的形式，在正文之下落款位置，由各方首席代表签字，同时写明签署日期及签署地点。有的重要事项需连续发布公报，还应在标题下的圆括号内按顺序标明"第×号"。

（三）正文

会议公报的正文一般由会议概况、会议主要内容与议定事项、希望与号召三部分组成。会议概况部分主要包括：会议名称，开会时间及地点，出席者、列席者和主持者，会议议程等；会议内容与议定事项部分主要包括：会议以何种形式讨论研究了哪些问题，提出的任务及要求，通过的决议或决定，会议取得的成果、对会议的评价等。结语多为向有关方面提出要求、希望或发出号召。

事项公报的正文通常由公报缘由和公报事项两部分组成。公报事项是全文的重点，多采用条列式结构，逐项写明公布的事项、情况、数据等，一般不用专门的结束语。

联合公报的正文通常依次写明互访或会谈概况、双方或多方会谈的要点、取得的共识或达成的协议各方对会谈的评价及表达的愿望等。其中，会谈概况部分主要写"谁与谁""何时""何地""做什么"四方面的概况；会谈要点侧重写明双方（或各方）共同关心的问题、彼此的原则立场等。

（四）公报的写作要求

1. 要素齐备，内容准确无误

写明时间、地点、事件、人物（或组织）、原因、结果、数据等要素，而且必须绝对准确可靠。条约性公报因其具有法律约束力，应准确地写明各方的权利和义务，措辞应仔细推敲，严密审慎，切忌含混模糊。

2. 要点突出，用语凝练庄重

公报反映的内容是重大情况、重大事项，行文应抓住要点，概括陈述与精细表达相结合，语言准确简练严谨庄重。

（五）例文

重庆市第七次全国人口普查公报[1]（第一号）

——重庆市人口情况

重庆市统计局

重庆市人民政府第七次全国人口普查领导小组办公室

2021 年 5 月 13 日

根据重庆市第七次全国人口普查结果，现将 2020 年 11 月 1 日零时我市人口的基本情况公布如下：

一、全市常住人口

全市常住人口[2]为 32 054 159 人，与 2010 年第六次全国人口普查的 28 846 170 人相比，增加 3 207 989 人，增长 11.12%，年平均增长率为 1.06%。

二、户别人口

全市共有家庭户[3]12 040 234 户，集体户 587 434 户，家庭户人口为 29 477 069 人，集体户人口为 2 577 090 人。平均每个家庭户的人口为 2.45 人，比 2010 年第六次全国人口普查减少 0.25 人。

三、民族人口

全市人口中，汉族人口为 29 883 369 人，占 93.23%；各少数民族人口为 2 170 790 人，占 6.77%。与 2010 年第六次全国人口普查相比，汉族人口增加 2 974 308 人，增长 11.05%；各少数民族人口增加 233 681 人，增长 12.06%。

注释：

[1] 本公报数据均为初步汇总数据。

[2] 全市常住人口是指 38 个区县（自治县）常住人口，不包括居住在 38 个区县（自

治县）的港澳台居民和外籍人员。

[3] 家庭户是指以家庭成员关系为主、居住一处共同生活的人组成的户。

思考与练习 »»»»» »»»»»

1. 公告与通告的区别是什么？
2. 请尝试写一份本区域停水的通告。

第四节　通知　通报

▶ 一、通知的写作

（一）通知的含义

通知适用于批转下级机关公文，转发上级机关和不相隶属机关的公文；发布规章；传达要求下级机关办理和有关单位需要周知或者共同执行的事项；任免或聘用人员。

（二）通知的特点

①用途的广泛性。
②使用的高频率性。
③功用的指导性。
④行文的时效性。

（三）通知的种类

根据适用范围的不同，将通知分为以下六类：

①发布性通知：用于发布行政规章制度及党内规章制度。
②指示性通知：用于上级机关指示下级机关如何开展工作。
③事务性通知：用于处理日常工作中事务性事项，常把有关信息或要求用通知的形式传达给有关机构或群众。
④批转、转发性通知：用于批转或转发上级机关、下级机关和不相隶属的机关的公文给所属人员，让他们周知或执行。
⑤任免性通知：用于任免和聘用干部。

（四）通知的写法

结构	写作内容
标题	完整式标题：发文机关＋（关于）事由＋（的）通知
	省略式标题：（关于）事由＋（的）通知

续表

结构		写作内容
正文	主送机关	主送机关全称、规范性简称
	主体	开头、主体、结尾
	结束用语	"特此通知""以上通知，望贯彻执行"
落款		发文单位署名、成文日期、印章

1. 标题

标题有两种形式：

①完整式标题，如《国务院关于召开全国劳动模范和先进工作者表彰大会的通知》。

②省略式标题，如《关于召开新闻发布会的通知》，省略发文单位。

2. 主送机关

标题下顶格写明主送机关全称或规范性简称，主送机关可以是一个或几个，如果发送对象范围很广可以使用抽象概括的泛称。

3. 正文

包括开头、主体和结尾三部分。

①开头部分概括交代通知的原因和根据，常用"为了……""由于……"这样的目的句开头。以"现将……通知如下："这样的承启语结束，引出主体。

②主体部分简洁得体地讲清楚通知的具体事项，事项内容的表述要具体、周密，内容较多的应分项写作。

③结尾部分根据不同类型的通知，使用不同语气。有的以"特此通知"作结；有的则提出要求，如"以上通知，望贯彻执行"；有的从反面做出规定，如"有违反以上规定的，按违反财经纪律论处"。

4. 落款、日期、印章

（五）通知的写作要求

①目的要明确。不同种类通知的写作目的不同，写作内容也不一样，要加以区别。

②写明发通知的原因。一般指示性通知和一些会议通知要写明发通知的原因，让下级知道为什么要做这些工作或开这个会议，下级做起工作来更能体会上级的意图。

③通知事项要交代明白清楚。指示性通知事项要具体明确、切实可行，让下级知道做什么，怎么做，做到什么程度；会议通知要把开会有关事项具体、完备地交代清楚，不能含糊其词或缺漏，让下级不知所措，难以开展工作。

④条理明晰，让人一目了然。

（六）例文

关于举办新经济、新技术、新格局背景下的职业教育教学改革创新学术交流会
暨中国职业技术教育学会教学工作委员会 2020 年度工作会议的通知

职教学会秘〔2020〕33 号

各有关单位：

为深入学习贯彻党的十九届五中全会关于"增强职业技术教育适应性，深化职普融通、产教融合、校企合作，探索中国特色学徒制，大力培养技术技能人才"的精神，深入研究探讨职业教育专业升级和数字化改造对教学工作提出的新要求和新任务，积极推动职业教育教学理论和教学实践改革创新，助力现代职业教育高质量发展。经研究，决定举办新经济、新技术、新格局背景下的职业教育教学改革创新暨中国职业技术教育学会教学工作委员会 2020 年度工作会议。现将有关事宜通知如下：

一、时间地点

1. 时间：2020 年 12 月 4—6 日，4 日下午报到，6 日离会。
2. 地点：南宁饭店（广西壮族自治区南宁市民生路 38 号）。

二、会议组织

主办单位：中国职业技术教育学会教学工作委员会
承办单位：高等教育出版社

三、会议内容

（一）主题报告

1. 中国职业技术教育学会领导学术报告。
2. 教育部职业技术教育中心研究所领导、专家解读当前职业教育教学工作相关政策及热点。
3. 国家职业教育专业教学标准与专业建设专题报告。
4. 职业教育在线精品课程建设与应用专题报告。
5. 职业教育"1 + X"证书开发与应用的实践。

（二）分论坛

1. 通识文化素质类分论坛
（1）中职新课标方案解读。
（2）"三全育人"与高职院校人文教育体系构建。
（3）职业院校文化素质类科研课题申报及成果培育。
（4）通识文化课程"三教"改革探索。
（5）创新创业教育产教融合实践案例分享。

2. 财经商贸等服务类分论坛
（1）"双高"计划中高职院校财会类专业（群）建设探讨。
（2）职业院校财会类课程思政建设的思考。
（3）数字化、智能化时代服务类专业教学改革及新型教材建设。
（4）财经商贸类课程混合式教学经验分享。

3. 智能制造类分论坛
（1）智能制造相关专业（群）"双高"建设经验交流。
（2）"三教"改革背景下如何提升教师教学能力。
（3）人工智能赋能智能制造专业建设的实践和探索。
（4）智能制造领域校企合作案例分享。

（三）教学工作委员会工作讨论

教学工作委员会工作总结与交流。

四、参会人员

中国职业技术教育学会领导，教学工作委员会常务理事、理事，各有关职业院校领导，文化素质类、财经商贸类、智能制造类专业负责人及专业教学、科研教师等。

五、有关事项

1. 本次会议委托广西蓝畅之星教育信息咨询有限公司协办并开具会务费发票，会务费800 元/人，交通、住宿费自理，用餐统一安排。

2. 联系人：

胡××：021 – 56718737，137 × × × × × × × ×

邮　箱：122803063@qq.com

附件：参会回执

中国职业技术教育学会秘书处

2020 年 11 月 10 日

评析：

这篇会议通知正文部分先写年会召开的时间、地点，承启语后的事项部分具体、周到地写出了会议的议题、主办单位、承办单位、协办单位、年会内容、与会人员及其他有关问题，考虑周全，内容详细具体。

▶ 二、通报的写作

（一）通报的含义

通报适用于表彰先进，批评错误，传达重要精神或者情况。

（二）通报的特点

①真实性。

②教育性。

③典型性。

④知照性。

⑤时效性。

（三）通报的种类

根据通报的作用和适用范围，可将通报分为三类：

①表彰性通报。表彰性通报用来表彰先进个人或群体，介绍他们的先进事迹，宣布给予奖励，号召向他们学习的通报。

②批评性通报。用来批评严重错误，其内容为对重大责任事故的处理，对违纪案件处分决定的公布等，以防微杜渐或引以为戒，杜绝类似问题的发生。

③情况通报。传达重要精神与情况，多用于向有关方面通报应该掌握和了解的信息、

动态，以供参考。

（四）通报的写法

结构		写作内容
标题		完整式标题：发文机关 +（关于）事由 +（的）通报
		省略式标题：（关于）事由 +（的）通报
正文	主送机关	主送机关全称、规范性简称
	主体	开头、主体、结尾
	结束用语	"特此通报"
落款		发文单位署名、成文日期、印章

1. 标题

标题有两种形式：

①完整式标题。如《郑州市人民政府关于对郑州供电公司进行表彰奖励的通报》。

②省略式标题。如《关于对巨业造价咨询公司予以批评的通报》，省略发文单位。

2. 主送机关

标题下顶格写明主送机关全称或规范性简称，一般为直属下级机关，或需要了解该内容的不相隶属的单位。

3. 正文

①主要事实。表彰性通报要突出主要先进事迹，批评性通报要抓住主要错误事实。

②分析指出事例的教育意义。表彰性通报，要在阐述先进事迹的基础上，提炼出主要经验、意义和值得学习与发扬的精神。批评性通报要分析错误的性质、危害，产生的根源和责任，指出应吸取的主要教训等。

③决定要求。表彰性和批评性的通报，应写明组织结论与予以表彰或处理的决定，同时提出对表彰或批评对象与读者的希望、要求。为了防范和杜绝类似错误发生，批评性通报的结尾处，通常要有针对性地提出防范的措施或规定。

4. 落款、日期、印章

（五）通报的写作要求

①事实要典型。

②分析要准确。

③通报要及时。

④写作态度要严肃。

（六）例文

洛阳市教育局关于表彰 2020 年度职业教育工作先进单位和先进个人的通报

各县（市、区）教育局，各职业院校：

2020 年，我市广大职业教育工作者认真贯彻落实全国、省、市职业教育改革精神，紧紧围绕洛阳市中心工作和"565"现代产业体系构建，积极投身职业教育，涌现出了一大批职业教育先进单位和先进个人，推动了我市职业教育快速、健康发展。

为鼓励先进，树立榜样，增强广大职业教育工作者的使命感和责任感，推进现代职业教育进一步发展，经市教育局党组研究，决定对新安县职业高级中学等 19 个 2020 年度职业教育工作先进单位、刘成等 83 名 2020 年度职业教育工作先进个人予以通报表彰。

希望受表彰的先进单位和先进个人在今后的学习和工作中珍惜荣誉，再接再厉，取得更大的成绩。希望全市职业院校和广大师生以先进为榜样，努力工作，奋发进取，为中原城市群副中心城市建设做出更大的贡献。

附件：1. 洛阳市 2020 年度职业教育工作先进单位名单（略）
　　　2. 洛阳市 2020 年度职业教育工作先进个人名单（略）

洛阳市教育局
2021 年 3 月 15 日

评析：

这篇表彰性通报共写了三方面的内容：第一段概括了 2020 年洛阳市职业教育单位和个人工作的整体情况，为第二段对其提出表彰提供了充分的依据；第二段用简练的语言说明了对先进单位和个人的奖励内容；第三段提出希望和号召。结构完整严谨，语言质朴精练。

第五节　报告、请示、批复

▶ 一、报告的写作

（一）报告的含义
报告适用于向上级机关汇报工作、反映情况、回复上级机关的询问的上行公文。

（二）报告的特点
1. 单向性。
2. 汇报性。
3. 陈述性。
4. 事后性。

（三）报告的种类
从内容划分，可分为工作报告、情况报告和答复性报告。

（四）报告的写法

结构		写作内容
标题		完整式标题：发文机关+（关于）事由+（的）报告
		省略式标题：（关于）事由+（的）报告
正文	主送机关	主送机关全称、规范性简称
	主体	开头、主体、结尾
	结束用语	"特此报告""特此报告，请审阅""以上报告，请审阅""以上报告如有不妥，请指正"等
落款		发文单位署名、成文日期、印章
附注		标明联系人和联系电话

1. 标题

标题有两种形式：

（1）完整式标题，如《××分公司关于办公室发生火灾的情况报告》

（2）省略式标题，如《关于加州花园火灾事故的调查处理报告》

2. 主送机关

标题下顶格写明主送机关全称或规范性简称，一般写一个机关。

3. 正文

报告的正文写法包括开头、主体和结尾三部分。

①开头部分介绍行文的根据、原因、目的、背景等，明确报告的是什么工作，现在进行到哪一阶段，已取得哪些成果等。常用"现将有关情况报告如下"等过渡语转入主体。

②主体部分是报告的核心内容，不同种类的报告这部分的写法也有区别。工作报告需要讲清工作情况、取得的成绩、遇到的同题、之后的工作计划等，便于领导机关了解情况指导工作；情况报告要写清事项的基本情况、发生的原因、造成的影响以及初步的处理意见等；答复性报告则针对上级机关所询问的问题进行明确的答复。

③结尾部分。一般使用"特此报告""特此报告，请审阅""以上报告，请审阅""以上报告如有不妥，请指正"等结语。

4. 落款、日期、印章

（五）报告的写作要求

①撰写报告通常不需要阐述理论，要以陈述事实为主。

②不应在报告中夹带请示事项。如有请示事项，需要用请示单独行文，不得出现类似"关于……的请示报告"的错误。

③注重时效，情况真实。报告通常起着向上级机关反映信息及决策反馈的作用，上级机关通过报告了解情况，进行下一步的计划和安排等，所以，报告是否及时准确会直接影响决策的及时性、科学性和可操作性。

④重点突出，文字简练，有一定的概括性。作为旨在让领导机关掌握情况的报告，一

定要突出重点，一般不需要描写细节，文字要简明不拖沓。

（六）例文

××分公司关于发生办公室火灾的情况报告

××总公司：

××分公司于20××年6月4日凌晨2时40分，因公司人员违规用电操作，夜间没断电导致电线起火，造成办公室发生严重火灾。现就对火灾情况的处理情况向总公司做如下报告：

一、起火原因

20××年6月4日凌晨2时40分，我公司职员钟××同志下班时忘记关办公室自己用的电脑的电源，电脑电源线老化，发生短路，引起火灾。

二、造成影响

事故发生后，分公司领导马上拨打火警，市消防队出动了2辆消防车，至清晨4点，火灾被扑灭。事故未造成人员伤亡，但我分公司办公设备被全部烧毁，直接经济损失10万元。

三、初步处理意见

1. 对这次事故的主要责任者钟××，已按照法律程序移交给有关部门机关处理，追究其责任。

2. 此次事故负有重要责任的领导，为接受教训，教育全部员工，恳请要求给予处分。

四、经验教训

此次的事故是一次极为严重的事故，给公司造成了经济的困难，蒙受了重大的挫折，也造成了破坏性的影响。从根本原因上看，是安全管理意识、管理制度的缺乏、松懈，反映了我们作风的不扎实，对安全工作抓得不力，在安全生产中管理不严。

我们要从本次火灾中吸取教训，把安全工作作为头等大事来抓，教育全员牢固树立大安全观念，严格落实安全生产责任制，与班组、个人签订责任状，把责任落实到个人。同时要加强安全检查，消除安全隐患，保证各项工作的安全运行。

××分公司

20××年6月8日

评析：

这是一篇情况报告。按照基本情况——发生原因——造成影响——初步处理意见——经验教训的模式，便于领导机关掌握情况。全篇重点突出，文字简练，有概括性。

▶ 二、请示的写作

（一）请示的含义

请示适用于向上级机关请求指示、批准的上行公文。

（二）请示的特点

①事前行文性。

②请求批复性。

③一文一事性。

（三）请示的种类

从内容划分，可分为请求指示的请示和请求批准的请示。

（四）请示的写法

结构		写作内容
标题		完整式标题：发文机关＋（关于）事由＋（的）请示
		省略式标题：（关于）事由＋（的）请示
正文	主送机关	主送机关全称、规范性简称
	主体	请示缘由、请示事项、结尾
	结束用语	"当否，请批示""妥否，请批复""特此请示，请予批准""以上请示，请予审批""以上请示妥否，请批准""以上请示当否，请批复""以上请示如无不妥，请批准""以上请示如无不妥，请批转有关单位贯彻执行"等
落款		发文单位署名、成文日期、印章
附注		标明联系人和联系电话

1. 标题

标题有两种形式：

①完整式标题，如《××××科关于购置办公设备的请示》。

②省略式标题，如《关于开展第四届校园文化节的请示》。

撰写请示标题时不能将"请示"写成"报告"或"请示报告"，不在请示标题中出现"申请""请求"等祈请性词语。

2. 主送机关。

请示等主送机关一般只写一个直属上级机关，需要同时送其他机关，应当以抄送形式，但不得抄送其下级机关。

3. 正文

请示的正文一般由请示缘由、请示事项、结尾三部分组成。

（1）缘由

简要说明写请示的原因，提出请求的背景和依据。请示的缘由要写得合情合理、具体充分、清楚明了，有时还必须强调一下所请示事项的重要性、迫切性和必要性。

请示缘由之后一般用"为此，现就××××问题请示如下"或"特作如下请示"或"为此，特请求……"或"恳请……"语句过渡，引出请示事项。

（2）事项

这是请求上级机关指示或批准的具体内容。必须符合国家法律、法规，符合实际，具有可行性和可操作性，用语明确不含糊，如果内容比较复杂，可分条列项书写。

（3）结语

通常在请示事项之后另起一行。请示结语表达要求，通常使用"当否，请批示""妥否，请批复""特此请示，请予批准""以上请示，请予审批""以上请示如无不妥，请批复""以上请示如无不妥，请批转有关部门执行"等惯用语。

4. 落款

即在请示的正文之后标注发文机关和成文日期，并需加盖印章。

（五）请示的注意事项

①不要多头请示。一份请示只能有一个主送机关。受双重领导的单位要根据请示的具体事项，选定一个为主送机关，同时抄送另一个上级机关。

②不要越级请示。一般情况下，请示应按隶属关系向直接上级呈报，不得越级请示。

③不要事后请示，请示必须事前行文，获得批准后方可开展工作，不允许"先斩后奏"或"边斩边奏"。

④不要事事请示。凡在自己职权范围内经过努力能够处理和解决的问题和困难，都应尽力自行解决，不能动辄请示，将矛盾上交。

⑤不要一文多事。一份请示不能同时提出两个或几个互不相关的问题，以避免问题得不到及时答复。

⑥不得抄送给下级机关。

⑦不得虚化情况、泛化意见。请示内容涉及有关事实、背景等情况必须完全属实，不得有半点虚假。提出请示事项时，应同时根据本地区、本单位的实际情况进行认真研究，提出明确而合理的初步意见和建议，供上级机关参考。

（六）请示和报告的区别

报告和请示同属于上行文，其区别如下：

项目	报告	请示
适用范围	向上级机关汇报工作、反映情况、回复上级机关的询问	向上级机关请求指示、批准
行文时间	事前、事中或事后	事前
行文内容	一文一事或一文多事	一文一事
行文目的	上级一般不回复	上级应回复（同意或不同意）
处理方式	一般做"阅件"处理	无论同意与否均须回复
行文中心	以叙事为主	以说理为主

（七）例文

××××科关于购置办公设备的请示

×××处：

由于电子信息化技术的不断发展，现我科室一批电脑设备过于陈旧及欠缺相关的办公设备，不利于日常工作顺利开展，为了更好地开展各项工作，提高工作效率，现申请购置如下物品：

一、台式电脑3台。我科现有工作人员5人，台式电脑共5台，其中有3台电脑为2015年年初购置，其余2台电脑为2012年购置，该3台电脑配置非常低，不能满足工作需要且经常出现死机象。现请求购买3台台式电脑，主机型号：×××，显示器型号：×××，每台预算×××元，3台共约××××元。

二、打印机1台。我科两间办公室只有1台打印机用于日常文档打印，不能满足工作需要，现请求购买1台打印机，型号：×××，预算价格为××××元。

购置以上各项办公用品共需××××元人民币。

以上请示妥否，请批示。

××××科（印章）

20××年××月××日

（联系人：×××，联系电话：××××××××）

评析：

这是一则请求批复的请示。标题、主送机关、正文、落款一目了然。请示事项清楚，诉求合理，逻辑清晰，用语规范得体。

▶ 三、批复的写作

（一）批复的含义

批复适用于答复下级机关请示事项的下行公文。

（二）批复的特点

①被动性。

②针对性。

③决定性。

（三）批复的种类

从内容划分，可分为指示性批复和审批性批复。

（四）批复的写法

结构		写作内容
标题		完整式标题：发文机关＋（关于）事由＋（的）批复
		省略式标题：（关于）事由＋（的）批复
正文	主送机关	主送机关全称、规范性简称
	主体	批复引据、批复事项、结尾
	结束用语	"此复""特此批复""专此批复"等
落款		发文单位署名、成文日期、印章

1. 标题

标题有两种形式：

（1）完整式标题，如《××××处关于同意购置办公设备的批复》。

（2）省略式标题，如《关于同意开展第四届校园文化节的批复》。

2. 主送机关

批复的主送机关就是请示的发文机关。

3. 正文

批复的正文一般由批复引据、批复事项、结尾三部分组成。

（1）批复引据

这是批复的根据和缘由，首先，引述来文，引用公文应当先引标题，后引发文字号，通常表述为"你局《××××关于……的请示》（×发〔20××〕××号）已收悉"。其次，简要交代形成答复意见的程序或过程，如"经××办公会议研究决定""经研究""根据×××有关规定"等，以体现批复意见的合法性和权威性。

（2）批复事项

这是批复的主要部分。主要针对下级机的请求事项给予明确答复或具体指示。一般而言，若下级机关在请示中提出疑难问题请求解答，则上级在批复中根据有关政策作答；若下级机关提出工作处理意见请求批准，批复则鲜明地表明是否批准的态度。

若不批准下级的请示，应当说明理由，以使下级机关自觉接受，并及时做好相应准备；若批准下级机关的请示，要对请示事项提出处理意见，必要时做出若干指示，指明应注意的问题，或者针对下级机关处理意见中不全面、不正确的部分加以补充和纠正。

（3）结尾

常以"此复""特此批复""专此批复"等结尾词结束全文，也可根据需要省略结束语。

4. 落款

即在批复的正文之后标注发文机关和成文日期，并加盖印章。

（五）批复的注意事项

（1）讲求针对性。批复是被动行文，一定要针对请示事项回复，一请示一批复。

（2）观点明确，态度鲜明。在答复下级机关的问题时，观点要明确；在批准下级机关的请示时，态度要鲜明；在否定下级机关的请示时，理由要充分。

（3）及时批复。凡是下级机关的请示，上级机关都必须及时作答，以免贻误工作。

（六）例文

××××处关于同意购置办公设备的批复

×××科：

你科《关于购置办公设备的请示》（×发〔2021〕××号）已收悉。经研究，批复如下：

一、同意你科购置新的办公设备，解决目前业务发展的需要。请你科在购置办公设备时要选择信誉好的品牌供应商，确保所购设备的质量，并且向买家索要发票。

二、同意拨款××××元人民币作为你科购置办公设备的专项经费，要求专款专用，不得挪作他用。

特此批复。

××××处（印章）

××××年××月××日

评析：

这是一则请求批准的批复。标题、主送机关、批复引据、批复事项、落款一目了然。批复事项具体明确，态度鲜明。

思考与练习 ﹥﹥﹥﹥﹥　﹥﹥﹥﹥﹥

1. 下列可以用于向上级机关汇报工作的公文文种是（　　　　）。

A. 请示　　　　　　B. 报告　　　　　C. 通知　　　　　D. 通报

2. 下列公文属于上行文的是（　　　）。

A. 请示　　　　　　　B. 决定　　　　　C. 通知　　　　　D. 通告

3. 请示和报告在写法上有什么异同？

4. 批复引据应当先引_____，后引_____。

第九单元　事务文书

　　事务文书是指法定的行政公文之外的，党政机关、企事业单位、社会团体在办理公务过程中使用的公务文书，也被称为"常规文书"，如启事、声明、计划、总结、调查报告等。这些文书制发程序、行文格式灵活，虽然不完全具备法定公文的法定效力与规范，但作为处理公务的重要工具被各单位广泛使用。事务文书通常具有决策参谋和规定约束作用，同时还具有认识和凭证作用。

　　因此，对于在校大学生、公务人员、职场人士等，熟练掌握常用的事务文书写法极其重要。与法定的党政公文相比，它有很大的灵活性，其风格多样化。在学习事务文书写作时，要充分掌握写作材料，有前瞻意识，并遵循实事求是的写作态度。事务文书种类繁多，在本单元只介绍最常用的几种。

第一节　启事、声明、申请书

▷ 一、启事的写作

（一）启事的含义

　　启事是机关团体、企事业单位或个人就某项具体事宜想向公众告知、说明、请求帮助或参与时所使用的一种事务文书。启事常通过电视、广播、报纸进行传播或在公众场所张贴来告知公众。

（二）启事的特点

①公布性。
②告启性。
③简易性。

（三）启事的种类

①按制作者分类，可分为单位启事和个人启事。
②按内容分类，可分为征招类启事，如招聘、招生、招工、招标、招领、征文、征稿、征婚等；声明类启事，如开业、停业、更名、更正、迁址、遗失、作废等；寻找类启事，如寻人、寻物等。

结构		写作内容
标题		完整式标题：启事者＋事由＋启事 省略式标题： 1. 事由＋启事 2. 启事 3. 事由 4. 紧急启事
正文	开头	缘由或基本情况
	主体	具体内容
	结尾	"特此启事""此启"
落款		署名和成文日期

（四）启事的写法

1. 标题

①完整式标题，如《2021 弘化社招聘启事》《党建网征稿启事》。

②省略式标题，如《失物招领启事》《寻人启事》《紧急启事》《招聘》。

2. 正文

启事的正文开头通常需写明启事的缘由，主体部分写启事的具体内容，若此部分内容较多，可采用分条列项的方式阐述。不同类型的启事，在写作具体内容时其侧重点也有所不同。比如"寻人启事""寻物启事"应将人物的特征或物件的特征、走失的时间地点或丢失的时间地点及失主联系方式等写清楚。而招领启事则不宜将物件写得过于具体，以防冒领。又如"征文""征稿"启事，应写清征文的目的、对象、内容、文体、字数、投递方式、奖励等。正文的结尾可用"特此启事""此启"作结，也可不写。

3. 落款

在启事正文的右下角需写明启事单位的名称或个人的姓名。若在标题中已出现了启事单位或个人姓名，则可只需写明成文日期。

（五）启事的写作要求

①启事多用于一般事务，不宜用以公布重大事项。其形式也较为简易。

②标题要简短、醒目，能吸引公众。

③启事的内容宜单一、简短，便于公众理解记忆。需要交代清楚事项，写清联系方式，以便公众办理和联系。

④语言简明扼要、真挚有礼，给公众以信任感。

（六）例文

"我心目中的好教师"征文启事

今年 9 月 10 日是我国的第 37 个教师节，为庆贺这个即将到来的节日，学院决定举办"我心目中的好教师"征文比赛，现将有关事项通知如下：

1. 参赛对象：本院在校生。

2. 具体要求如下：

请你敞开心扉，畅所欲言。你喜欢怎样的教师，你认为一个"好教师"应该是什么样的。你心目中的好教师，是胸怀理想、充满激情和诗意的，还是富有爱心、善解人意的？是博学多才、思想深刻的，还是关注社会、关注人类命运、有社会责任感的？……可以写生活中遇到的，曾经教过你，给你许多关爱，使你从无知变得学有所长的一位老师，也可以是你希望碰到的，虚拟的，你想象中的"理想教师"。

作品文体不限，原则上篇幅控制在 2 000 字以内。

格式要求：正文采用宋体、五号，行距固定值22磅。

时间要求：10 月 21 日截稿。

提交方式：请将征文电子稿按"征文：作者 + 作品名"命名后发送至党委宣传部办公室邮箱：×××@163. com。

3. 奖项设置：一等奖1名，二等奖3名，三等奖5名。获奖作品将在校报上发表。

联系人：刘××

联系电话：××××××××

党委宣传部

××××年××月××日

评析：

这则征文启事开篇写明了启事的原因，接着写明了对象、内容、文体、字数、字体、提交时间和方式及奖励办法，条理清晰、语言简明凝练。

▶ **二、声明的写作**

（一）声明的含义

声明是党政机关、企事业单位、团体以及个人就某个重要问题或事项发表立场、主张、观点、态度或澄清事实而公开发表的文书。两个或两个以上国家、政府、团体或单位共同发表的声明称"联合声明"或"共同声明"，如《中俄联合声明》。

（二）声明的特点

声明的特点因其性质和作用的不同而有所差异，如政府声明、对外声明等专用公文，具有权威性、庄重性、重大性的特点；事务性声明则只具有公开性、告知性的特点。

（三）声明的种类

按性质可分为政治类声明和民事类声明。政治类声明，如政府声明、对外声明、联合声明等；民事类声明包括维护自身利益的声明和说明性的声明，如著作权声明、专利权声明、产权声明、遗失声明、作废声明等。

（四）声明的写法

结构		写作内容
标题		完整式标题：声明者＋事由＋声明 省略式标题： 1. 声明者＋声明 2. 事由＋声明 3. 声明
正文	开头	说明情况、问题
	主体	说明事项或表明立场、观点、态度
	结尾	特此声明
落款		声明单位名称和成文日期

1. 标题

①完整式标题，如《××公司道德规范声明》《中国政府关于核试验问题的声明》。

②省略式标题，如《遗失声明》《中华人民共和国国防部声明》《企业声明》。为强调内容的重要性和态度的严肃性，标题可在文种之前加上"郑重""严正""重要"等词语。

2. 正文

正文的开头部分说明基本情况或问题，主体部分根据行文目的，阐述声明事项或表明立场、观点、态度，内容较多的，可采用分段式、条列式写法。结尾可用惯用语"特此声明"作结，也可不写。

3. 落款

在正文右下方写明声明单位名称或个人姓名及成文日期，若是联合声明，应写出各方名称。

（五）声明的写作要求

1. 文风庄重严肃，内容合理合法。声明是一种严肃、郑重的文书，因此在写作时应力求严谨准确。

2. 态度鲜明，语言简洁明确。声明本就是公开表明立场、观点、态度等的公文，因此在写作时不能模棱两可，让公众混淆，在语言上需简洁、准确。

（六）例文

关于知识产权保护的严正声明

本公司近日发现有外部企业在未经本公司许可的前提下，拟使用本公司拥有自主知识产权的 Lyocell 纤维产业化专利技术或商业秘密，为维护公司合法权益，特此声明如下：

一、根据《专利法》《反不正当竞争法》，任何单位或个人未经本公司许可，不得以生产经营为目的制造、使用、销售、许诺销售、进口本公司的专利产品，或者使用本公司专利方法以及使用、销售、许诺销售、进口依照该专利方法直接获得的产品；任何经营者不得侵犯本公司的商业秘密。

二、截止到本声明出具之日，本公司尚未向国内外任何单位或个人发出 Lyocell 纤维产业化专利技术使用许可。

三、本公司如发现任何违法披露、获取、使用本公司专利技术、商业秘密的行为，将通过法律途径依法追究违法者的法律责任。

四、社会各界如发现有上述侵犯本公司权利的行为，欢迎向本公司举报。

举报电话：010 – ×××××××××

举报邮箱：××××××@cta.com.cn

中国纺织科学研究院有限公司

2019 年 3 月 21 日

评析：

该声明首先阐述了本公司的知识产权受到了侵犯的情况，正文部分采用条列式写明了声明的依据、表明了鲜明的态度并写明了举报联系方式。语言简洁准确，态度鲜明，层次清晰，文风庄重严肃。

▶ 三、申请书的写作

（一）申请书的含义

申请书是个人或集体向组织表达愿望，或向有关部门、团体及领导提出某种请求时使用的一种文书。申请书的使用范围非常广泛，也是一种专用书信式文书。

（二）申请书的特点

①广泛性。

②请求性。

③单一性。

④严肃性。

（三）申请书的种类

按用途分类，可分为思想政治类申请，如入党申请书、入团申请书、参军申请书等；工作学习类申请，如入学申请书、工作调动申请书、带职进修申请书等；日常生活类申请书，如住房申请书、结婚申请书、困难补助申请书、奖学金申请书等。

（四）申请书的写法

结构	写作内容
标题	事由 + 申请书 申请书
称呼	接受申请书的组织、部门、团体名称或有关负责人的姓名

续表

结构		写作内容
正文	开头	申请的事项
	主体	申请的理由和表明自己的决心或要求
	结尾	"此致敬礼""请领导批准""敬祈核准"
落款		署名和成文日期

1. 标题

可直接在正文第一行居中写"申请书"三个字，也可在申请书前面写明申请的具体内容，如《岗位调动申请书》《转业申请书》《大学生奖学金申请书》等。

2. 称呼

在标题的下一行顶格写明接受申请书的组织、部门、团体名称或有关负责人的姓名，如"党组织""××社区居民委员会"等。

3. 正文

此部分主要需写明申请的理由、申请的事项及表明自己的决心或要求。开头部分通常先写申请的事项，也可先写申请的理由，若申请的理由较多，则可以分条叙述。申请的事项和申请的理由最好分段写。申请的事项、原因叙述完之后，接着表明自己的决心或要求，最后通常以惯用语"此致敬礼""特此申请，请予批准""敬祈核准"等作结。

4. 落款

写明署名和成文日期。组织、部门、团体等标明名称，个人申请的格式为"申请人：×××"。

（五）申请书的写作要求

①申请的事项、申请的理由、申请者符合申请的条件这三者缺一不可。

②申请的事项、申请的理由必须真实、清楚明确，以便接受申请者研究答复。

③语言庄重严肃、简明扼要，态度诚恳、朴实。

（六）例文

大学生奖学金申请书

尊敬的校领导：

你们好！

我叫×××，是管理学院××级财务管理1班的学生。身为××××学院的学子，我感到无比的骄傲与自豪！回首进入大学这两年以来，我已明显感觉到自己在各方面取得了进步。秉承着"修能致用，笃学致远"的校训，在严谨的学校氛围中，自己正在稳步前进，不断向着自己的理想接近！

作为一名大学生我深深知道，当今社会竞争如此之激烈，要想成长为一个对社会、对国家、对人民有用的人，必须坚持德、智、体等各方面全面发展，品学兼优，综合素质过硬，且有所专长。也正是如此，进入大学两年以来，我始终严于律己，在各方面严格要求自己，向着既定目标不断努力奋斗！本人认为在各方面均符合学院一等奖学金的评选条件，故提交该份申请书。

一、思想进步，紧跟党走

大学是人生成长的重要阶段，我特别注重思想的发展和成熟，培养正确的人生观、价值观和世界观，提高自己的思想政治觉悟。一直以来我都积极向党组织靠拢，大一时我就递交了入党申请书，并努力学习党的理论知识，于大二下学期正式成为一名考察对象。我时刻以共产党员的标准来要求自己，时刻以先进正确的思想和理念武装自己的头脑，永记党的宗旨，全心全意为人民服务。在平时学习、工作和生活中更是严格要求自己，力争做到工作中任劳任怨，生活中艰苦朴素，时时处处在同学中起表率作用。

二、学习刻苦，成绩优秀

我始终牢记：学习是学生的第一要务。在过去的两年中，我刻苦学习，努力务实，抓紧分分秒秒努力学习专业知识，同时去图书馆借书，拓宽知识面。"宝剑锋从磨砺出，梅花香自苦寒来。"在老师、同学们的指导和帮助下，我取得了比较理想的成绩：在20××—20××上下两学期学习成绩班级排名分别为第五和第一，并获国家励志奖学金、院二等奖学金和"优秀团员"称号；在20××—20××上下两学期学习成绩班级排名分别为第二和第一，获"优秀团干"称号，通过自己的课外努力通过了计算机等级考试二级。看着自己用汗水换来的成绩，我知道自己在不断进步，同时还要更加不懈的努力，以取得更大的进步。

三、工作出色，认真负责

学习之余，大二下学期我担任了班级团支书。工作中我认真勤恳地做好自己的本职工作，虚心向别人学习，全心全意为同学服务，以热心诚恳、乐观向上的工作态度做好每一件任务。在我和班长的带领下我们班在大二学年被评为系"先进团支部"，此外我还多次组织班级和系的大型活动，如组织班级同学参加系大合唱比赛、系拔河比赛，并获得大合唱"优秀组织奖"和拔河比赛二等奖，带领班级为心理健康日出黑板报、参加朗诵比赛并获得了优秀成绩，同时我还积极参与本系特色活动的策划和组织。接下来，我将继续以饱满的热情和不懈的努力，争取出色地完成院、系和班级的各项工作。

四、立足专业，全面发展

作为财务管理专业的学生，我深知动手能力的重要性，因此，在学习专业知识的同时，我积极地参加各项课外活动，将专业知识付诸实践。通过暑假、寒假参与本专业的实践，并获得了很好的成绩。今年暑假我放弃了两个月休息，在一家集团实习，丰富了自己的工作经验，学习到了更多的知识。

"路漫漫其修远兮，吾将上下而求索"。在未来的学生生活中，我将以百倍的信心和万分的努力去迎接更大的挑战，用辛勤的汗水和默默的耕耘谱写更美好的明天。

以上即为我的个人基本情况，请各位领导老师评判审核。

此致

敬礼！

申请人：×××

××××年××月××日

评析：

这份奖学金申请书写明了申请的事项和符合申请的条件，申请理由从思想、学习、工作、实践四个方面进行了阐述，条理清晰、语言准确朴实、态度诚恳，符合申请书的写作要求。

思考与练习 〉〉〉〉〉〉 〉〉〉〉〉〉

1. 以下启事属于征招类启事的是（　　　）。
A. 寻物启事　　　　B. 鸣谢启事　　　　C. 厂庆启事　　　　D. 招聘启事
2. 申请书的正文内容不包括（　　　）。
A. 申请的理由　　　B. 申请的事项　　　C. 执行要求　　　　D. 申请的条件
3. 谈谈启事和启示的区别。

第二节　计划、总结

▶ 一、计划的写作

（一）计划的含义

计划是党政机关、企事业单位、社会团体和个人对今后一段时间的学习、工作、活动做出预想和安排的一种事务性文书。计划能够建立起正常的工作秩序，明确工作的目标，是领导指导、检查，群众监督、审查工作成绩的依据。

由于涉及内容和时间长短不同，计划还有许多名称，如"安排""要点""设想""方案""规划""纲要"等。安排是短期性的一种计划；要点就是计划的摘要，即经过整理，把主要内容摘出来的计划；设想是为制订某些规划、计划做出准备的，是一些初步想法；方案是具体实施的计划；规划、纲要是比较全面、比较长远的具有战略性意义的计划。

（二）计划的特点

①预想性。
②指导性。
③可操作性。
④约束性。

（三）计划的种类

计划的种类很多，从不同的角度有不同的种类。

1. **按内容分类：**工作计划、学习计划、科研计划、生产计划、教学计划、销售计划、采购计划、分配计划、财务计划等。

2. **按范围分类：**国家计划、地区计划、单位计划、班组计划、个人计划等。

3. 按时间分类：长期计划、中期计划、短期计划、年度计划、季度计划、月（周）计划等。

4. 按效力分类：指令性计划、指导性计划。

5. 按性质分类：综合性计划、专题性计划。

6. 按形式分类：条文式计划、表格式计划和文表结合式计划。

（四）计划的写法

结构		写作内容
标题		公文式标题： 1. 单位名称＋时间＋内容＋计划 2. 单位名称＋事由＋计划 3. 事由＋计划 主副式标题：主标题＋副标题
正文	前言	计划的目的和依据
	主体	目标与任务 办法与措施 时限与步骤
	结语	执行要求或展望
落款		署名和成文日期

1. 标题

公文式标题，如《××××学院××××年招生工作计划》《××××年招生工作计划》。

主副标题，如《开拓创新再铸辉煌——万豪物流公司"十五"发展纲要》。

2. 正文

计划的正文可以分成前言、主体和结尾三部分。

（1）前言

这是计划的开头，往往用"为了……""根据……"等惯用语起笔，首先简述基本情况或指导思想，说明制订计划的目的和依据，写清"为什么做"。最后再用"特制订计划如下""特将××工作计划安排如下"等过渡语，引出主体部分。

（2）主体

这是计划的主要部分，包括以下三项内容：

①目标与任务。首先要明确写出总目标和基本任务，随后应根据实际内容，进一步具体地写清数量、质量指标，使人知道"做什么"。

②办法与措施。这是完成任务、实现目标的保证，更要写得明确、具体，具有可操作性，使人明白"怎么做"。

③时限与步骤。这是对工作进度的具体安排，即写明计划的每个阶段的任务指标、做法和要求，尽量做到责任落实，环环相扣，以免失误。

（3）结尾

结尾应根据内容表达的需要来确定。可强调执行要求或展望前景。有的内容已经表达完毕，就不必另起段落再作结尾。

3. 落款

主要写明制订计划的单位名称和成文时间。

计划的表达形式有表格式、条文式和文表结合式三种类型。

表格式一般适用于时间短、任务十分具体的计划。这种形式往往还需加配文字说明，因此较少使用。

条文式则是一般计划最常用的表达形式。这种形式眉目清楚、便于查看、容易记住。

文表结合式是表格式和条文式相结合的计划，使用频率不算高。

（五）计划的写作要求

①"吃透两头"是编制计划的根本。制订计划要准确理解上级的指示要求及有关精神，要以党和国家的有关方针、政策为依据；同时还必须系统了解本单位的情况，切实掌握工作状况和条件、面临的困难和问题。"吃透"这两方面情况后编制的计划就能符合实际，切实可行。

②要留有余地。开展任何工作都受到许多客观条件的制约，这些潜在的因素很难在制订计划时做出预见。因此，计划中提出的目标、任务和要求，不能过高，也不要过低，要留有余地。这样的计划才有科学性，才容易落实。

③要表达准确。计划中的任务、措施、办法、步骤都要明确具体，一目了然。质量、数量的要求，完成的时限等项目要表达准确，有利于执行和检查。

（六）例文

应用文写作学习计划

××年上半学期学习应用文写作半年以来，在老师的指导和帮助下，我已初步对常用应用文有一定的了解。

新学期，由于学校组织参加省应用文写作技能竞赛，老师对同学们进一步提高应用文写作水平提出了新的要求。为此，我结合自身学习情况，特制订下列学习计划：

一、任务和目标

深入学习《应用文写作》内容，全面提高应用文写作水平。

了解应用文写作基础知识，包括主题、材料、结构、语言。

学习每种文种的格式、内容、写作要求、语言、排版要求。能够根据具体情况写出格式完整、内容完备、表述正确、语言简练的应用文书。

二、方法和措施

1. 以自学为主，老师辅导为辅。查漏补缺，不懂的地方进行强化学习，懂的地方进行周期复习巩固。

2. 养成良好学习习惯，分配好每天的学习内容和时间，多和老师同学沟通，交流经验。

3. 一步一个脚印，循序渐进。每天总结，在学习中总结，在总结中学习。

三、时间和步骤

5月份：了解应用文写作基础知识，包括主题、材料、结构、语言。学习每种文种的格式、内容、写作要求、语言、排版要求。

周一至周五：晚上8：00—9：00看书，9：00—9：30与室友讨论学习、巩固、总结。

周末：早上9：00—11：00看书，下午3：00—5：00练习写作，晚上8：00—9：30看应用文写作模版对比学习。

6月份：深入学习《应用文写作》内容，全面提高应用文写作水平。

周一至周五：晚上8：00—9：00看书复习，查漏补缺。周末：早上9：00—11：00基础知识复习，下午3：00—5：00不懂的地方进行强化学习、巩固，晚上8：00—10：00看应用文写作模版、练习写作。

再完美的计划也比不上脚踏实地的实施，没有比人更高的山，没有比脚更长的路，我相信"有志者，事竟成"。通过努力，我相信自己一定可以提高应用文写作水平，在比赛中获得优异的成绩。

评析：

该计划前言部分简明扼要地点明了制订计划的理由，阐明了目的，主体部分分为三部分：任务和目标、方法和措施、时间和步骤。全文目标制定恰当合理，逻辑清晰，语言表述清楚、简洁明了。

▶ 二、总结的写作

（一）总结的含义

总结是机关、企事业单位、团体或个人对过去一段时期内的工作做出系统的回顾归纳、分析评价，从中得出规律性认识，用以指导今后工作的事务性文书。常用的小结、体会，也是总结，只是它反映的内容较为浅略、时间较短、范围有限。

（二）总结的特点

①回顾性。
②客观性。
③理论性。
④评价性。

（三）总结的种类

总结的种类繁多，按照不同的标准划分，有不同的种类。
①按内容分类：工作总结、学习总结、生产总结、会议总结、教学总结等。
②按范围分类：地区总结、部门总结、单位总结、个人总结等。
③按时间分类：年度总结、半年总结、季度总结、月份总结、阶段总结等。
④按性质分类：综合性总结、专题性总结。

（四）　总结的写法

结构		写作内容
标题		公文式标题： 1. 单位名称＋时间＋事由＋总结 2. 单位名称＋时间＋总结 3. 单位名称＋事由＋总结 4. 事由＋总结 新闻式标题： 1. 单标题 2. 双标题
正文	前言	概述基本情况
	主体	一是要写清工作情况和取得的成绩； 二是要写清经验与体会； 三是要写清问题与教训
	结语	今后的打算
落款		署名和成文日期

1. 标题

公文式标题，如《××××学院××××年教材建设工作总结》《××××学院××
××年工作总结》《××××学院工作总结》《教材建设工作总结》。

新闻式标题：单标题，如《华泰仪器厂青年科技队伍茁壮成长》；双标题，如《售后
服务是企业的命根子——××技术服务中心工作总结》。

2. 正文

（1）正文的结构形式

①四部式：按"工作情况和成绩、经验与体会、问题与教训、今后的打算"这四个部
分依次写。

②总分式：先概述总体情况，再分为若干项加以总结。

③并列式：将总结的内容按性质分类，划分为若干个并列的部分进行总结。

④阶段式：按照时间顺序进行总结。

（2）正文的写法

正文一般分前言、主体和结语三个部分。

①前言。

前言部分一般概述有关工作的基本情况，写明工作根据、指导思想、综合成果，有时
也概述基本经验，包括交代单位概况、工作背景和取得的主要成绩等，其目的是先给人一
个总体印象，为下文做好铺垫。

②主体。

主体部分的内容一是要写清工作情况和取得的成绩，二是要写清经验与体会，三是要
写清问题与教训。

工作情况和取得成绩的陈述是总结的主要部分。在这部分需写明工作中做了什么内

容，采取了哪些措施，取得了哪些成绩。

经验和体会是总结的核心部分。这部分是着重分析工作中哪些做法是有效的，成功的，取得成功的原因并总结出规律性的认识，为以后的工作提供方法指导。

问题与教训是总结的重点部分。这部分是找出工作中存在的问题和不足，并分析产生问题和不足的原因，提出解决的方法和改进措施，为今后的工作提供良策和指南。

③落款。

一般在文章右下角写署名和成文日期，也有写于标题之下的。

（五）总结的写作要求

①实事求是，切忌虚假。总结是工作和学习中的一个至关重要的环节，不能马虎了事，只报喜不报忧，或只报忧不报喜，更不能为了迎合某些上级部门的意图而弄虚作假。所使用的材料必须准确无误，引用的文句要符合原文，列举的事实要核对清楚，叙述的事实要明白确凿。

②全面评价，突出个性。撰写总结最大的忌讳就是记"流水账"，面面俱到，没有重点，没有个性。因此，在构思时就要认真研究材料，确立恰当而又有特色的主题。在全面评价的基础上，内容要有所侧重，详略得当，不可事无巨细。

③条理清楚，语言简洁。总结的篇幅一般来说都比较长，因此要特别注意结构的严谨，条理的清晰，逻辑的严密。语言要简洁平实，不要追求华丽的辞藻、空泛的抒情、浮华的描写等。

（六）例文

××公司人事工作总结

现将××公司人事工作总结汇报如下。

一、基本情况

××公司下设××个职能管理部门和××个经营部门，现有在职职工××人，其中处级以上干部××人，副科级以上干部××人。××名干部中，40岁以下××人，50岁以上××人，干部队伍年龄结构比较合理，梯队建设比较科学。职工队伍中大专以上学历有××人，占职工总人数的××%，中级技师以上职称有××人，占职工总人数的××%，职工队伍整体素质能力在行业内比较高。

二、上半年工作开展情况

20××年，××公司在干部的学习教育、选拔任用、监督管理和人才队伍建设等方面做了一系列探索，取得了一定成效，为企业实现持续、健康、稳定、高质量发展提供了坚强组织保障和人才支撑。

一是坚持突出政治标准，着力提升职业素养。深入推进"两学一做"学习教育常态化制度化，加强党员思想教育、干部作风建设、职工道德建设，教育引导干部职工提高政治站位，坚定政治立场，牢固树立"四个意识"。近年来，消费者对××行业投诉率比较高，很大程度上是行业内个别从业人员缺乏职业道德导致，公司在该方面做得比较好，这与企业党建工作扎实、注重职工思想道德建设分不开。

二是坚持正确选人用人导向，公平公正选用干部。制定《干部选拔任用工作办法》，从资格审查、民主测评、组织考察、会议研究任命等环节层层把关，确保真正把政治素质高、群众信得过、工作能力强的优秀人才选拔到管理岗位上来。实施干部"公开选拔，竞争上岗"制度，让想干事、会干事、肯干事的职工有位子、有舞台，激发干部职工竞争意识、危机意识。结合实际，制定干部"鼓励激励、容错纠错、能上能下"办法，明确提出对不适应公司发展、履职不力、工作平庸、业绩不佳的××种干部进行岗位调整或追究问责，让慵懒散浮、因循守旧、安常守故的干部感受到外在压力，全年选拔任用中层干部××人，调整××名中层干部职务，免去××名中层干部职务，通过实施提拔、调整、免职等措施，在企业逐渐形成"能者上、庸者下、劣者汰"的选人用人导向。

三是坚持从严管理监督干部，促进忠诚干净担当。严格落实领导干部述职述廉述效、民主测评、个人重大事项报告、新提拔领导干部审查、任前廉政考试、廉政谈话、离任审计等制度，强化对干部的日常考核研判，督促干部自觉廉洁从业。

四是坚持加强能力建设，不断提升从业本领。成立职工培训中心，为提升人才质量提供硬件设施保障；与××学院建立"校企合作"关系，搭建人才培养"直通车"，探索人才培养新途径；组织技能大赛，充分发挥以赛促学、以赛促练作用，在"比、学、赶、超"中发现人才、培养人才、提升技能；开展人事、财务、安全、公文写作等专项学习交流培训，有效提升人员业务水平和管理能力；开展大讲堂活动，挖掘培养优秀内训师，逐步建设人才储备库。能力建设成效突出，在××组织的技能大比武中多次获奖，公司有××人被××授予"技术能手"荣誉称号。

五是坚持选树先进典型，发挥示范引领作用。20××年，公司通过开展"党员示范岗"创建和"十佳文明职工"评选活动，树立了一批先进典型，让广大职工学有榜样、做有目标，达到"以点带面，整体提高"的目的，对外树立了职工队伍良好形象。

三、存在的问题

一是人才结构不尽合理。公司人才总量比较充足，但是转型发展对复合型人才的需求越来越大，目前公司人员富余和结构性缺员矛盾突出，缺乏优秀管理人才和业务骨干，迫切需要熟练掌握财务、营销、宣传等知识的复合型人才。

二是优秀人才难招难留。一线人员待遇直接与经营业绩挂钩，近年来行业形势严峻，市场低迷影响人员待遇，对优秀人才缺乏吸引力，致使人员流动性比较大，对业务工作开展造成影响。

四、下一步工作打算

一是加强人才培养。（略）

二是稳定职工队伍。（略）

三是以"清风正气"选人留人。（略）

××公司人事部

20××年××月××日

评析：

这是一篇工作总结，该文开门见山地陈述了公司人事的基本情况；主体部分详细阐述了工作的开展情况、取得的成绩及存在的问题，层次分明，条理清楚；结尾部分提出了下一步工作打算。全文结构完善，内容充分具体，语言简明准确，值得借鉴。

思考与练习 ▷▷▷▷ ▷▷▷▷

1. 对短期内工作进行具体布置的计划，称为（　　）。

A. 规划　　　　　　B. 方案　　　　　　C. 设想　　　　　　D. 安排

2. 跟计划相比，总结最突出的特点在于（　　）。

A. 指导性　　　　　B. 概括性　　　　　C. 回顾性　　　　　D. 可行性

3. 假如你马上要参加计算机等级考试，请结合自己的实际情况，写一篇计算机学习计划。

第三节　调查报告、消息、简报

▶ 一、调查报告的写作

（一）调查报告的含义

调查报告是一种通过对事件、经验或者问题等的调查研究，将其结果客观、真实地反映出来的一种书面报告文体。调查报告通常可以帮助领导机关了解情况、总结经验、制定方针政策。调查报告的两个要点，即调查和报告，对应了其写作流程，也反映了其内容构成。

（二）调查报告的特点

①真实性。

②针对性。

③典型性。

④结论性。

（三）调查报告的种类

按照不同的标准划分，调查报告可以分成不同的类别。

①按内容分类：经济、科技、军事、工农业生产、法律、教育文艺等方面的调查报告。

②按性质分类：综合性调查报告、专题性调查报告。

③按形式分类：小标题式调查报告、全文贯通式调查报告。

④按功能分类：经验调查报告、情况调查报告、问题调查报告、学术调查报告。

（四）调查报告的写法

结构		写作内容
标题		公文式标题： 1. 调查机关 + 调查内容 + 调查报告 2. 调查内容 + 调查报告 文章式标题： 1. 单标题 2. 双标题
正文	前言	简述基本情况、调查内容或课题由来
	主体	对调查结论的引证和论述
	结语	明确主题、指出不足、提出建议或展望
落款		署名和成文日期

1. 标题

公文式标题，如《××××年××市××风景区旅游满意度调查报告》《关于中学美育教育现状的调查报告》。

文章式标题：单标题，如《女程序员何以巾帼不让须眉?》；双标题，如《被"网"住的大学生——关于大学生网络行为研究的调查报告》。

2. 正文

正文由前言、主体、结语三部分组成。

（1）前言

用于铺垫正文写作，可简洁介绍调查课题、对象、时间、地点、方式等，也可概括地对调查内容进行说明，还可介绍课题产生的由来。

（2）主体

主体是调查报告的核心，也是对调查结论的引证和论述，包括调查的主要事实和观点，其结构形式有叙述式、并列式、递进式、对比式、因果式、交错式等。

叙述式结构又叫纵式结构，写法上通常按照事件或问题发生的先后顺序安排材料，夹叙夹议，多用于事件单一、过程性强的调查报告。并列式结构又叫横式结构，写法上通常按事件的性质把材料分为若干部分，并列地组织材料和观点，多用于总结经验、反映问题、分析情况等调查报告。递进式结构，写法上通常按照逻辑思维顺序组织材料，层层递进，其主旨鲜明集中，多用于介绍典型经验、揭露问题的调查报告。不论采用何种形式，主体的内容都要充实具体、重点突出、层次分明、条例清晰。

（3）结语

即调查报告的结束语，需要对主题进行概括，明确主题，适当升华主题，可指出问题和不足，也可提出新的问题，启发思考，或对问题提出建议。

3. 落款

落款一般为两行，如果是以集体为单位的调查报告，落款通常为××调查组，然后另起一行，写明日期；如果是以个体为单位的调查报告，写明调查者单位、姓名，然后另起一行，写明日期。

（五）调查报告的写作要求

①深入调研，事实为据。调查报告是基于调查事实来反映实际情况的文体，需要以事实为根据。以事实为根据需要深入实际进行客观细致的调查，充分掌握事实依据，用调查材料直接或间接支撑调查结果。

②叙议结合，以叙为主。调查报告以调查为基础，但也需要对调查的情况做出必要分析，即"透过现象看本质"。调查报告中主要采用叙议结合、夹叙夹议的表达方法。以具体叙述为主要内容，议论要少而精，围绕事实，就事论事，切中要害，言简意赅。

③分析材料，提炼观点。写作调查报告需要在有事实依据的情况下，表明作者的观点和结论。因此，在写作中需要充分掌握调查材料，以正确的思想为指导，运用科学的方法对材料进行认真分析和研究，要善于对材料进行分析、综合、归纳，善于发现调查事物中的内在联系和本质特征，从而提炼出观点和结论。

（六）例文

2019 年智能手机使用情况的调查报告

为进一步掌握我校学生智能手机使用情况，深入了解智能手机对大学生的影响，以点代面地收集大学生使用智能手机情况的第一手资料，为研究大学生智能手机消费的市场现状、市场潜力、流行趋势和手机选购等方面的状况，本报告以问卷形式对××××学院的全体学生开展了智能手机使用情况的抽样调查报告。

一、问卷调查基本情况

1. 智能手机的使用覆盖率很高，同时选择购买智能手机的原因各有不同

在回答"您是否拥有智能手机"时，有94%的同学回答有，只有6%的同学没有，说明智能手机在大学生这个市场中的覆盖率已经很高。在问"为什么选择智能手机时"，同学们的选择各有不同，其中选择娱乐性强的原因高达88.29%，其次是功能强大和朋友都在使用，他们分别是82.97%和65.95%，再有是43.62%受广告影响和27%因为外观漂亮，最少的是工作学习需要，它只有5.32%，从而可以看出大学生选择手机的原因各有不同。

2. 就购买智能手机时而言，被调查的同学大多注重品牌意识，并愿选择高价位的手机

调查的同学在回答"您选择智能手机时更关注哪一点"时，37.23%的同学选择品牌，其次是价格和系统配置，但是它们与品牌相比，所选比例还是相差很多，价格只占17.02%，外观只有8.51%，其他例如价格和售后服务都有，但只占相当少的比例。其原因：一是品牌机一般都包含了其他方面的要求，比如品牌机的像素、播放功能一般都比较好；二是品牌机的价格较高，能够满足他们对价格的要求。

3. 多种智能手机品牌混杂，以三星和苹果占大学生手机市场最多

在回答"您购买智能手机时最青睐哪个品牌"时，三星无疑成为同学们最青睐的品牌，它的比例是30.92%，其次是苹果，它占29.78%，也有13.83%的同学选择步步高智能手机，其他的比例都相对较少，这表明同学们使用的智能手机品牌较多，三星和苹果的

市场占有率最高。

4. 目前还未使用智能手机的同学，绝大多数是智能手机的潜在客户

75%的同学在回答"如果您要换手机，将来是否会换智能手机"时都回答是，这说明他们想购买智能手机，只是因为某些原因没有购买而已，所以他们绝大部分是智能手机的潜在客户。

二、大学生使用智能手机情况显现出的突出问题

1. 攀比浪费现象比较突出

有一部分同学会随着智能手机的更新而更换手机，这样必定造成浪费现象。同时智能手机的品牌和价位又让有些同学认为是贫富的象征，故造成攀比心理。

2. 玩手机时间过长影响学习成绩

同学们在购买智能手机时是因为它的娱乐性较强，目前，同学们每天对着手机的时间不断加长，甚至在上课时还玩手机，这样必定造成成绩的下降。

3. 长时间地面对手机导致身体健康问题

随着智能手机内游戏等软件的不断开发，使一些同学不免沉迷于手机游戏，导致一些健康问题，主要有睡眠质量问题，手指会因为长时间的触摸与滑动而有酸痛感，同时感觉视力疲劳，这些健康问题现象越来越突出。

三、对大学生智能手机使用的建议

1. 加强学生的思想教育工作，使之形成正确的价值观、人生观。（略）
2. 正确处理学习与手机的关系，使手机成为学习的工具。（略）
3. 充分了解手机危害，使学生树立健康意识。（略）

评析：

此调查报告属于情况调查报告。标题规范，采用"调查内容"＋"文种"的形式。开头部分点明了调查报告的起因、对象、调查方式等，主体部分围绕调查问题阐述了基本情况、突出的问题，观点明确、语言精练，最后，针对突出问题提出了建议。整体结构清楚明了，富有逻辑性。

▶ 二、消息的写作

（一）消息的含义

消息又称新闻，是用简明扼要的文字迅速报道国内外新近发生的有新闻价值和社会意义的事件的一种文体。

（二）消息的特点

①真实性。
②时效性。
③简短性。
④新颖性。

（三）消息的种类

①按内容分类：政治消息、文化消息、体育消息、教育消息、经济消息、军事消息、

社会消息等。

②按反映的对象分类：人物消息、会议消息、事件消息、经验消息等。

③按写作的角度分类：简讯、综合消息、动态消息、述评性消息等。

（四）消息的写法

结构		写作内容
标题		1. 单行标题（正题） 2. 双行标题（引题+正题或正题+副题） 3. 三行标题（引题+正题+副题）
正文	导语	将消息最重要、最新鲜的事实概括反映出来
	主体	消息的主要内容
	背景	对消息事实的产生、发展的历史、环境等有关情况的介绍
	结尾	概括性小结或提出问题、做出展望、发出号召等

1. 标题

单行标题，如：

西部（重庆）科学城正式获授牌

双行标题，如：

因时而兴　融通共赢

——粤港澳大湾区"后浪"奔涌

三行标题，如：

沈阳机械管理局改革跨新步

三家大中企业面向社会招聘厂长

厂长即企业法人代表拥有充分自主权

2. 正文

正文由导语、主体、背景、结尾四部分组成。

（1）导语

导语的前面往往有"本报讯""××社××月××日电"等字样，这是消息头。导语是消息开头的第一句话，将消息中最重要、最新鲜的事实概括反映出来，吸引读者阅读全文。导语要新颖、有创造性，不要用很多名字、机构或难懂的技术名词。根据题材灵活写作，有的是介绍消息的主要内容，有的是以问题开头，有的开门见山、直陈其事。

（2）主体

主体是消息的主要部分，对消息的事实进行具体的叙述和展开。所写内容要典型、具体、充实，结构要严谨，层次要分明。通常结构安排可以按照三种方法：一种是按事件发生、发展先后顺序安排；一种是按照事物的逻辑顺序安排；还有一种是按时间顺序和逻辑顺序安排。

（3）背景

背景的主要作用是介绍有关情况，对消息事实的产生、发展、环境、条件、事物的意义等进行阐述，以加深读者的理解和深化主题，丰富消息内容。背景材料可以采用对比性材料、说明性材料、补充性材料。背景不一定是每个消息都有的，也不一定单独成为一个部分，可以灵活安排进导语、主体、结尾中。

（4）结尾

消息的结尾要简明深刻，切合实际，注意内容不要和导语、主体重复。结尾通常可做概括性小结或对报道的事物做一步的展望，也可提出问题引人深思或发出号召。

（五）消息的写作要求

①内容新颖、充实，多角度、多方法的挖掘信息。
②语言生动、形象，可读性强。
③消息具有时效性，应根据事实内容，尽快发文。
④结构严谨、层次清楚、段落分明。

（六）例文

第八届中国国际"互联网＋"大学生创新创业大赛
"青年红色筑梦之旅"活动启动

新华社北京6月17日电17日，第八届中国国际"互联网＋"大学生创新创业大赛"青年红色筑梦之旅"活动正式启动。启动仪式全面展示"红旅"活动的重要成果，历届优秀项目学生代表生动讲述"红旅"故事，分享参加"红旅"活动的收获和成长体会。

据介绍，本届大赛由教育部等部门与重庆市人民政府联合主办、重庆大学承办。今年的"红旅"活动以"红色青春筑梦创业人生，绿色发展助力乡村振兴"为主题，传承红色基因，坚定理想信念，全面推进课程思政，涵养青年学生家国情怀，引导高校师生扎根基层创新创业，全面服务乡村振兴，助力实现共同富裕。

2017年，第三届中国"互联网＋"大学生创新创业大赛期间，开展了首次"青年红色筑梦之旅"活动。五年来，活动有力促进了思政教育、专业教育和创新创业教育深度融合，全国共有483万名大学生走进革命老区、贫困地区、城乡社区，用专业知识和创新创业成果为脱贫攻坚和乡村振兴贡献青春力量。累计有98万个创新创业项目精准对接农户255万余户、企业6.1万余家，签订合作协议7万余项，取得了良好的经济和社会效益。

评析：

该消息格式规范，导语开门见山直陈其事。主体部分阐述了本次活动的主办方和承办方，并点明了活动的主题和意义，最后总结了活动举办以来所取得的成果。全文层次清晰，段落分明，衔接自然，内容详略得当。

▶ 三、简报的写作

（一）简报的含义

简报是党政机关、企事业单位、社会团体编写的一种内部刊物，主要用于反映情况、汇报工作、交流经验、沟通信息等。简报一般不公开发表，仅供内部传阅使用。通常情况下，简报也可被称为"简讯""动态""情况交流""情况反映""内部参考"等。

（二）简报的特点

①简明性。

②真实性。

③准确性。

④时效性。

⑤新颖性。

⑥非公开性。

（三）简报的种类

①按内容分类：工作简报、学习简报、教学简报、生产简报、会议简报。

②按性质分类：综合性简报、专题性简报。

③按写法分类：新闻报道式简报、述评式简报、总结式简报、综合式简报、转发式简报。

④按目的分类：工作简报、情况简报、会议简报、业务简报、经验简报。

（四）简报的写法

结构		写作内容
报头	简报名称	单位名称或工作内容＋简报
	编发期数	〔年份〕第×期或第×期
	编发单位	"×××秘书处""×××办公室"
	印发日期	××××年××月××日
	密级	"内部文件""内部刊物，注意保存"
	编号	编写序号
报核	目录	将按语、各篇标题排列出来
	编者按	简要阐述工作任务来源、本期简报的意义和价值
	标题	与消息的标题写法相似
	正文	导语、主体、结尾
报尾	供稿者	供稿单位名称或写稿人姓名
	发送范围	报：××××、×××× 送：××××、×××××
	份数	位于报尾右下角，写明"（共印×份）"

1. 报头

简报的报头是在首页的上方，用间隔红线与正文部分隔开。间隔红线以上称为报头，由简报名称、编发期数、编发单位、印发日期、简报密级、简报编号等要素组成。简报名称一般用套红印刷的大号字体，如"××简报""情况交流"等。编发期数，写在简报名称的正下方。编发单位写在简报名称的左下方。编发日期写在简报名称的右下方，与编发单位平行的右侧。如果有保密要求，在报头的左上角标明，也有的写"内部文件"或"内部资料，注意保存"等字样。如无保密要求，可以不写。在报头右上方标明简报编号，如"01"。根据需要进行编号，有时可不编号。

2. 报核

报核是简报的核心部分，报头以下、报尾以上的部分都是报核。报核包括目录、按语、标题、导语、主体、结尾六部分。必须有标题和主体两部分，其他部分按需要进行编写。

（1）目录

通常是将编者按、各篇标题排列出来即可，为避免混淆，可以每项前加序号或者其他标志。

（2）编者按（按语）

编者按又称按语，主要内容是工作任务来源、本期简报的意义和价值等。编者按不可过长，短者三五行，长者半页即可。

（3）标题

标题要能体现简报的主要内容，简洁陈述。一份简报这个要素不可缺少。简报的标题跟消息的标题类似，标题可分为单标题和双标题两种类型。如《××××年，披荆斩棘，勇往直前》《一切为了学生　不断提升人才培养能力和水平——学校召开"校领导与学生面对面"座谈会》。

（4）正文

①导语。

导语就是简报的开头语，需用简短的文字，准确地概括报道的内容，说明报道的主旨。导语的写法很多，可根据需要采取叙述式、提问式、描写式、结论式等方法。

②主体。

主体部分是简报的中心内容，一般是对导语中提出的问题分层次具体地一一展开叙述，这部分的内容是简报不可缺少的内容，需用充足、具体、典型的材料来加以说明。

③结尾。

简报的结尾可再次点明主题、归纳全文、提出希望和未来打算等，也可直接结束内容，如是连续性的简报则常用"事情正在进行中""问题尚在调查中"等字样收尾。

（5）报尾。

报尾是在简报末页的下方画两条平行线。左边标明简报的发送范围，右边标明印发份数等。

简报的常见格式如下：

密级   编号

××简报

第×期

编发单位   编印日期

_____

目录

一、××××××

二、××××××

按语：××××××××××××××××。

××××××（标题）

××。（正文）

×××（供稿者）

报：×××、×××、×××、×××、×××。

送：×××、×××、×××、×××、×××。

（共印×份）

（五）简报的写作要求

①明确目标，及时定题。编写者需对所在单位的情况了如指掌。

②选材典型，加工合理。机关单位或团体每天会面临大量的情况与问题，但这些情况和问题又不可能全上简报，必须本着去伪存真、去粗取精的精神加以选择。

③展开联想，拓宽思路。写简报和写新闻报道、文学作品一样，必须思路要宽，善于抓问题，不能就事论事。

④篇幅短小，写法灵活，语言生动。简报的篇幅需短小，使人能在短时间内读完。

（六）例文

教学简报

［××××］第×期
我校召开在线开放课程建设研讨会

为推进信息技术与教育教学的深度融合，积极探索信息化时代的教学模式改革，促进优质教学资源开发与共享，10 月 31 日下午，学校在第二会议室召开了在线开放课程建设研讨会。会议由校长助理、教务处处长×××主持，×××副校长、教务处、质管中心、信息中心相关负责人参加了此次研讨。

首先，教务处×××科长就前期在线课程建设取得的成绩进行了通报。截至目前我校自建慕课课程 16 门；省级精品在线开放课程立项 2 门，并已实施混合式教学；与尔雅、智慧树公司合作，开设慕课课程 62 门，选课人数 39 778 人，课程访问量 2 508 708 人次，课程平均及格率 95%。

随后，校长助理、教务处处长×××通报了我校在信息技术促进教育变革下在线开放课程建设面临的主要问题，阐述了新的课程形态对学生碎片化学习的重要性及意义，并与各单位负责人对即将出台的《××××学院关于加快推进教学信息化建设工作的意见》《××××学院在线开放课程建设指导意见》《××××——××××学年第一学期教学信息化建设工作方案》等文件、方案进行了研讨。

最后，×××副校长指出，在线开放课程的建设是"促进教育公平，提高教育质量"的途径，也是我校教学工作中的一项重要任务。××××年国家将遴选 2 万门精品在线开放课程，我校应抓住这一机遇，大力推进学校在线课程建设。

本研讨会进一步扩大了在线开放课程的校内影响力，对于促进学校在线开放课程建设，提升课程建设水平，积极探索基于新技术的教育教学新模式改革，持续提高学校人才培养质量将起到推动作用。

评析：

这是一份总结和布置在线开放课程建设工作的教学简报。谈到了此次教学研讨会的目的，在线开放课程目前取得的成绩，存在的主要问题，对今后的在线开放课程工作安排做了部署。这份简报起到了沟通信息、交流经验、指导工作的作用。

思考与练习 〉〉〉〉〉 〉〉〉〉〉〉

1. 调查报告通常采用（　　）叙述事实。

A. 第一人称　　　　B. 第二人称　　　　C. 第三人称　　　　D. 任何人称

2. 党政机关、企事业单位、社会团体为汇报工作、交流经验、反映情况、沟通信息、报道动态时使用的事务文书是（　　　）。

A. 总结　　　　　　B. 简报　　　　　　C. 调查报告　　　　D. 综述

3. 请简述消息和简报的区别。

第四节　感谢信、慰问信、贺信

▶ 一、感谢信的写作

（一）感谢信的含义

感谢信是党政机关、企事业单位、社会团体或个人对关心、帮助、支援过自己的其他集体或个人表达感谢之情而写的一种书信体文书。感谢信有感谢和表扬的双重意思。感谢信既可以直接寄给感谢对象，还可以在电台、电视台、报社等大众媒体上发表以起到宣传和弘扬的作用。

（二）感谢信的特点

①感谢对象的确指性。

②感谢色彩的鲜明性。

③表述事实的具体性。

④表达方式的多样性。

（三）感谢信的种类

①按感谢对象分类，可分为写给集体的感谢信、写给个人的感谢信。

②按感谢信的存在形式分类，可分为公开张贴或发表的感谢信、直接寄给单位或个人的感谢信。

（四）感谢信的写法

结构		写作内容
标题		"感谢信""致×××的感谢信"
称谓		"××单位:""×××同志（先生、女士）:"
正文	开头	感谢缘由
	主体	表达感谢之情、赞扬感谢对象的精神、表明学习的决心
	结尾	"此致敬礼""致以最诚挚的敬礼""再次表示深深的谢意"
落款		署名和成文日期

1. 标题

在第一行正中写上"感谢信"或"致×××的感谢信"。

2. 称谓

标题下一行顶格写感谢单位名称或个人姓名，个人姓名后面应加上"同志""先生""女士"等称呼，称谓后加冒号。

3. 正文

正文分为开头、主体、结尾三部分。

（1）开头

此部分写明感谢缘由，即因何事而感谢对方。应简明扼要地写明事情发生的情况、交代清楚时间、地点、人物、事件、原因、结果等，突出对方帮助带来的效果和意义。

（2）主体

热情赞扬对方的可贵精神，并表示向对方学习的态度和决心。

（3）结尾

以真挚而凝练的语言表示感谢，如"致以最诚挚的敬礼""再次表示深深的谢意"或在正文后另起一行，左端空两格写"此致"（后面不加标点符号），下一行顶格写"敬礼"并加感叹号或不加标点符号。

4. 落款

在正文右下方写上作者单位或个人姓名及成文日期。

（五）感谢信的写作要求

①简洁而准确地叙述对方的先进事迹。

②感情真挚地表达对对方的赞美和感谢，用语妥帖、内容真实。

③篇幅宜简短。

（六）例文

感　谢　信

尊敬的各位领导、老师：

　　你们好！

首先，我要感谢领导和老师的栽培，给了我这么大的荣誉和肯定。这份荣誉让我喜出望外，让我激动万分。我定不负你们的期望，把这份荣誉资金洒在我求学的路上。这份荣誉资金给了我强劲力量。这份感动是我在外乡得到的第一份感动，感谢国家给了我这份温暖。今天我能获奖，不仅仅是自己的努力，更该感谢的是我的父母和各位老师，如果没有你们，就没有自己的今天。借此机会，向学校的老师献上我最衷心的感谢，感谢你们在求学路上不断给我鼓励和教诲，我将会更加积极进取，努力成为一名优秀的大学生。

入校后在院领导、班主任和老师的关心支持下，我认真刻苦学习的同时，从事了一些社会工作。两年多以来，在老师和同学们的鼓励帮助下，我不仅学习成绩名列年级前茅，在工作上也同样取得了一定成绩，被评为优秀学生干部，各方面的能力素质也得到了很大提高。

在我享受这份喜悦的同时也想到，荣誉就好比是圆形的跑道，既是终点也是起点。不管曾经是怎样的成绩，都只代表着过去。百尺竿头，更进一步；海纳百川，地生万物；路漫漫其修远兮，吾将上下而求索。在国家与老师的鼓励下，我会为了心中的理想而继续努力拼搏。

在国家的政策方针下，我深深地感受到党和国家对学生的重视和关怀，我感到无比的温暖。我由衷地感谢国家，感谢领导，让我感受到了国家的富强和谐及更加人性化。获得这次奖学金对我来说是雪中送炭，解决了我学习资金上的困难，同时又是对我学习的最大鞭策。

从古至今，滴水之恩以涌泉相报。虽然我还不确定我今后的发展之路，但是我会努力让自己做得更好，继续努力，以优异的成绩回报国家，以最大的努力来回报国家和老师对我的支持。

再次感谢你们！

此致

敬礼！

感谢人：×××
20××年×月×日

评析：

这封感谢信开篇写明了感谢对象、帮助带来的意义并表达感激之情，接着表明了自己今后努力学习的决心，最后以真挚而凝练的语言表示感谢。全文语言简洁，叙事清楚，感情真挚。

▶ 二、慰问信的写作

（一）慰问信的含义

慰问信是党政机关、企事业单位或个人向其他集体或个人表示慰问、鼓励的一种书信体文书。

（二）慰问信的特点

①发文的公开性。

②情感的沟通性、鼓励性、慰问性。

（三）慰问信的种类

①按内容分类，可分为向取得重大成绩、贡献的集体或个人表示慰问，向遇到重大困难、遭到重大损失的集体或个人表示慰问，还有节日慰问。

②按存在形式分类，可分为直接寄给受文者的慰问信或在报纸、杂志、电台等媒体发表的慰问信。

（四）慰问信的写法

结构		写作内容
标题		"慰问信""致×××的慰问信"
称谓		"尊敬的（敬爱的）"+慰问对象全称
正文	开头	慰问缘由、陈述慰问对象的贡献或遭受的困难
	主体	对慰问对象给予鼓励、提出希望或号召
	结尾	"此致敬礼""祝你们取得抗灾斗争的最后胜利""敬祝节日愉快"
落款		署名和成文日期

1. 标题

在第一行正中写上"慰问信""致×××的慰问信"或"×××致×××的慰问信"。

2. 称谓

标题下一行顶格写慰问对象的全称，前面加上"尊敬的""敬爱的"以示尊重，若是写给个人，则应在姓名之后，加上"先生""女士"等字样。

3. 正文

正文分为开头、主体、结尾三部分。

（1）开头

此部分写明慰问缘由，即因何事而慰问对方。应简明扼要地写明慰问的背景、原因，交代清楚慰问对象的贡献或遭受的困难。

（2）主体

此部分对慰问对象给予鼓励、提出希望或号召。

（3）结尾

以鼓励和祝愿的话作结，如"……困难是暂时的，最后的胜利一定属于我们！""祝你们取得更大的成绩""敬祝节日愉快"等。

4. 落款

在正文右下方写上作者单位或个人姓名及成文日期。

（五）慰问信的写作要求

①要让慰问对象感受到深切的关怀、感受到组织的温暖、关心，从而有进一步克服困难的勇气和再创佳绩的信心。

②语言要简洁凝练、准确恰当，篇幅宜短。

（六）例文

慰 问 信

尊敬的各位艺术家、文艺工作者，离退休老同志们：

伴随着全面建设社会主义现代化国家新征程的铿锵步履，我们满怀豪情地迎来农历辛丑牛年。在这继往开来、万象更新的美好时刻，重庆市文学艺术界联合会向您致以新春的祝福和诚挚的问候！

在这刚刚过去极不平凡的一年里，重庆市文联深入贯彻习近平新时代中国特色社会主义思想，以习近平总书记关于文化文艺工作重要论述为指引，聚力政治引领，强化改革创新，狠抓工作落实，勇攀高原高峰，政治建设扎实有力，精品创作深入推进，基层建设不断加强，从严治党持续走深。全市文艺界一派只争朝夕、生机勃勃的景象。

征途漫漫，唯有奋斗。一年来的收获，记录着全市广大艺术家和文艺工作者的奋斗足迹。这一年，面对突如其来的新冠肺炎疫情，我们充分发挥文艺独特作用，执笔为剑描绘山河锦绣，以艺战疫助力国泰民安；这一年，我们坚决落实党中央决策部署，主动作为，叫响"双城共建·文艺先行"，全力助推成渝地区双城经济圈建设；这一年，我们始终牢记文艺创作根本任务，精品创作成果丰硕，相声《乡音乡情》获第十一届中国曲艺牡丹奖文学奖，电视剧《共产党人刘少奇》获第三十届中国电视金鹰奖优秀电视剧奖；这一年，我们驰而不息强基固本，着力培育一批德艺双馨的文艺人才；这一年，我们纵深推进文艺扶贫，义卖画作、下乡写生广受社会好评；这一年，我们精心组织志愿服务，使人民群众精神文化生活更加健康丰富；这一年，我们全面加强党的建设，高质量完成巡视整改综合检查评估……这一年，重庆文联砥砺奋进，行稳致远！

一年来的成绩，无不凝结着全市广大艺术家、文艺工作者和离退休老同志们的默默奉献和辛勤汗水，"每个人都了不起"！我们向您表示衷心的感谢和崇高的敬意！

征程万里风正劲，中流奋楫再出发。新的一年，让我们牢记习近平总书记殷殷嘱托，大力发扬为民服务孺子牛、创新发展拓荒牛、艰苦奋斗老黄牛精神，永远保持慎终如始、戒骄戒躁的清醒头脑，永远保持不畏艰险、锐意进取的奋斗韧劲，在全面建设社会主义现代化国家新征程上奋勇前进。以优异成绩为"十四五"开好局，迎接中国共产党百年华诞！

祝您新春快乐，身体健康，万事如意，阖家欢乐！

重庆市文学艺术界联合会

2021 年 2 月 11 日

评析：

这是一份新春节日慰问信。开篇点明慰问缘由，接着具体而凝练地阐述了一年来取得的伟大成绩，最后提出希望和号召，鼓励大家继续奋斗。全文层次分明、语言精美生动、感情真挚充沛，值得学习和借鉴。

▶ 三、贺信的写作

（一）贺信的含义

贺信是党政机关、企事业单位或个人对其他集体或个人取得重大成绩、新的胜利，完成重要工作及庆典等喜庆之事表示祝贺的一种书信体文书。

（二）贺信的特点

①内容的表彰性。

②用途的多样性。

（三）贺信的种类

①上级给下级的贺信：节日贺信或对工作成绩表示祝贺的贺信等。

②下级给上级的贺信：对全局性的工作成绩表示祝贺的贺信。

③平级单位之间的贺信：对工作成就表示祝贺。

④国家之间的贺信：当有外交关系的国家新首脑就职或者友好国家有重大喜事时，一般要致贺词。

⑤个人之间的贺信：重要节日、重大喜事中互相祝贺、慰勉或祝贺某人在工作、学习中取得了好成绩。

（四）贺信的写法

结构		写作内容
标题		"贺信""致×××的贺信""祝贺＋事项"
称谓		"×××（单位名称）:""×××先生:""×××女士:"
正文	开头	对对方的喜庆之事表示祝贺
	主体	介绍对方的成绩、分析取得成绩的原因或分析事项的意义、提出希望等
	结尾	"此致敬礼""祝节日快乐""祝大会圆满成功"
落款		署名和成文日期

1. 标题

在第一行居中写"贺信""致×××的贺信"或"祝贺＋事项"。

2. 称谓

标题下一行顶格写祝贺单位名称或个人姓名，个人姓名后面应加上"同志""先生""女士"等称呼，称谓后加冒号。

3. 正文

正文由开头、主体、结尾组成。开门见山地对对方的喜庆之事表示祝贺，多以"值此……之际，谨代表……向……表示热烈祝贺"开头。接着主体部分介绍对方的成绩、分析取得成绩的原因或分析事项的意义，最后表达热烈的祝贺和美好的祝愿，再提出希望或表示学习的决心。结束语通常以表达祝愿的话作结，如"此致敬礼""祝节日快乐""祝大会圆满成功"。

4. 落款

在正文右下方写上作者单位或个人姓名及成文日期。

（五）贺信的写作要求

①内容和语言充满热情，态度诚恳。

②评价求实，篇幅宜短，讲究文采。

（六）例文

贺　信

××房地产公司全体职工：

喜闻十月二日是贵公司成立三周年纪念日，谨此表示热烈祝贺！

三年来贵公司全体职工发扬了艰苦创业、自力更生、增产节约、多做贡献的可贵精神，不仅为我市建造了大批优质高档住宅小区，而且培养了大批房地产专业技术人才，支援了兄弟单位。三年来，贵公司在技术力量方面，给我公司以无私的帮助和支援。为此我们表示衷心的感谢，并决心以实际行动向贵公司全体职工学习，努力钻研技术，提高产品质量，为达到同行业的先进水平而努力。

最后，祝贵公司全体职工在新一年的项目开发中取得更大的成绩。

此致

敬礼！

×××公司
20××年×月×日

评析：

这是一封庆祝公司周年纪念日的贺信。开篇点明祝贺原因，接着说明了该公司取得的成绩和对"我公司"的帮助并表明向对方学习的态度，最后提出美好祝愿。全文文辞凝练、评价恰当、充满着深情厚意。

思考与练习

1. 下面不能作为贺信结尾用语的是（　　）。

A. 祝取得更大的胜利　　　　　B. 此致敬礼

C. 祝节日快乐　　　　　　　　D. 再次表示深深的谢意

2. 感谢信的特点不包括（　　）。

A. 事实的具体性　　　　　　　B. 内容的表彰性

C. 感情色彩的鲜明性　　　　　D. 表达方式的多样性

3. 说说感谢信、慰问信、贺信写法的异同。